Hamburger Rechtsstudien

herausgegeben von Mitgliedern der Rechtswissenschaftlichen Fakultät der Universität Hamburg

Heft 47

Offene Tatbestände und Rechtspflichtmerkmale

von

Prof. Dr. jur. CLAUS ROXIN
Göttingen

2. unveränderte Auflage

Walter de Gruyter & Co.
Berlin 1970

Archiv-Nr. 20 03 00 1

Printed in Germany

Vorwort

Die vorliegende Arbeit beruht auf meiner Dissertation, die im Sommer 1956 abgeschlossen worden ist. Bei der Fertigstellung des Manuskriptes für den Druck sind aber Literatur und Rechtsprechung bis zum Frühjahr 1958 noch weitgehend eingearbeitet worden, so daß die Auseinandersetzung mit dem Thema vom jüngsten Stande der Entwicklung ausgeht. Lediglich die zweite Auflage des Lehrbuches von Maurach, „Strafrecht, Allgemeiner Teil", und die Abhandlung von Kuhnert über „Die normativen Merkmale der strafrechtlichen Tatbestände", Berlin 1958, konnten nicht mehr berücksichtigt werden.

All denen, die mir bei der Abfassung und Drucklegung der Arbeit mit Rat und Tat zur Seite gestanden haben, besonders aber meinem verehrten Lehrer, Herrn Professor Dr. H. Henkel, danke ich an dieser Stelle von Herzen.

Hamburg, Oktober 1958.

Dr. jur. Claus Roxin

Inhaltsübersicht

Erster Teil:

Wesen und Bedeutung der offenen Tatbestände und Rechtspflichtmerkmale

Erstes Kapitel:

Das Wesen der offenen Tatbestände und Rechtspflichtmerkmale nach den Lehren Welzels und Armin Kaufmanns

Der Begriff der offenen Tatbestände und Rechtspflichtmerkmale ist von Welzel geprägt worden[1]. Er ist nur verständlich auf der Grundlage seiner Lehren von Tatbestand und Rechtswidrigkeit. Es ist daher erforderlich, in diesem ersten Kapitel zunächst ohne Erörterung abweichender Ansichten und ohne eigene Stellungnahme die Auffassung Welzels vom Tatbestand und seinem Verhältnis zur Rechtswidrigkeit im allgemeinen und vom Wesen der „offenen" Tatbestände und „Rechtspflichtmerkmale" im besonderen in aller Kürze vorzutragen. Eine knappe Darstellung der selbständigen Begründungen und Modifizierungen, die Welzels Schüler Armin Kaufmann[2] dieser Lehre gegeben hat, wird sich anschließen.

A. DIE LEHRE WELZELS

I. Das grundsätzliche Verhältnis von Tatbestand und Rechtswidrigkeit

Die rechtlichen Befehle (Verbote oder Gebote) treten uns entgegen in Gestalt von Vorschriften, die Welzel im Anschluß an Binding[3] „Normen" nennt. So liegt — um nur ein Beispiel herauszugreifen — dem § 223 StGB die Norm zugrunde: „Du sollst nicht einen anderen vorsätzlich[4] körperlich mißhandeln oder an der Gesundheit beschädigen!" „Inhalt" oder „Materie" dieser Norm ist die vorsätzliche körperliche Mißhandlung oder Gesundheitsbeschädigung eines anderen. Mit diesen Worten wird das verbotene Verhalten

---

[1] zuerst in mehreren Untersuchungen im Jahre 1952: JZ 1952, S. 19/20, S. 133—136, S. 208/209, S. 340—344.

[2] in seinem Buch „Lebendiges und Totes in Bindings Normentheorie", 1954.

[3] „Die Normen und ihre Übertretung", Bd. I—IV, 1914—1919.

[4] Binding selbst zählte den Vorsatz nicht zum Norminhalt, vgl. Kaufmann, Lebendiges und Totes, S. 7. Welzel äußert sich nicht ausdrücklich dazu, muß aber wohl den Vorsatz, da er ihn zum Tatbestand zählt, auch zur Normmaterie rechnen.

beschrieben. Sie stellen das dar, was Welzel den „Tatbestand“ einer Gesetzesbestimmung nennt[5]. Welzel kommt daher zu folgender Definition:

„Tatbestand ist die konkrete Beschreibung des verbotenen Verhaltens“[6] oder auch: „Der Tatbestand ist die Verbotsmaterie (= Normmaterie) strafrechtlicher Bestimmungen“[5]. Wer den Tatbestand erfüllt, d. h. sich so verhält, wie es durch die Normmaterie umschrieben ist, also z. B. „einen anderen vorsätzlich an der Gesundheit beschädigt“, handelt stets normwidrig.

Damit ist aber noch nicht gesagt, daß er auch rechtswidrig handelt. Die Gleichung „normwidrig = rechtswidrig“ ginge nur dann auf, wenn die Rechtsordnung lediglich aus Normen bestünde. Das ist aber nicht der Fall. Vielmehr kann in besonderen Situationen ein normwidriges Verhalten durch sogenannte „Erlaubnissätze“ oder „Gewährungen“ gestattet sein[7]. Wenn ich einen anderen in Notwehr körperlich verletze, so handele ich normwidrig und damit tatbestandsmäßig im Sinne des § 223 StGB, aber meine Handlung ist nicht rechtswidrig, weil der Erlaubnissatz des § 53 StGB eingreift.

Während die Tatbestandsmäßigkeit (= Normwidrigkeit) den Widerspruch eines Verhaltens zur Einzelnorm anzeigt, bedeutet die Rechtswidrigkeit den „Widerspruch der Tatbestandsverwirklichung einer Verbotsnorm zur Rechtsordnung als ganzer“[8].

Für das Verhältnis von Tatbestandsmäßigkeit und Rechtswidrigkeit ergibt sich daraus grundsätzlich folgendes:

Eine tatbestandsmäßige, normwidrige Handlung ist rechtswidrig, d. h. sie steht in Widerspruch zur Rechtsordnung als ganzer, wenn nicht im Einzelfall ein Erlaubnissatz eingreift. In unserem Beispiel: Wer einen anderen an der Gesundheit beschädigt, handelt nicht nur tatbestandsmäßig-normwidrig, sondern auch rechtswidrig, wenn ihm nicht ein Rechtfertigungsgrund zur Seite steht. Der Richter, der die Tatbestandsmäßigkeit festgestellt hat, braucht also bei Prüfung der Rechtswidrigkeit nur noch ein „negatives Verfahren“[9] anzuwenden. Er braucht keine weiteren Merkmale zu suchen, um von der Normwidrigkeit auf die Rechtswidrigkeit schließen zu dürfen, sondern er kann sich darauf beschränken, das Nichtvorhandensein von Erlaubnissätzen zu ermitteln. Die Tatbestandsmäßigkeit „indiziert“ die Rechtswidrigkeit. Bei einem solchen Verhältnis von Normwidrigkeit und Rechtswidrigkeit spricht Welzel von „geschlossenen Tatbeständen“[10], weil der Kreis der positiven unrechtsindizierenden Merkmale lückenlos geschlossen ist. Nach der bisher ganz allgemein herrschenden Auffassung sind sämtliche vorsätzlichen Begehungstatbestände

---

[5] LB S. 45/46 (6).
[6] LB S. 47 (6).
[7] LB S. 46 (6).
[8] LB S. 47 (6).
[9] LB S. 72 (6).
[10] JZ 1952, S. 344; LB S. 72 (6).

des Strafgesetzbuches von dieser Art; nur bei den unechten Unterlassungsdelikten spricht eine beachtliche Minderheit dem Tatbestande die unrechtsindizierende Funktion ab; bei den fahrlässigen Delikten ist sogar die herrschende Meinung dieser Auffassung[11].

II. Die offenen Tatbestände und Rechtspflichtmerkmale

Im Gegensatz dazu lehrt Welzel, daß es auch bei den vorsätzlichen Begehungsdelikten nicht nur „geschlossene" Tatbestände gebe. In manchen Fällen nämlich sei die Verbotsmaterie im Tatbestand nicht „allseitig und erschöpfend durch sachlich-gegenständliche Merkmale umschrieben"[12]. Wenn ein Tatbestand in diesem Sinne „offen" sei, d. h. das verbotene Verhalten nicht durch sachliche Beschreibungen erschöpfend kennzeichne, könne die Erfüllung des Tatbestandes die Rechtswidrigkeit nicht indizieren[12]. Die Folge sei, daß der Richter an Stelle des bei den geschlossenen Tatbeständen üblichen „negativen" Verfahrens hier die Rechtswidrigkeit nur „positiv" feststellen könne; er müsse nach Prüfung des „offenen" Tatbestandes die Rechtswidrigkeit durch den Nachweis von sog. „Rechtspflichtmerkmalen"[13] positiv ermitteln[14].

Wie das gemeint ist, kann nur an Beispielen klargemacht werden. Um in die Fülle der von Welzel entdeckten offenen Tatbestände und der damit notwendig verknüpften positiven Merkmale einige Ordnung zu bringen, unterscheiden wir folgende Gruppen von Rechtspflichtmerkmalen:

1. Die allgemeinen Rechtswidrigkeitsregeln

Hier nennt Welzel als wichtigstes Beispiel den Nötigungstatbestand (§ 240 StGB). Tatbestandsmäßig-normwidrig im Sinne dieser Bestimmung handelt nach seiner Ansicht jeder, der „einen anderen ... mit Gewalt oder durch Drohung mit einem empfindlichen Übel zu einer Handlung, Duldung oder Unterlassung nötigt". In diesem Falle kann aber der Richter nicht wie bei den geschlossenen Tatbeständen jeden, der die Norm übertreten hat, wegen Nötigung bestrafen, wenn er keine Rechtfertigungsgründe findet, sondern er muß auf Grund der „Rechtswidrigkeitsregel"[15] des § 240 II vor der „negativen" Prüfung noch „positiv" feststellen, ob „die Anwendung der Gewalt oder die Androhung des Übels zu dem angestrebten Zweck als verwerflich anzusehen ist". § 240 I enthält also einen „offenen" Tatbestand, der

---

[11] Literaturnachweise folgen bei Erörterung der Einzelfälle.

[12] LB S. 72 (6).

[13] LB S. 61 (4); Welzel möchte neuerdings lieber die Bezeichnung „besondere Rechtswidrigkeitsmomente" oder „spezielle Rechtswidrigkeitsmerkmale" verwenden (vgl. ZStW 67. Bd., 1955, S. 225). Da sich aber der Ausdruck bereits eingebürgert hat, wollen wir ihn neben den sachlich gleichbedeutenden, sprachlich aber umständlicheren neuen Bezeichnungen weiterhin benutzen.

[14] LB S. 72/73 (6).

[15] BGHSt 2, 196; Welzel, JZ 1952, S. 343.

die Rechtswidrigkeit nicht indiziert: „Denn es gibt im sozialen Leben eine Fülle von Nötigungen durch Drohung mit empfindlichen Übeln, die völlig rechtmäßig sind, obwohl kein besonderer Erlaubnissatz sie gestattet“[16].

Die Richtigkeit dieser Deduktion hängt natürlich davon ab, daß der § 240 II kein einschränkender Bestandteil des Tatbestandes, sondern ein reines Element der Rechtswidrigkeit darstellt. Das aber ist nach Welzels Auffassung der Fall, weil er keine sachlich-gegenständliche Beschreibung der Nötigungshandlung enthält, sondern dem Richter nur sagt, wann die in § 240 I beschriebene Handlung rechtswidrig ist[17].

Dasselbe gilt für den im Aufbau gleichen Erpressungstatbestand (§ 253 StGB); dazu kommt der noch wenig bekannte § 108 StGB, der die Wahlhinderung und Wahlbeeinflussung unter Strafe stellt. Die Bestimmung enthält zwar keine den §§ 240 II, 253 II entsprechende „Rechtswidrigkeitsregel“, aber man wird Welzel recht geben müssen, wenn er die dort geltenden Grundsätze hier entsprechend anwenden will[18]. — Den früher gleichfalls hier aufgeführten § 3 WiStG 1954[19] nennt Welzel jetzt[20] nicht mehr unter den Rechtswidrigkeitsregeln[21].

2. Die speziellen Rechtswidrigkeitsmerkmale

Unter diesem Namen begreift Welzel eine Anzahl von Einzelfällen, die wir hier zunächst ohne weitere Gruppierung nacheinander aufzählen.

a) Die Rechtmäßigkeit der Amtsausübung

Nach § 113 wird bestraft, „wer einem Beamten ... in der rechtmäßigen Ausübung seines Amtes ... Widerstand leistet“. Die Worte „in der rechtmäßigen Ausübung seines Amtes“ gehören nach Welzel[22] nicht zum Tatbestand, denn sie beschreiben nicht das verbotene Verhalten, sondern bringen lediglich zum Ausdruck, daß eine Rechtspflicht zur Unterlassung des Widerstandes nur dann besteht, wenn der Beamte rechtmäßig handelt. Das zeigt sich auch daran, daß man diese Worte ebenso gut weglassen kann, ohne daß eine sachliche Änderung eintritt[23]. Tatbestandsmäßig-normwidrig im Sinne des § 113 handelt also nach dieser Auffassung jeder, der einem Vollstreckungsbeamten in der dort geschilderten Weise Widerstand leistet. Der Richter kann die Tat aber erst dann als rechtswidrig an-

---

[16] LB S. 72 (6).
[17] Vgl. LB S. 51 (6).
[18] LB S. 400 (6).
[19] LB S. 128 (4), S. 139 (5).
[20] LB S. 148 (6).
[21] Vgl. dazu noch meine Dissertation, S. 8/9 u. S. 29/30.
[22] grundlegend JZ 1952, S. 19/20; ferner: Neues Bild (3), S. 23, LB S. 72, 149, 408, 410 (6).
[23] JZ 1952, S. 20; jetzt wieder ZStW Bd. 67, 1955, S. 226.

sehen, wenn er noch „positiv" geprüft hat, ob der Beamte auch in rechtmäßiger Ausübung seines Amtes handelte.

Aus demselben Grunde sind in § 117 StGB die Worte „in der rechtmäßigen Ausübung seines Amtes oder Rechtes" reine Rechtspflichtmerkmale, die mit der Tatbeschreibung nichts zu tun haben.

b) Die Rechtsgültigkeit eines Gesetzes oder einer Verordnung

In § 110 StGB wird bestraft, „wer ... zum Ungehorsam gegen Gesetze oder rechtsgültige Verordnungen ... auffordert". Das Wort „rechtsgültig" ist wiederum nur ein Rechtswidrigkeitsmoment[24]. Daß es für die Beschreibung des verbotenen Verhaltens überflüssig und somit kein Tatbestandsmerkmal ist, sieht man hier deutlich daran, daß es vor dem Wort „Gesetze" fehlt, obwohl natürlich auch hier nur der Widerstand gegen gültige Gesetze rechtswidrig ist.

c) Die Zuständigkeit

Das Merkmal der Zuständigkeit findet sich in zahlreichen Gesetzesbestimmungen, nämlich in den §§ 110, 116, 137, 153, 164, 360 Ziff. 7, 360 Ziff. 8, 361 Ziff. 8.

Dazu kommen eine Reihe von Bestimmungen, in denen das Merkmal der Zuständigkeit zwar nicht ausdrücklich aufgeführt ist, aber dennoch ohne Zweifel vorliegen muß, um die Tat rechtswidrig zu machen, z. B. §§ 134, 136, 154, 164, 360 Ziff. 2, 360 Ziff.4, 360 Ziff. 5, 361.

Das, sei es ausdrücklich, sei es stillschweigend, geforderte Merkmal der Zuständigkeit gehört nach Meinung Welzels in keinem Falle zur Tatbeschreibung, sondern bedeutet immer nur „das Recht und die Pflicht einer Behörde, in bestimmter Sache tätig zu werden", für den Betroffenen also die Pflicht, „die Maßnahmen der Behörde zu respektieren"[25]. Auch wer vor einer völlig unzuständigen Behörde die Angabe seines Namens verweigert (§ 360 Ziff. 8), handelt also tatbestandsmäßig; nur entfällt die Rechtswidrigkeit.

d) Die Tätermerkmale

Während der größte Teil der Delikte von allen Menschen begangen werden kann, gibt es eine Anzahl von Strafbestimmungen, bei denen der Kreis der Täter auf einzelne, durch spezifische oder erhöhte Sonderpflichten gebundene Menschengruppen eingeschränkt ist. Der Gesetzgeber kennzeichnet die Menschen, denen er besondere Pflichten auferlegt, durch sog. „Tätermerkmale" wie „Beamter", „Zeuge", „Rechtsanwalt" usw. Die systematische Einordnung dieser Tätermerkmale hat in der Lehre Welzels Wandlungen erfahren. Dabei stehen die Beamtendelikte als wichtigster Fall einer Sonderstraftat immer im Vordergrund der Betrachtung.

---

[24] JZ 1952, S. 20 und S. 134; LB S. 72, 149 (6), Neues Bild (3), S. 23.
[25] JZ 1952, S. 135; JZ 1953, S. 120/121; LB S. 72, 149 (6).

Zunächst galt folgendes: Das Merkmal „Beamter" mitsamt den die Beamteneigenschaft begründenden Umständen gehört nicht zur Tatbeschreibung; es kennzeichnet lediglich die spezifische oder gegenüber anderen Bürgern erhöhte Pflicht, die im Tatbestand beschriebene Handlung zu unterlassen, und ist daher ein reines Rechtspflichtmerkmal[26].

Die Sonderpflicht, deren Verletzung die Rechtswidrigkeit begründet, entstand freilich nicht schon beim Vorliegen ihrer objektiven Voraussetzungen[27], sondern erst dann, wenn dem Täter das „pflichtbegründende Lebensverhältnis", also seine amtliche Stellung, bekannt war[28]. Dadurch wurden die sachlichen Voraussetzungen der Beamteneigenschaft noch nicht zu Tatbestandsmerkmalen, die vom Vorsatz (dem aktuellen Bewußtsein) des Täters umfaßt sein mußten. Sie blieben Elemente der Rechtswidrigkeit, begründeten aber eine Rechtspflicht nur dann, wenn sie dem Täter bekannt waren. Diese Kenntnis brauchte nicht, wie beim Vorsatz, ein aktuelles Bewußtsein der Amtsstellung im Augenblick der Tat zu sein, sondern es genügte ein Wissen im Sinne jederzeitiger Reproduzierbarkeit[29].

Entsprechendes galt für alle anderen Delikte, deren Begehung eine Sonderpflicht (als Elternteil, Erzieher, Zeuge, Arzt, Anwalt usw.) voraussetzt. In all diesen Fällen war wie bei den Beamtendelikten die Zugehörigkeit zum Täterkreis nicht Tatbestandsmerkmal, sondern bloßes Rechtswidrigkeitsmoment. Auch hier war jedoch die Kenntnis des pflichtbegründenden Lebensverhältnisses (z. B. des Obhutsverhältnisses in § 174 oder § 223 b StGB) Voraussetzung zwar nicht der Tatbestandserfüllung, wohl aber der Rechtspflichtentstehung und damit der Rechtswidrigkeit[30].

bb) Später hat die Lehre Welzels eine Rückentwicklung erfahren, die zu einer Wiedereingliederung der Tätermerkmale in den objektiven Tatbestand geführt hat[31]. Auch die Kenntnis der täterschaftlichen Merkmale ist jetzt nicht mehr eine lediglich bei der Rechtswidrigkeit zu prüfende Voraussetzung der Rechtspflichtenentstehung, sondern ein Element des subjektiven Tatbestandes, das dem Vorsatzbegriff Welzels nur deshalb nicht unterfällt, weil an Stelle des aktuellen Bewußtseins im Augenblick der Tat ein jederzeit reproduzierbares Wissen genügt[32]. Allerdings werden die täterschaftlichen Merkmale weiterhin von der aus ihnen fließenden Rechtspflicht unterschieden: Während die Kenntnis der täterschaftlichen Merkmale eine Voraussetzung der Tatbestandserfüllung ist, ist die Kenntnis der Rechtspflicht nur für die Schuld von Bedeutung[33].

---

[26] JZ 1952, S. 208/209; LB S. 396 (4).
[27] wie es Armin Kaufmann vertritt; vgl. Lebendiges und Totes, S. 159 Anm. 227; dazu unten S. 14.
[28] LB S. 422 (4).
[29] LB S. 422 (4).
[30] LB S. 422 (4).
[31] LB S. 442 (5), 463 (6).
[32] LB S. 463 (6).
[33] LB S. 463, 440 (6).

e) Die mangelnde Befugnis

Sie erscheint in einer ganzen Reihe von Bestimmungen. Allein im Bereiche des Strafgesetzbuches findet sie sich in den §§ 99, 132, 132a, 136, 168, 290, 296a, 299, 300, 353b, 353c, 360 Ziff. 7, 368 Ziff. 10, 368 Ziff. 10a, 370 Ziff. 1, 370 Ziff. 2.

Während Welzel bis in die neueste Zeit hinein[34] das Merkmal „unbefugt" in sämtlichen Deliktsbestimmungen als ein dem Tatbestand nicht angehörendes reines Rechtswidrigkeitsmoment angesehen hatte, macht er in der neuesten Auflage seines Lehrbuches Unterscheidungen. In den meisten Fällen freilich soll es dabei bleiben, daß die fehlende Befugnis und die sie begründenden Umstände mit dem Tatbestand nichts zu tun haben; in den §§ 132 und 107a dagegen handele es sich um dem Tatbestand zuzurechnende negative Merkmale; das Wörtchen „unbefugt" bedeute hier nur „ohne das öffentliche Amt innezuhaben" bzw. „ohne Wahlberechtigung"; in § 99 II liege in noch anderer Weise ein durch die einschlägigen staats- und verwaltungsrechtlichen Vorschriften auszufüllender Blankettbegriff vor[35].

f) Die mangelnde behördliche bzw. polizeiliche Erlaubnis oder Genehmigung[36]

Fälle dieser Art finden sich im Gesetz in den §§ 284, 286, 330b, 360 Ziff. 7, 360 Ziff. 9, 367 Ziff. 4, 367 Ziff. 8, 367 Ziff. 11, 367 Ziff. 15, 368 Ziff. 3, 369 Ziff. 1[37].

Für jedes dieser Merkmale gilt mutatis mutandis dasselbe wie für die übrigen Rechtswidrigkeitsmomente. Wer eine öffentliche Lotterie veranstaltet (§ 286), eine Versicherungsanstalt errichtet (§ 360 Ziff. 9) oder einen Tierpark besitzt (§ 367 Ziff. 11), handelt stets tatbestandsmäßig. Nur die Rechtswidrigkeit hängt vom Fehlen der behördlichen Erlaubnis ab.

g) Die Vortat bei der Begünstigung

Der § 257 StGB enthält zwei Tatbestände; den der sachlichen Begünstigung („um ihm die Vorteile des Verbrechens oder Vergehens zu sichern") und den der Strafvereitelung („um denselben der Bestrafung zu entziehen"). Beide setzen voraus, daß die Tat „nach Begehung eines Verbrechens oder Vergehens" erfolgt ist.

Der Charakter der Vortat als Verbrechen oder Vergehen gehört jedoch nach Meinung Welzels nicht zum Tatbestand. Er unterscheidet hier in folgender Weise:

Im Falle der sachlichen Begünstigung gehört lediglich die T a t b e s t a n d s m ä ß i g k e i t und R e c h t s w i d r i g k e i t der Vortat zum

---

[34] LB S. 61 (4), 68 (5); zuletzt: Neues Bild (3), S. 23.

[35] LB S. 73 (6).

[36] LB S. 149 (6).

[37] Der von Welzel noch in der sechsten Auflage (S. 149) angeführte § 145a StGB ist durch § 17 des Gesetzes über den Kapitalverkehr vom 15. 12. 1952 aufgehoben worden.

Tatbestand[38], während bei der persönlichen Begünstigung die Strafbarkeit der Vortat Bestandteil der Tatbeschreibung ist[39]. Daß die Vortat ein Verbrechen oder Vergehen sei, gehört dagegen in beiden Fällen nicht zur Normmaterie. Es handelt sich hier vielmehr um ein spezielles Rechtswidrigkeitsmoment in Gestalt einer „Höhenmarke der Rechtswidrigkeit“[40], die dem Täter anzeigt, wann er die Rechtspflicht hat, eine Begünstigung der in ihrem So-Sein erkannten Tat zu unterlassen. Wer jemanden begünstigt, der eine Übertretung begangen hat, handelt also tatbestandsmäßig im Sinne beider Vorschriften.

h) Die „Verbindlichkeit“ und „Eigenmächtigkeit“ im Wehrstrafrecht

Einige weitere Fälle sind durch die Wehrgesetzgebung hinzugekommen:

Die „Verbindlichkeit“ eines Befehls gemäß §§ 19—21 des Wehrstrafgesetzes (WStG) ist nach Auffassung Welzels kein Tatumstand, sondern ein Element der Rechtswidrigkeit, so daß tatbestandsmäßig auch jeder handelt, der einem rechtswidrigen Befehl den Gehorsam verweigert[41].

Dasselbe gilt für den Begriff des „eigenmächtigen“ Verlassens der Truppe in §§ 15, 16 WStG, 109c StGB; hier liegt nach der Lehre Welzels sogar nicht nur ein spezielles Rechtswidrigkeits-, sondern auch ein spezielles Schuldmerkmal vor. Die „Eigenmächtigkeit“ bedeutet danach „das Handeln (objektiv) ohne Berechtigung und (subjektiv) in Kenntnis dieses Berechtigungsmangels“[41].

3. Die soziale Inadäquanz

Auch die geschlossenen Tatbestände, bei denen die Normwidrigkeit ohne weiteres die Rechtswidrigkeit indiziert und der Richter sich daher nach Ermittlung der Tatbestandsmäßigkeit darauf beschränken kann, im „negativen“ Verfahren das Vorliegen von Rechtfertigungsgründen zu prüfen, ermöglichen Fallgestaltungen, die ein solches Vorgehen nicht zulassen. Das möge folgende Erwägung zeigen:

Derjenige, der den Tatbestand der Freiheitsberaubung (§ 239 StGB) erfüllt, handelt grundsätzlich immer rechtswidrig, wenn nicht ein besonderer Rechtfertigungsgrund (Einwilligung, Notwehr usw.) eingreift. Wir haben also einen geschlossenen Tatbestand vor uns. Dennoch gibt es im täglichen Leben eine Fülle von tatbestandsmäßigen Freiheitsberaubungen, bei denen der natürliche Betrachter überhaupt nicht auf den Gedanken kommt, nach einem Rechtfertigungsgrund zu suchen, „weil diese Handlungen sich völlig innerhalb des Rahmens der geschichtlich gewordenen sozialethischen Ordnung des

[38] LB S. 320/21 (6).
[39] LB S. 423/24 (6).
[40] LB S. 321, 424 (6).
[41] LB S. 73 (6).

Gemeinschaftslebens bewegen und von ihr gestattet werden"[42]. Solche Handlungen sind „sozialadäquat"[42]. Das gilt z. B. für die Beförderung mit den modernen Verkehrsmitteln, bei der der Einzelne insofern der persönlichen Freiheit beraubt wird, als er nur an den vorgeschriebenen Haltestellen aussteigen kann und nicht dort, wo es ihm beliebt. Hier ist nicht etwa erst die indizierte Rechtswidrigkeit durch Einwilligung ausgeschlossen, sondern sie wird infolge der Sozialadäquanz der Handlung gar nicht erst indiziert.

Daraus folgt, daß eigentlich alle Tatbestände insofern „offen" sind, als der Richter nach der Erfüllung des Tatbestandes erst noch prüfen muß, ob die Handlung aus den geschichtlich gewachsenen Ordnungen des sozialen Lebens herausfällt, bevor er nach Rechtfertigungsgründen sucht. Welzel spricht zwar bei der sozialen Inadäquanz nicht von einem Rechtspflichtmerkmal, sondern nennt umgekehrt die soziale Adäquanz einen Rechtfertigungsgrund[43], aber die nahe Beziehung zu der hier behandelten Problematik ist unverkennbar.

4. Die Rechtspflicht bei den Unterlassungsdelikten

a) Die unechten Unterlassungsdelikte

In der Beurteilung des systematischen Standortes der Garantenstellung bei den unechten Unterlassungsdelikten hat sich in Welzels Lehre ähnlich wie bei den Tätermerkmalen eine Wandlung vollzogen.

aa) Zunächst galt folgendes: Zur Erfüllung des objektiven Tatbestandes eines vorsätzlichen unechten Unterlassungsdelikts waren lediglich die Nichtabwendung eines tatbestandlich umschriebenen Erfolges und die Möglichkeit seiner Abwendung erforderlich, während der subjektive Tatbestand die Voraussicht des drohenden Erfolgseintritts, die Kenntnis der Abwendungsmöglichkeit und den Verwirklichungswillen voraussetzte[44]. Das aktuelle Bewußtsein oder auch nur die aktualisierbare Kenntnis der Garantenstellung und ihrer Voraussetzungen brauchte für die Tatbestandserfüllung nicht vorzuliegen.

Rechtswidrig war die Tat freilich nur dann, wenn der Täter im konkreten Fall eine Garantenstellung einnahm, die ihm eine Erfolgsabwendungspflicht auferlegte. Dabei genügte — ähnlich wie im entsprechenden Fall der Tätermerkmale — das objektive Vorliegen der die Garantenstellung begründenden Merkmale nicht allein zur Entstehung der Rechtspflicht. Dazu war außerdem noch die Kenntnis der „äußeren Voraussetzungen der Garantenstellung" erforderlich[45], also z. B. der gefährdenden Vorhandlung oder der engen Lebensgemeinschaft mit dem Verletzten. Es kam dabei allerdings nicht — wie beim

[42] LB S. 74 (6).
[43] LB S. 74 (6).
[44] LB S. 420 (4).
[45] LB S. 159 (4).

„Vorsatz" — auf die aktuelle Vorstellung im Augenblick der Tat, sondern nur auf die jederzeitige Reproduzierbarkeit des Bewußtseinsinhaltes an.

Die aus der Garantenstellung entspringende Erfolgsabwendungspflicht war ein reines Rechtswidrigkeitsmoment und brauchte weder vom Vorsatz noch von der Kenntnis des Täters umfaßt zu sein.

Sämtliche unechten Unterlassungsdelikte galten als Musterbeispiele der „offenen" Tatbestände[46]. In jedem Falle war, wenn die Tatbestandsmäßigkeit feststand, die Rechtswidrigkeit noch nicht indiziert, sondern es mußte vor der Suche nach Rechtfertigungsgründen stets noch positiv ermittelt werden, ob der Täter eine Garantenstellung einnahm.

bb) Neuerdings hat Welzel diese Meinung weitgehend aufgegeben. Bei Aufzählung der offenen Tatbestände werden die Unterlassungsdelikte nicht mehr genannt[47]. Die Garantenstellung ist mitsamt ihren Voraussetzungen in den objektiven Tatbestand zurückgekehrt[48], und die „Kenntnis" der Garantenstellung, die weiterhin vom „Vorsatz" als dem aktuellen Bewußtsein im Augenblick der Tat unterschieden wird, gehört nunmehr zum subjektiven Tatbestand. Nur die aus der Garantenstellung fließende Erfolgsabwendungspflicht selbst ist nach dem heutigen Stand der Lehre Welzels ein Element der Rechtswidrigkeit, dessen Unkenntnis die Tatbestandserfüllung unberührt läßt[48a].

b) Die echten Unterlassungsdelikte[49]

Bei ihnen liegt es ähnlich wie bei den unechten Unterlassungsdelikten. Welzel unterscheidet zwischen der pflichtbegründenden Lage und der sich aus ihr ergebenden Handlungspflicht. Die pflichtbegründende Lage, die zu umschreiben Aufgabe des Tatbestandes ist, umfaßt in § 330c lediglich „objektiv einen Unglücksfall, subjektiv die eigene Kenntnisnahme des Unglücksfalles durch einen am Unfallort Anwesenden"[50]; in § 138 „objektiv das Bestehen eines ernsthaften Verbrechensplanes und subjektiv die glaubhafte Kenntnis hiervon"[50]; in § 360 Ziff. 8 „die Frage eines Beamten nach dem Namen"[50]; in § 368 Ziff. 4 „die Verfügungsgewalt über ein Haus"[50] usw.

Die aus der pflichtbegründenden Lage sich ergebende Handlungspflicht gehört nicht zum Tatbestand. Wer einen anderen vor seinen Augen verunglücken sieht und ihm keine Hilfe leistet, obwohl er es könnte, handelt tatbestandsmäßig-rechtswidrig im Sinne des § 330c StGB, auch wenn ihm nicht bekannt war, daß er eine Hilfeleistungspflicht hatte. Die Handlungspflicht ist somit ein reines

[46] LB S. 62, 128, 156 (4); JZ 1952, S. 343.
[47] Vgl. LB S. 68 (5), 72, 73 (6).
[48] LB S. 180—185, 464 (6).
[48a] LB S. 148, 184/85 (6).
[49] Vgl. hierzu den Aufsatz NJW 1953, S. 327—329 u. LB S. 176/77 (6).
[50] NJW 1953, S. 328; insbesondere Anmerkung 6.

Rechtswidrigkeitsmoment, das vom Vorsatz nicht umfaßt zu sein braucht.

5. Die objektive Sorgfaltspflicht bei den Fahrlässigkeitsdelikten

Nach Auffassung Welzels genügt bei allen fahrlässigen Verletzungsdelikten zur Erfüllung des Tatbestandes die bloße Verursachung des in der Strafbestimmung umschriebenen Erfolges[51], sofern dieser Erfolg mit der Handlung in vorhersehbarer, adäquater Weise verknüpft ist[52]. Auch derjenige, dem ein Kind so plötzlich in den Wagen läuft, daß der geübteste Fahrer einen Unfall nicht hätte vermeiden können, erfüllt den Tatbestand der fahrlässigen Körperverletzung, sofern nur eine adäquate Verursachung vorliegt.

Da nun das Verhalten jedes Menschen in seinem der finalen Steuerung entzogenen kausalen Weiterwirken Rechtsgüterverletzungen herbeiführen kann, die sich beim besten Willen und bei äußerster Sorgfalt nicht verhindern lassen, kann die bloße kausale Rechtsgüterverletzung noch nicht als rechtswidrig angesehen werden; denn das Rechtswidrigkeitsurteil drückt immer das Mißverhältnis einer Handlung zu dem rechtlich gebotenen Verhalten aus[53]. Nach Ansicht Welzels hat die bloße Rechtsgüterverletzung, d. h. die Tatbestandserfüllung, auch keine unrechtsindizierende Wirkung[54]. Daher ist der Tatbestand der fahrlässigen Delikte „offen"[55].

Eine Rechtswidrigkeitsindizierung tritt erst dann ein, wenn der Täter das „im Sozialleben zur Vermeidung von Rechtsgüterverletzungen gebotene Maß an finaler Steuerung"[56] nicht einhält, oder kurz: wenn er die objektiv gebotene Sorgfalt außer acht läßt. Diese Sorgfaltspflicht ist ein Rechtswidrigkeitsmoment; der Richter hat ihre Verletzung vor der Prüfung einzelner Rechtfertigungsgründe positiv festzustellen[57].

Für die Schuld bleibt dann nur noch die Frage übrig, ob die bereits im Rahmen der Rechtswidrigkeit ermittelte Verletzung der objektiven Sorgfalt dem Täter vorgeworfen werden kann.

---

[51] bei den Gefährdungsdelikten in entsprechender Weise die Herbeiführung der Gefährdung.

[52] LB S. 111/12 (6), Neues Bild (3), S. 30/31. Bis vor kurzem hatte Welzel sogar die reine Erfolgsverursachung im Sinne der Äquivalenztheorie genügen lassen, vgl. LB S. 103/04 (5).

[53] LB S. 104 (5); ähnlich S. 112 (6).

[54] LB S. 105 (5); neuerdings heißt es etwas abschwächend: „Mit der Verwirklichung des Tatbestandes ... ist nicht in gleichem Maße wie bei den vorsätzlichen Delikten die Rechtswidrigkeit indiziert", LB S. 112 (6).

[55] LB S. 68 (5); in der 6. Aufl. wird das Wort vermieden, sachlich hat sich aber außer der durch die Einführung des Adäquanzgedankens bedingten Einschränkung nichts geändert.

[56] LB S. 114 (6).

[57] so ausdrücklich: LB S. 112 (6).

B. DIE LEHRE ARMIN KAUFMANNS[58]

Kaufmann beschäftigt sich nicht mit allen von Welzel aufgeführten Rechtswidrigkeitsmomenten. Er wendet seine Aufmerksamkeit nur einer Reihe von speziellen Rechtspflichtmerkmalen zu, die er in die beiden großen Gruppen der „Amtsbefehle“[59] und der „Tätermerkmale“[60] einteilt, deren Eigenart er mit unterschiedlichen Argumenten begründet. An dieser Stelle soll nur eine knappe, an den Ergebnissen orientierte Darstellung seiner Auffassung gegeben werden. Die ins Detail gehende Ausbreitung seiner Beweisführung wird der besseren Übersicht halber erst im Rahmen der kritischen Auseinandersetzung mit seiner Lehre erfolgen.

I. Die „Amtsbefehle“

Mit der Bezeichnung als „Amtsbefehl“ umschreibt Kaufmann das Wesen der Merkmale „zuständig“[61], „rechtsgültig“ (§ 110) und „in rechtmäßiger Ausübung seines Amtes“ (§ 113). Sein Gedankengang ist — in einfachen Worten ausgedrückt — folgender[62]:

1. Jede Norm kann den einzelnen Staatsbürger nur verpflichten, wenn sie einerseits schon erlassen und andererseits noch nicht wieder aufgehoben ist. Insofern sind alle Normen in ihrer Existenz bedingt. Andere Bedingungen dieser Art sind die Verfassungsmäßigkeit und das Nichtvorliegen der Voraussetzungen des § 3 II StGB. Alle diese Umstände, von deren Vorliegen die Verpflichtungswirkung einer Norm abhängt, gehören unbestrittenermaßen nicht zum Inhalt der Norm, zum Tatbestand, sondern sie sind die Voraussetzungen ihrer Gültigkeit.

2. Dasselbe gilt nun nach Kaufmann von der Rechtmäßigkeit eines Amtsbefehls und ihren Voraussetzungen. Auch sie ist nach seiner Meinung nur Bedingung der Normgültigkeit, nicht Bestandteil der Normmaterie. Zu diesem Ergebnis kommt er, indem er den gegen „Amtsbefehle“ (also die Anordnungen zuständiger und in rechtmäßiger Amtsausübung begriffener staatlicher Stellen) gerichteten Delikten eine von den übrigen Tatbeständen abweichende Norm zugrundelegt. Bei diesen Strafbestimmungen handele der Täter nicht — wie sonst — einer Gebotsnorm des Gesetzgebers, sondern dem Befehl einer Amtsstelle zuwider. Die §§ 153 ff. etwa mitsamt den die Zuständigkeit begründenden prozeßrechtlichen Vorschriften verpflichten nach Ansicht Kaufmanns den Einzelnen noch zu nichts. Sie ermächtigen lediglich die zuständige Behörde, in bestimmten Fällen

[58] Sie ist ausgeführt in seinem Werk „Lebendiges und Totes in Bindings Normentheorie“, 1954. Alle folgenden Verweisungen auf Kaufmanns Lehre stammen — soweit nichts Besonderes vermerkt ist — aus diesem Buch.
[59] a. a. O., S. 98 ff., 140 f., 159, 163, 237, 285.
[60] a. a. O., S. 134 ff., 141 f., 149 ff., 153, 157 f., 170, 248, 251, 286.
[61] Vgl. die Beispiele oben S. 5.
[62] a. a. O., S. 97—101.

Gebote zu erlassen, die für den Staatsbürger, an den sie gerichtet sind, Rechtspflichten begründen. So enthält z. B. § 153 StGB die Verpflichtung des Einzelnen zum Erscheinen und zur wahrheitsgemäßen Aussage vor Gericht. „Aber dieses Gebot tritt erst ins Leben durch die Ladung bzw. die Aufforderung des zuständigen Richters oder Beamten. Vorher mag man allenfalls von einem durch diesen Staatsakt ‚aufschiebend bedingten' Gebot sprechen"[63]. Ein solcher Amtsbefehl ist eine Norm, wie sie sonst nur aus dem Gesetze selbst zu gewinnen ist, „da er sich material nicht von anderen Normen unterscheidet"[64]. Der Befehl eines Beamten oder einer Behörde steht somit nach dieser Auffassung einer Gesetzesnorm gleich. So wie üblicherweise die Verfassung den Gesetzgeber zum Normerlaß ermächtigt, ermächtigt hier der Gesetzgeber das zuständige Exekutivorgan zum Normerlaß. „Das Gebot steht zu den Zuständigkeitsregeln in dem gleichen Verhältnis wie sonst das Gesetz, aus dem wir die Norm ableiten, zur Verfassung"[65]. Daraus folgt: Die Voraussetzungen, von denen die Gültigkeit des Amtsbefehls, d. h. der Norm, abhängt — die Zuständigkeit der Behörde oder die Rechtmäßigkeit der Amtsausübung — gehören nicht zur Norm und damit nicht zum Tatbestand, sondern betreffen nur die Rechtswidrigkeit der Normübertretung. So kommt Kaufmann für diese Merkmale mit anderer Begründung zum selben Ergebnis wie Welzel.

II. Die Tätermerkmale

Was Kaufmann unter Tätermerkmalen versteht, sei zugleich mit einer kurzen, das Verständnis erleichternden Einführung in seinen allgemeinen Gedankengang und in seine Terminologie dargelegt:

1. Jede Norm gilt nach Ansicht Kaufmanns für alle[66]. Es ist nicht so, daß etwa bei den Amtsdelikten die Norm nur für Beamte gilt, sondern sie gilt auch für den gewöhnlichen Bürger, da jeder in die Lage kommen kann, Beamter zu werden und den Geboten dieser Normen folgen zu müssen. Auch für Kinder und Geisteskranke gilt die Norm, denn wenn sie sie auch im Augenblick vielleicht nicht zu verstehen und zu befolgen imstande sind, so können sie doch erwachsen bzw. gesund werden und müssen dann den Rechtsgeboten gehorchen. „Jedermann ist Adressat jeder Norm"[67].

Aus der Tatsache, daß der Rechtsbefehl an alle gerichtet ist, folgt aber nach Kaufmann[68] noch nicht, daß auch jeder durch die Norm verpflichtet wird. Damit eine Verpflichtungswirkung eintrete, bedarf es vielmehr der „Konkretisierung" der Norm „auf einen bestimmten einzelnen, der für einen konkreten Akt, der Gegenstand

---

[63] a. a. O., S. 100.
[64] a. a. O., S. 101.
[65] a. a. O., S. 100/101.
[66] a. a. O., S. 138.
[67] a. a. O., S. 125.
[68] a. a. O., S. 126

des Verbotes ist, in Frage kommt"[69]. Mit anderen Worten: Die Norm „Du sollst keinen anderen töten" verpflichtet nur denjenigen, der eine Tötungshandlung „unter gegebenen konkreten Umständen in einem bestimmten Zeitpunkt vornehmen kann"[70]. Denjenigen, auf den diese Voraussetzungen zutreffen, nennt Kaufmann „handlungsfähig"[70]. Wenn wir diesen Gedankengang erfaßt haben, können wir den die bisherigen Darlegungen Kaufmanns umgreifenden Satz verstehen: „Während die Norm ihre ‚Gültigkeit' ständig und für jeden entfaltet, wirkt sie ‚verpflichtend' nur für den in concreto Handlungsfähigen"[71]. „Die konkretisierte Norm, die einem ganz bestimmten einzelnen ein ganz konkretes Verhalten vorschreibt, wird . . . als ‚Pflicht' bezeichnet"[72].

2. Nun kommt die für die hier zu behandelnde Gruppe von Rechtspflichtmerkmalen entscheidende Wendung. Während in den meisten Fällen — bei den sog. allgemeinen Normen — nur die Handlungsfähigkeit erforderlich ist, damit sich die Norm zur Pflicht konkretisiere, gibt es andere Normen — die sog. besonderen Normen —, bei denen die Handlungsfähigkeit allein noch keine Pflicht begründet, sondern bei denen noch weitere das Subjekt kennzeichnende Merkmale: die sog. Tätermerkmale, hinzutreten müssen. Es kommen hier alle Tatbestände in Frage, die nicht von jedem Menschen erfüllt werden können: also zunächst sämtliche Beamtendelikte, darüber hinaus aber auch die anderen schon von Welzel behandelten Sonderdelikte[73]. Davon werden allerdings diejenigen wieder ausgenommen, bei denen das Tätermerkmal zugleich Handlungsmerkmal ist, wie z. B. § 173 StGB, wo die Untauglichkeit des Subjekts mit der des Objekts zusammenfällt[74]. Kaufmann nennt weiter die §§ 170a, 170b, 170c und 174 StGB[75]. Auch sonst sind die Beamtendelikte die einzigen, an denen er seine Lehren exemplifiziert. Sie werden daher bei der Auseinandersetzung mit seiner Lehre im Vordergrund stehen.

3. Kaufmann vertritt wie Welzel eine Sonderbehandlung der Tätermerkmale: Sie gehören nicht zum Tatbestand, sondern dienen lediglich der Begründung der Rechtspflicht. Er ist sogar noch radikaler. Während Welzel für die Entstehung der Rechtspflicht und neuerdings sogar für die Erfüllung des subjektiven Tatbestandes die Kenntnis des pflichtbegründenden Lebensverhältnisses fordert[76], verzichtet Kaufmann darauf völlig[77]. Ob der Täter die pflichtbegründende Lage kannte oder nicht, ist nach ihm nur für die Beurteilung der Vorwerfbarkeit erheblich.

---

[69] a. a. O., S. 139.
[70] a. a. O., S. 139.
[71] a. a. O., S. 139/40.
[72] a. a. O., S. 140.
[73] s. o. S. 5/6.
[74] a. a. O., S. 155.
[75] a. a. O., S. 137.
[76] LB S. 463 (6); s. auch oben S. 6 und unten S. 26.
[77] a. a. O., S. 159 Anm. 227.

Die Ansicht Kaufmanns, daß sämtliche Tätermerkmale nicht zum Tatbestand gehören und folglich auch nicht vom Vorsatz umfaßt zu sein brauchen, gründet sich auf logische, ontologische, psychologische und dogmatische Erwägungen, die im einzelnen erst im Rahmen der kritischen Stellungnahme zu seinen Thesen entfaltet werden sollen[78].

C. LITERATURÜBERSICHT

Die Lehre von den offenen Tatbeständen und Rechtspflichtmerkmalen hat in der Literatur und auch in der Rechtsprechung geteilte Aufnahme gefunden. Insgesamt gesehen überwiegen die ablehnenden Stimmen. In die folgende Übersicht sind — abgesehen von einigen Urteilen des BGH — nur diejenigen aufgenommen, die sich ausdrücklich mit der Welzelschen Theorie auseinandersetzen, nicht aber jene, die nur im Ergebnis von ihr abweichen[79].

Die Auffassung Welzels wird geteilt von

BGHSt 2, 195/196 für die Behandlung des § 240 II,
OLG Hamm, JMBl NRW 1953, S. 8 für § 113,
OLG Köln, JMBl NRW 1956, S. 164 für § 367, Ziff. 8.

Dreher-Maassen, 2. Aufl., § 113, Anm. 5, S. 166/167: sehr unklar. Die „Rechtmäßigkeit der Amtsausübung“ wird zunächst als Bedingung der Strafbarkeit bezeichnet. Dann aber heißt es: Der Irrtum ist . . . Verbotsirrtum.

Hartung, NJW 1952, S. 763.

Heitzer, NJW 1952, S. 729/730: Er schließt sich den „grundlegenden Erörterungen von Welzel“ an (S. 730, Anm. 13).

Hirsch, JZ 1955, S. 234/235: „überzeugende Begründung“ Welzels (S. 234, Anm. 2, zum Merkmal der Zuständigkeit).

Jagusch, LK, Bd. I, 7. Aufl., S. 194: Die Beurteilung der „Zuständigkeit“ als schuldfreies Rechtspflichtmerkmal sei „sehr instruktiv und interessant“; jetzt aber, 8. Aufl., S. 222: „nicht unbedenklich“.

Schwarz, Kommentar zum StGB, § 113, Anm. 4, S. 278: „dem ist beizutreten“; anders aber wieder § 153, Anm. 2, C, S. 343.

Welzels Auffassung wird — zum Teil mit Einschränkungen — abgelehnt von

Baumann, Archiv für die zivilistische Praxis, 155. Bd., S. 507 bei Anm. 47: „Der Versuch . . . kann nicht als geglückt bezeichnet werden“.

Bemmann, Zur Frage der objektiven Bedingungen der Strafbarkeit, S. 15—19, S. 34/35: . . . solche „reinen Rechtspflichtmerkmale“ gibt es nicht (S. 16).

---

[78] Vgl. unten S. 66 ff.
[79] Vgl. dazu noch unten S. 17 ff.

Bruns, JZ 1954, S. 713—715: „neuralgischer Punkt" (S. 714); bei grundsätzlicher Anerkennung der finalistischen Lehre werden „Vorbehalte" hinsichtlich der Rechtspflichtmerkmale gemacht; hier sei „das letzte Wort noch nicht gesprochen" (S. 715). Ablehnend auch in der Schrift „Der untaugliche Täter im Strafrecht", S. 32—35: „Für die Anerkennung besonderer Rechtspflichtmerkmale unabhängig vom Tatbestand bleibt . . . kein Raum".

Busch, Mezger-Festschrift, S. 165 ff.: Der Konstruktion der Rechtspflichtmerkmale und ihrer Begründung sei nicht beizupflichten (S. 175). Das Ergebnis wird jedoch gebilligt (S. 176). Der Behandlung des Nötigungstatbestandes durch den BGH und Welzel stimmt Busch auch in der Begründung zu (S. 180).

Dalcke, Kommentar, § 113, Anm. 3 II, S. 114: Die Annahme eines Rechtspflichtmerkmals wird abgelehnt. § 154, Anm. 3, S. 146: Die „Zuständigkeit" ist Tatbestandsmerkmal, kein Rechtswidrigkeitsmoment.

Engisch, Mezger-Festschrift, S. 127 ff.: Die Begründung Welzels wird abgelehnt. „Konstruktion vom Ergebnis her" (S. 158/159). Die Richtigkeit des Ergebnisses wird offen gelassen (S. 162/163).

Gallas, ZStW 1955, Band 67, S. 1 ff.: Die Lehre von den offenen Tatbeständen wird in Begründung und Ergebnis abgelehnt (S. 24—27).

Arthur Kaufmann, JZ 1956, S. 353—358: „. . . distanziere ich mich von Welzels Lehre von den ‚speziellen Rechtswidrigkeitsmerkmalen'" (S. 356, Anm. 43).

Lange, JZ 1953, S. 9 ff.: Die Ablehnung folgt aus Langes Tatbestandskonzeption (S. 13—15); ebenfalls ablehnend in: Kohlrausch-Lange, § 59 V 2 b, S. 208: „. . . mit dem Sinn und . . . der rechtsstaatlichen Schutzfunktion der TBe . . . nicht vereinbar"; ferner § 113 VI, S. 287.

Lang-Hinrichsen, JR 1952, S. 184 ff., bes. S. 185/186, 188: völlige Ablehnung. Ferner JR 1952, S. 302 ff.: auch die Lösung bei § 240 ablehnend. Allgemein gegen Welzels Lösung der Irrtumsprobleme: JR 1952, S. 356 ff.; JZ 1953, S. 362 ff.

Maurach, Allgemeiner Teil, S. 259/260: Offene Tatbestände werden grundsätzlich anerkannt. Dagegen Ablehnung sämtlicher spezieller Rechtspflichtmerkmale: Allgemeiner Teil, S. 419/420, und Besonderer Teil, 2. Aufl., S. 520 (Rechtmäßigkeit der Amtsausübung), und S. 567/568, 570 (Zuständigkeit); vgl. auch 1. Aufl., S. 514.

Mezger, NJW 1953, S. 2 ff.: schon vorsichtig ablehnend; entschiedener im Leipziger Kommentar, S. 477 zu § 59 I, 3: nur „angebliche Besonderheit" dieser Merkmale. S. 478: Zu Welzels Annahme „besteht . . . kein innerer Grund". Scharf ablehnend im Studienbuch, Besonderer Teil, S. 245: „willkürlich und wider das Gesetz", und S. 265: „Willkür gegenüber dem Gesetz". Vgl. auch Studienbuch, Allg. Teil, S. 184.

Sax, Annales, S. 422: Welzels Lehre „entkleidet ... den Tatbestand seines unverzichtbaren und unbestrittenen Gehalts als Unrechtsvertypung".

Eb. Schmidt, JZ 1956, S. 190: „Der Skepsis Maurachs gegenüber Welzels Lehre von den ‚Rechtspflichtmerkmalen' stimme ich zu."

Schröder, ZStW, Bd. 65, 1953, S. 183ff.: Welzels Annahmen führen „in eine Sackgasse" (S. 185), bringen „ein ganz absurdes Ergebnis" (S. 186) und zeigen „keine Lösung" (S. 189). Auch bei den Umständen des § 240 II neigt Schröder zur Annahme von Tatbestandsmerkmalen (S. 201). Ebenso im Kommentar von Schönke-Schröder: § 240 II sei eine „Ergänzung des Tatbestandes" (§ 240 V, 1, S. 821). Rechtspflichtmerkmale werden abgelehnt (§ 59 V, 7, c, S. 325).

Schweikert, Wandlungen der Tatbestandslehre, S. 115/116, zählt „die Rechtswidrigkeitsmerkmale zum Tatbestand".

von Weber, GA 1953, S. 161ff.: „ad-hoc-Konstruktion" (S. 165). Ebenso in „Materialien zur Strafrechtsreform", Bd. 1, S. 279/280.

BGHSt 3, S. 253—254: Die Auffassung der Zuständigkeit als Rechtspflichtmerkmal führt zu Ergebnissen, die „unannehmbar" sind und auch „nirgends vertreten" werden. — Diese Entscheidung ist die einzige des BGH, die sich ausdrücklich mit der Lehre von den Rechtspflichtmerkmalen beschäftigt.

BGHSt 3, S. 82—90, bes. S. 89/90: Die Erfolgsabwendungspflicht bei den unechten Unterlassungsdelikten gehört zum Tatbestand.

BGHSt 4, S. 161, 163—165: Die „Rechtmäßigkeit der Amtsausübung" in § 113 ist objektive Bedingung der Strafbarkeit.

BGHSt 5, S. 251/252: Die „Zuständigkeit" in § 116 ist objektive Bedingung der Strafbarkeit.

Zweites Kapitel

Die Bedeutung der offenen Tatbestände und Rechtspflichtmerkmale

A. IHRE PRAKTISCHE BEDEUTUNG FÜR DIE IRRTUMS- UND VERSUCHSLEHRE

Die praktische Bedeutung der offenen Tatbestände und Rechtspflichtmerkmale liegt in erster Linie auf zwei Gebieten: der Irrtums- und der Versuchslehre. Der Irrtum über ein Rechtspflichtmerkmal ist bei Unkenntnis der Rechtspflicht Verbotsirrtum, bei irrtümlicher Annahme einer im konkreten Fall nicht bestehenden Rechtspflicht Wahndelikt. Diese Lösung steht in vielen Fällen in Widerspruch zu allen bisher vertretenen, auch untereinander wieder abweichenden Lehren. Die folgende Übersicht kann keinen erschöpfenden Abriß aller für die Behandlung dieser Merkmale erdachten und denkbaren Möglichkeiten bieten; sie begnügt sich damit, die Neuartigkeit der von Welzel bei Annahme eines Rechtspflichtmerkmals erzielten Ergebnisse durch eine Gegenüberstellung mit den wichtigsten im Schrifttum und namentlich von der Rechtsprechung vertretenen Ansichten anschaulich zu machen. Eine kritische Stellungnahme dazu und die Entwicklung einer eigenen Lösung der angeschnittenen Irrtums- und Versuchsprobleme sollen in diesem Kapitel noch nicht erfolgen[80].

Ein drittes Gebiet, auf das die Behandlung der Rechtspflichtmerkmale Einfluß gewinnt, ist die Teilnahmelehre. Von der Beurteilung der Frage, ob ein Tatbestands- oder ein Verbotsirrtum vorliegt, hängt oft nicht nur die Strafbarkeit des Täters, sondern auch die des Teilnehmers ab. Und umgekehrt: die Teilnahme an einem Versuch kann strafbar sein; an einem Wahndelikt ist sie straflos. Den sich daraus ergebenden Problemen soll hier nicht nachgegangen werden, weil es sich dabei zwar um wichtige, aber für uns sekundäre Fragestellungen handelt. Die Rechtspflichtmerkmale entscheiden primär nur die Frage, ob ein Tatbestands- oder Verbotsirrtum, ein Versuch oder ein Wahndelikt vorliegt. Wenn das geklärt ist, lösen sich die Teilnahmeprobleme nach den verschiedenen Theorien unabhängig von den Rechtspflichtmerkmalen.

Unsere Übersicht folgt der oben (S. 3—11) gegebenen Anordnung der Rechtspflichtmerkmale.

I. Die allgemeinen Rechtswidrigkeitsregeln[81]

Welzel stimmt mit der grundlegenden Irrtumsentscheidung des BGH darin überein, daß der Tatbestand der Nötigung nur die in § 240 I umschriebenen Merkmale enthält; danach hat der Gesetzgeber „... die Grenzen des Nötigungstatbestandes so weit gezogen, daß er nunmehr auch ungezählte Fälle des täglichen Lebens erfaßt, in denen die Nötigung trotz Drohung mit einem empfindlichen Übel für das natürliche Rechtsgefühl rechtmäßig ist, die Rechtmäßigkeit jedoch nicht aus einer besonderen rechtfertigenden Gegennorm hergeleitet werden kann“[82]. Wir haben also auch nach der Meinung des BGH einen „offenen“ Tatbestand im Sinne Welzels vor uns. Aus dieser übereinstimmenden Prämisse ließe sich folgern, daß die irrige Annahme, die Anwendung der Gewalt oder die Androhung des Übels sei nicht als verwerflich anzusehen, bei Kenntnis der Merkmale des Abs. 1 stets ein Verbotsirrtum sei, der den Vorsatz unberührt lasse.

Inzwischen haben jedoch sowohl der BGH als auch Welzel — fast unbemerkt — ihre Auffassung eingeschränkt, und zwar mit

[80] Vgl. dazu unten S. 111 ff. und insbes. S. 132 ff. u. S. 162 ff.
[81] s. o. S. 3/4.
[82] BGHSt 2, S. 195/96.

so unterschiedlicher Begründung, daß man die Meinung, die Ansichten des BGH und Welzels stimmten in der Behandlung des § 240 überein, nicht mehr wird vertreten können[83]. Das zeigt deutlich ein Urteil des BGH vom 30. 4. 1953[84]. Der Täter hatte in diesem Falle geglaubt, wegen einer strafbaren Handlung seines Partners einen Schadensersatzanspruch gegen ihn zu besitzen und hatte ihn durch die Drohung mit Strafanzeige zur Erfüllung des vermeintlichen Anspruchs bewegen wollen. Dabei ist davon auszugehen, daß diese Drohung durchaus sozialüblich gewesen wäre, wenn der Anspruch wirklich bestanden hätte.

Der BGH und Welzel sind sich einig in dem Ergebnis, daß der Täter freizusprechen ist. Aber die Begründungen weichen erheblich voneinander ab. Der BGH sagt (Leitsatz): „Die irrige Vorstellung von Tatumständen, die den Täter berechtigen würden, mit einer Strafanzeige zu drohen, um einen aus der Straftat hergeleiteten bürgerlichrechtlichen Anspruch durchzusetzen, ist Tatbestandsirrtum im Sinne des § 59 StGB", und in den Gründen: „Ein Irrtum über den der Wertung zugrundeliegenden Sachverhalt ist nach § 59 StGB als Tatbestandsirrtum zu behandeln, der den Vorsatz ausschließt"; der BGH sieht also alle dem Verwerflichkeitsurteil zugrundeliegenden Umstände als Tatbestandsmerkmale an und gibt damit zugleich implicite die in BGHSt 2, 195/196 vertretene Auffassung des § 240 als eines „offenen" Tatbestandes wieder auf.

Nach Ansicht Welzels dagegen ist der Tatbestand des § 240 in diesem Falle in objektiver und subjektiver Hinsicht erfüllt. Er sieht mithin — und das ist der entscheidende Unterschied! — das Wertungssubstrat nicht als Bestandteil des Tatbestandes an. Nach seiner Meinung fehlt es aber trotz Vorliegens der Tatbestandsmäßigkeit an der Rechtswidrigkeit der Tat, weil „das angewendete Mittel (Drohung mit Strafanzeige) im Verhältnis zu dem von ihm subjektiv erstrebten Zweck (Erfüllung des — vermeintlichen — Schadensersatzanspruchs) nicht verwerflich ist"[85]. Welzel bezeichnet daher das Urteil des BGH ausdrücklich als in der Begründung unzutreffend.

Seine Lösung bleibt also bei der Konstruktion des § 240 als eines offenen Tatbestandes und ist insofern konsequenter als die des BGH. Sie enthält aber insofern eine Abweichung von den gewöhnlichen Grundsätzen der Behandlung der Rechtspflichtmerkmale, als ein Irrtum über die Verwerflichkeit in diesem Falle trotz

---

[83] Die dritte Auflage des Lehrbuchs, 1954, S. 231—233, macht diese Einschränkung noch nicht.

[84] Lindenmaier-Möhring, Nr. 3 zu § 240.

[85] LB S. 237 (4). In den beiden letzten Auflagen des Lehrbuches — LB (5), S. 252, LB (6), S. 266 — fehlt dieser Absatz wieder. Da jedoch Welzel sich, wenn er nicht seine ganze Konstruktion preisgeben will, dem letztgenannten BGH-Urteil nicht gut anschließen kann und auch nichts dafür spricht, daß er jetzt einen Verbotsirrtum annehmen will, wird weiter die in der 4. Aufl. vertretene Meinung zugrundegelegt.

Kenntnis sämtlicher Tatumstände des Abs. 1 nicht als Verbotsirrtum behandelt wird. Es liegt zwar unleugbar ein Irrtum vor, der aber nach Welzels Lehre weder Tatbestands- noch Verbotsirrtum, sondern ein Drittes ist, und der die Kraft hat, die Rechtswidrigkeit auszuschließen.

Die Unterschiedlichkeit dieser Auffassungen ist dogmatisch von großer Bedeutung, und wir werden noch wiederholt auf sie zurückkommen müssen. Aber ist sie auch praktisch von Belang? Daß in der Behandlung der Irrtümer keine ergebnismäßigen Differenzen auftreten, ist bereits gezeigt worden. Die verschiedenen Grundpositionen müssen jedoch zu Abweichungen in der praktischen Behandlung führen, wenn man den Irrtum umkehrt und sich den Fall einmal so denkt, daß der mit Strafanzeige Nötigende in Wirklichkeit einen deliktischen Schadensersatzanspruch hat, ohne davon zu wissen.

Der BGH könnte in diesem Fall nur wegen versuchter Nötigung bestrafen, weil der objektive Tatbestand des § 240 nicht erfüllt ist. Das Wertungssubstrat, d. h. das sozial unerträgliche Mißverhältnis zwischen Drohungsmittel und Zweck, gehört ja, wie wir gesehen haben, zum Tatbestand, ist aber hier gar nicht objektiv, sondern nur in der Vorstellung des Täters vorhanden.

Welzel dagegen müßte eine vollendete Nötigung annehmen; nach seiner Konzeption ist der Tatbestand des § 240 in subjektiver und objektiver Hinsicht erfüllt. Auch die Voraussetzungen der Rechtswidrigkeitsregel des Abs. 2 sind gegeben; da „unter ‚angestrebtem Zweck' ... stets das vom Täter subjektiv verfolgte Ziel zu verstehen"[86] ist, ist die Tat verwerflich und damit rechtswidrig, so daß einer Bestrafung wegen vollendeter Nötigung nichts im Wege steht.

Diese Darlegung zeigt, daß die „Übereinstimmung" zwischen Welzel und dem BGH in der Behandlung des § 240 entgegen einer weitverbreiteten Annahme nur scheinbar ist und auch unterschiedliche praktische Ergebnisse nicht verhindert. Im Schrifttum haben allerdings diese subtilen Unterschiede bisher kaum Beachtung gefunden.

Die Auffassung, daß § 240 II allein der Rechtswidrigkeit zugehöre, wird vertreten von Busch[87], Maurach[88] und Dreher-Maassen[89], ohne daß die Einschränkung, die Welzel selbst seiner Lehre gegeben hat, dabei erwähnt würde. — Dagegen sehen Schönke-Schröder[90] auch jetzt noch den Abs. 2 als „Teil des Tatbestandes" an; auch Lang-

---

[86] LB S. 237 (4).

[87] Mezger-Festschrift, S. 180.

[88] Allgemeiner Teil, S. 260; Besonderer Teil, 2. Aufl. S. 105; im Besonderen Teil, 1. Aufl., S. 91, hatte er die Rechtswidrigkeit in § 240 noch als Tatbestandsmerkmal bezeichnet.

[89] 2. Aufl. § 240, Anm. 6, 7, S. 318.

[90] § 240 V, 1, S. 821.

Hinrichsen[91], Schwarz[92], Kohlrausch-Lange[93] und wenigstens sinngemäß Sauer[94] zählen sämtliche dem Rechtswidrigkeitsurteil zugrundeliegenden Umstände dem Tatbestande zu. — Andere, wie Mühlmann-Bommel[95], kommen vom Standpunkt der Vorsatztheorie zu dem Ergebnis, daß auch in § 240 das Bewußtsein der Rechtswidrigkeit für den Vorsatz erforderlich sei.

Es würde zu weit führen, die praktischen Auswirkungen dieser dissonierenden Stimmen in den Einzelheiten zu verfolgen. Große Unterschiede im Ergebnis liegen jedenfalls nicht vor. Sämtliche Auffassungen (einschließlich derjenigen Welzels und des BGH) sprechen den Täter, der über einen dem Verwerflichkeitsurteil zugrundeliegenden Umstand irrt, frei. Die Abweichungen beschränken sich darauf, daß einer falschen Subsumtion unter den Begriff der Verwerflichkeit gar keine, geringere oder größere Bedeutung beigemessen wird[96].

Für § 108 StGB gilt mutatis mutandis dasselbe wie für § 240[97].

Noch geringere praktische Bedeutung hat die Lehre Welzels für den Fall des § 253 II. Im allgemeinen sind zwar die Irrtumsfragen in entsprechender Weise wie in § 240 zu lösen (darauf wird hier nicht noch einmal eingegangen). Die Unrechtmäßigkeit der Bereicherung ist nach Welzel zur Tatbestandserfüllung trotz des abweichenden Gesetzeswortlauts nicht erforderlich[98]. Eine noch weitere Einschränkung seiner Grundprinzipien als in § 240 nimmt Welzel aber vor, wenn der Täter mit Drohung oder Gewalt einen irrtümlich angenommenen Rechtsanspruch durchdrücken will, wie in dem oben bei § 240 erwähnten, vom BGH entschiedenen Fall. Hier verneint Welzel nicht etwa nur (wie in § 240) die Rechtswidrigkeit der Tat wegen mangelnder Verwerflichkeit, sondern es ist nicht einmal der Tatbestand des § 253 erfüllt, weil dem Täter der Vorsatz der Vermögensschädigung fehlt[98]. In allen Fällen, da jemand vermeintliche Ansprüche — seien sie auch aus noch so irrigen Erwägungen hergeleitet — mit Gewalt oder Drohung durchsetzen will, schließt das aus diesem Grunde fehlende Bewußtsein der Rechtswidrigkeit den Erpressungsvorsatz aus. Darin besteht mit Rechtsprechung und Lehre Übereinstimmung, wenn auch hier der Vorsatz meist deswegen ausgeschlossen wird, weil dem Täter die Absicht fehlte, sich zu „Unrecht" zu bereichern[99].

---

91 JR 1952, S. 304/305.
92 § 240, 3, A, S. 532.
93 § 240 V, S. 469.
94 System, S. 296.
95 § 240, Anm. 6, S. 521.
96 Auf die Probleme der Versuchsbestrafung ist schon hingewiesen worden.
97 LB S. 400 (6), Schönke-Schröder, § 108, Anm. III, 2, S. 474.
98 LB S. 309 (6), NJW 1953, S. 652/53.
99 So jetzt auch der BGH (BGHSt 4, 105—107).

II. Die speziellen Rechtspflichtmerkmale

1. Die Rechtmäßigkeit der Amtsausübung[100]

In § 113 StGB tritt die praktische Bedeutung der offenen Tatbestände zum ersten Male ohne Einschränkungen hervor. Eine Bestrafung wegen vorsätzlicher Tat ist nach dieser Lehre immer schon dann möglich, wenn der Täter weiß, daß er einer Amtshandlung durch Gewalt oder Drohung mit Gewalt Widerstand leistet. Ein Irrtum über die Rechtmäßigkeit der Amtshandlung ist Verbotsirrtum, worauf immer er beruhen möge[101]. Das führt zu teilweise erheblichen Abweichungen gegenüber den in Rechtsprechung und Schrifttum vertretenen Lehren.

a) Nach der Auffassung des Reichsgerichts, die jetzt auch schon zur ständigen Rechtsprechung des Bundesgerichtshofs geworden ist, ist dieses Merkmal nur eine objektive Bedingung der Strafbarkeit, so daß auch ein unvermeidbarer Irrtum über die Rechtmäßigkeit der vom Beamten vorgenommenen Handlung an der Bestrafung nichts ändern kann[102]. Im Schrifttum folgen dem namentlich Werner[103], Maurach[104], Olshausen[105], Mezger[106] und Sauer[107].

b) Nach einer in der Literatur weit verbreiteten Meinung, deren Hauptvertreter Binding[108], Frank[109], M. E. Mayer[110], Liszt-Schmidt[111], Gerland[112] und jetzt wieder Schröder[113] und Bemmann[114] sind, handelt es sich bei der „Rechtmäßigkeit der Amtsausübung" um ein Tatbestandsmerkmal. Die Folge ist, daß auch ein Täter, der grob fahrlässig annimmt, der Beamte handele rechtswidrig, straffrei bleibt.

c) Nach einer Ansicht, die H. von Weber[115] und Lange[116] vertreten, muß man unterscheiden, ob der Irrtum allein auf unrichtiger rechtlicher Bewertung der Handlung des Beamten beruht, oder ob er auf eine unrichtige Auffassung des der rechtlichen Bewertung zugrundeliegenden Sachverhaltes zurückgeht. Im ersten Fall liegt Verbotsirrtum, im zweiten Tatbestandsirrtum vor.

---

100 s. o. S. 4/5.
101 LB S. 410 (6).
102 Aus der Rspr. des RG vgl. nur RGSt 55, 161—166 (166); 72, 300—302; BGH 3 StR 238/51 v. 6. 9. 51; 4 StR 52/51 v. 12. 7. 51; BGHSt 4, 161—166.
103 LK, § 113, VI, S. 712.
104 Bes. T., 2. Aufl., S. 520.
105 § 113, Anm. 12, S. 525.
106 StuB II, S. 265.
107 System, S. 470.
108 Normen, Bd. 2, S. 1128—1135; Lehrb., Bd. 2, S. 778.
109 § 113, Anm. VII mit zahlreichen weiteren Literaturangaben.
110 Vgl. Darst., Bes. T., Bd. 1, S. 455.
111 S. 794.
112 S. 338.
113 ZStW, Bd. 65, S. 189.
114 a. a. O., S. 35.
115 Gutachten, S. 280; GA 1953, S. 161 ff.
116 Kohlrausch-Lange, § 113, VI, S. 287.

Alle vier Lösungen kommen also zu unterschiedlichen Ergebnissen; dabei ist die Lehre Welzels für den irrenden Täter zwar günstiger als die Ergebnisse der Rechtsprechung, aber ungünstiger als die beiden anderen Auffassungen, die an Stelle eines Verbotsirrtums in allen (b) oder wenigstens in einigen Fällen (c) einen Tatbestandsirrtum annehmen.

Die Unterschiede in der Behandlung des Versuchs bedürfen hier keiner Darstellung; denn der versuchte Widerstand gegen die Staatsgewalt steht nicht mehr unter Strafe.

Für § 117 gilt dasselbe wie in § 113, mit der einen Abweichung, daß die Rechtsprechung und ein Teil des Schrifttums noch eine besondere Differenzierung vornehmen. Die Bestimmung schützt nämlich zwei verschiedene Personengruppen: auf der einen Seite Forst-, Jagd- und Fischereibeamte und auf der anderen Seite Menschen, die der Beamteneigenschaft entbehren: Eigentümer eines Waldes oder Fischgewässers, Forst- oder Fischereiberechtigte, Jagd- oder Fischereiausübungsberechtigte. Die Rechtmäßigkeit der Amtsausübung eines Beamten soll objektive Bedingung der Strafbarkeit, die Rechtmäßigkeit des Vorgehens der sonstigen Berechtigten Tatbestandsmerkmal sein[117]. Glaubt also der Widerstandleistende, daß der gegen ihn vorgehende Beamte unrechtmäßig handele, so nützt ihm sein Irrtum nichts, auch wenn er unverschuldet war; nimmt er dagegen fälschlich an, daß der gegen ihn einschreitende Waldeigentümer unrechtmäßig handele, so ist der Widerstand stets straflos, auch wenn der Irrtum unverzeihlich war. — Bei Annahme eines Rechtspflichtmerkmals werden beide Fälle gleich behandelt: Der Irrtum über die Rechtmäßigkeit der Amts- oder Rechtsausübung läßt den Vorsatz unberührt, mildert aber die Schuld und damit die Strafe nach dem Maße seiner Vermeidbarkeit[118].

2. Die Rechtsgültigkeit eines Gesetzes oder einer Verordnung[119]

Wer zum Ungehorsam gegen ein rechtsgültiges Gesetz oder eine rechtsgültige Verordnung auffordert, die er für rechtsunwirksam hält, handelt, wenn man die „Rechtsgültigkeit" als Moment der Rechtswidrigkeit ansieht, stets im Verbotsirrtum[120]. Die praktische Bedeutung dieser Auffassung liegt darin, daß sie eine Mittelstellung zwischen den beiden sonst vertretenen Lehren einnimmt.

[117] RG HRR 1931, Nr. 157; RGSt 20, 156—160; 27, 70—73. Der BGH hat sich noch nicht geäußert. Im Schrifttum wird, sofern man der Rechtsprechung bei § 113 folgt, die Differenzierung meist ohne Beanstandung hingenommen, vgl. etwa Schönke-Schröder, § 117, V, S. 519; Werner, LK, Anm. 6 zu § 117, S. 725; Maurach, B. T., 2. Aufl., S. 526; Sauer, System, S. 471. Abweichend aber Niethammer, S. 19; Olshausen, § 117, 10, S. 540.

[118] LB S. 411 (6), JZ 1952, S. 20.

[119] Siehe oben S. 5.

[120] LB S. 406 (6), JZ 1952, S. 20.

Die Rechtsprechung und ein Teil des Schrifttums nehmen eine objektive Bedingung der Strafbarkeit an[121]. Andere halten die Rechtsgültigkeit des Gesetzes oder der Verordnung für ein Tatbestandsmerkmal oder nehmen wenigstens an, daß der irrige Glaube an die Rechtsungültigkeit den Vorsatz ausschließt[122].

Für die ergebnismäßigen Abweichungen dieser drei Auffassungen gilt das oben zu II, 1 Gesagte entsprechend. Versuchsprobleme entstehen auch hier nicht.

3. Die Zuständigkeit[123]

Die Lehre, daß alle Bestimmungen, die ausdrücklich oder stillschweigend das Merkmal der „Zuständigkeit" enthalten, offene Tatbestände seien, ermöglicht eine gleichmäßige Behandlung sämtlicher Irrtumsfälle: Wer die Zuständigkeit irrig für nicht gegeben hält, handelt nach Auffassung Welzels trotzdem vorsätzlich; worauf der Irrtum über die Zuständigkeit beruht, ist gleichgültig. Die Schuld ist aber bei Unvermeidbarkeit des Irrtums ausgeschlossen, bei vermeidbarem Irrtum kann sie gemildert werden. — Wer irrig — aus welchen Gründen auch immer — eine nicht vorliegende Zuständigkeit für gegeben hält, begeht ein strafloses Wahndelikt[124].

Demgegenüber ist die Stellung der Rechtsprechung uneinheitlich. Soweit zu den einzelnen Bestimmungen überhaupt Entscheidungen vorliegen, die das Merkmal der „Zuständigkeit" betreffen — was namentlich bei den Übertretungstatbeständen nicht der Fall ist —, sind recht unterschiedliche Auffassungen entwickelt worden:

In §§ 110 und 116 soll die Zuständigkeit eine objektive Bedingung der Strafbarkeit sein[125]. In den §§ 153, 154, 156 dagegen ist sie als Tatbestandsmerkmal angesehen worden[126]. Dieser Meinung hat sich für die Eidesdelikte jetzt auch der BGH angeschlossen[127], nachdem er vorher eine vermittelnde Ansicht vertreten hatte, derzufolge es für den Vorsatz genügte, wenn der Täter sich „Tatsachen" vorstellte, „die den Inhalt des Begriffes der zuständigen Behörde ausmachen"[128]. Auch in § 137 StGB nimmt die Rechtsprechung an, daß die Zuständigkeit des Beamten und die Rechtmäßigkeit der Be-

[121] RGSt 63, 326—329 (329); RG III, 707/23 v. 15. 10. 1923, zitiert nach Werner, LK § 110, Anm. VII, S. 702. Der BGH hat sich noch nicht geäußert. Aus dem Schrifttum: Werner a. a. O.; Schönke-Schröder, § 110, Anm. 2, S. 502; Sauer, System, S. 470, 472; Olshausen, § 110, Anm. 11, S. 515.

[122] Binding, Lehrbuch 2, S. 854; Liszt-Schmidt, § 175 II, 1, S. 805; Frank, § 110, Anm. IV, S. 284; Gerland, S. 344.

[123] s. o. S. 5.

[124] Heute nur noch wichtig für § 154.

[125] Für § 110: RGSt 12, S. 6—8; 40, 55—65 (64/65); für § 116: BGHSt 5, 251/52.

[126] RGSt 60, 25—27 (27); 65, 206—208 (207); 72, 80—82 (81).

[127] BGHSt 3, 248—256 (253/255).

[128] BGHSt 1, 13—20 (15—17).

schlagnahme ein Bestandteil des gesetzlichen Tatbestandes seien, der vom Vorsatz des Täters umfaßt sein müsse[129].

Wir finden also schon in der Rechtsprechung drei von der Lehre Welzels abweichende Auffassungen.

1. Das Merkmal der Zuständigkeit ist objektive Bedingung der Strafbarkeit. Das hat zur Folge, daß auch unverschuldete Irrtümer über die Zuständigkeit unbeachtlich sind und die Verhängung der Vorsatzstrafe nicht hindern, während bei Annahme eines Rechtspflichtmerkmals Freispruch erfolgen würde. — Andererseits kann die irrtümliche Annahme der Zuständigkeit nicht zur Versuchsbestrafung führen. Hier kommt die Theorie der Rechtspflichtmerkmale zum gleichen Ergebnis.

Das Vorliegen einer objektiven Strafbarkeitsbedingung wurde — außer von den schon erwähnten höchstrichterlichen Entscheidungen — auch für die Eidesdelikte noch in den letzten Jahren von einer Reihe höherer Gerichte vertreten[130]. Im Schrifttum ist diese Auffassung zuletzt von Niese verfochten worden[131].

2. Das Merkmal der Zuständigkeit gehört zum Tatbestand. Dann beseitigt ein Irrtum über sie den Vorsatz und damit die Strafbarkeit, während die fälschliche Annahme der Zuständigkeit versuchsbegründend wirkt. Diese bei den Eidesdelikten in der Praxis jetzt herrschende Meinung, die zu genau umgekehrten Ergebnissen führt wie die Annahme eines Rechtspflichtmerkmals, wird abweichend von der Rechtsprechung auch bei den §§ 110 und 116 von einem Teil der Lehre vertreten[132], während andere hier dem RG und BGH folgen[133].

3. Der Irrtum über die Zuständigkeit ist Tatbestandsirrtum, wenn der Täter irgendwelche die Zuständigkeit begründenden „Tatsachen" nicht kennt, andernfalls liegt ein Verbotsirrtum vor. Und umgekehrt kann eine Versuchsbestrafung erfolgen, wenn der Täter sich Tatsachen vorstellt, die die Zuständigkeit ergeben würden, während sonst ein Wahndelikt vorliegt. Diese Auffassung stimmt, wo sie einen Verbotsirrtum annimmt, mit der Theorie von den Rechtspflichtmerkmalen überein. Wo nach ihrer Meinung ein Tatbestandsirrtum vorliegt, kommt sie zu umgekehrten Ergebnissen: Straflosigkeit bei irriger Nichtannahme der Zuständigkeit, Versuch bei fälschlichem Glauben an die Zuständigkeit.

---

129 RGSt 10, 425—431 (431); 14, 151—153 (153); 19, 287—293 (289 ff.); 63, 347—352 (351). Über die Einschränkungen dieses Grundsatzes in der Praxis vgl. Welzel, JZ 1952, S. 134.

130 Vgl. nur OLG Karlsruhe, NJW 51, 414.

131 NJW 1949, S. 812—814.

132 Binding, Lehrb. 2, S. 854; Liszt-Schmidt, § 175 II, S. 805; Frank, § 110, Anm. IV, S. 284; Olshausen, § 116, Anm. 7, S. 534 (allerdings nicht ganz klar).

133 Werner, LK, § 110, Anm. VII, S. 701 u. § 116, Anm. VI, S. 720; Schönke-Schröder, § 110, Anm. VI, S. 504; § 116, Anm. IV, S. 516; Sauer, System, S. 226, 470, 472, 475.

Diese Lösung wird außer von BGHSt 1, 13[134] mit besonderem Nachdruck in mehreren Aufsätzen H. von Webers[135] vertreten.

4. Die Tätermerkmale[136]

Die Wandlungen in der Lehre Welzels und die Abweichungen, die demgegenüber die Theorie Armin Kaufmanns enthält, bieten schon bei den Anhängern der Lehre von den Rechtspflichtmerkmalen eine dreifach abgestufte Meinungsskala (a—c); dabei hat sich die Lehre Welzels in ihrer letzten Ausprägung der in Rechtsprechung und Literatur überwiegenden Meinung (d) sehr angenähert.

a) Die These, daß die Tatbestände der Sonderdelikte „offen" und die Tätermerkmale Bestandteile der Rechtswidrigkeit seien, wird am konsequentesten durchgeführt von Armin Kaufmann[137]. Danach ist zur Erfüllung des Tatbestandes das Vorliegen der Tätermerkmale nicht erforderlich. Zur Begründung der Rechtswidrigkeit genügt ihr objektives Vorhandensein. Das Bewußtsein der eigenen Pflichtenstellung (etwa als Beamter oder Vormund) oder auch nur die Kenntnis des sie begründenden Lebensverhältnisses sind für den Vorsatz unerheblich. Irrt jemand über seine Täterqualifikation oder die sie begründenden sachlichen Voraussetzungen, so befindet er sich in einem Verbotsirrtum, der allerdings nach Meinung Kaufmanns, wenn er sich auf das pflichtbegründende Lebensverhältnis bezieht, stets entschuldbar sein und zur Straflosigkeit führen soll. Der umgekehrte Irrtum (Annahme einer nicht vorhandenen Qualifikation) zwingt — worauf immer er beruhen möge — folgerichtig zur Annahme eines Wahndelikts.

b) Nach der Lehre Welzels galt — am Beispiel der Beamtendelikte erläutert — zunächst folgendes: Daß jemand Beamter im strafrechtlichen Sinne ist, bedeutet weiter nichts, als daß er eine besonders gesteigerte Treupflicht gegenüber dem Staate hat. Diese erhöhte Rechtspflicht ist kein Tatumstand, sondern ein Rechtswidrigkeitsmoment. Ihre irrige Annahme führt zum Wahnverbrechen. Ihre fälschliche Nichtannahme ist Verbotsirrtum.

Den bei dieser — insoweit mit Kaufmann übereinstimmenden — Auffassung verhältnismäßig weit gespannten Rahmen des Verbotsirrtums schränkte Welzel aber nun ähnlich wie bei der Nötigung wieder ein: Die besondere Rechtspflicht und damit die Beamteneigenschaft hing nämlich nicht nur davon ab, daß der Täter Beamter im staatsrechtlichen Sinne oder mit hoheitlichen Dienstaufgaben betraut war[138], sondern auch von seinen subjektiven Vor-

---

[134] = JZ 1951, S. 178 m. Anm. Mezger (S. 179—181).
[135] MDR 1950, S. 119; GA 1953, S. 161—166; Materialien, 1. Bd., S. 280.
[136] s. o. S. 5/6 und S. 13/15.
[137] Vgl. nur Lebendiges und Totes, S. 159, Anm. 227.
[138] Die Auffassung des RG, daß auch Dienstverrichtungen ohne hoheitlichen Charakter die Beamteneigenschaft begründen, sofern sie zum Wesen der Dienststelle gehören, lehnt Welzel ab, LB S. 438 (6).

stellungen: Es mußte die „Kenntnis des pflichtbegründenden Lebensverhältnisses, also der Amtsstellung ...“ vorliegen[139]. Damit gehörten die sachlichen Voraussetzungen der Treupflicht zwar nicht zum Tatbestand, aber auch nicht im eigentlichen Sinne zur Rechtswidrigkeit. Sie standen im Niemandsland: Ein Irrtum über sie war weder Tatbestands- noch Verbotsirrtum, schloß aber die Rechtspflicht und damit die Rechtswidrigkeit aus. Für den Verbotsirrtum blieb nur der eine Fall übrig, daß der Täter trotz Kenntnis des pflichtbegründenden Lebensverhältnisses daraus nicht den Schluß auf seine erhöhte Rechtspflicht (= Beamteneigenschaft) zog. Was bei irrtümlicher Annahme eines pflichtbegründenden Lebensverhältnisses geschehen sollte, wurde nicht gesagt. Nach der Regel, daß nur die fälschliche Annahme eines Tatbestandsmerkmals versuchsbegründend wirkt, hätte ein Wahndelikt vorliegen müssen.

In entsprechender Weise sollten auch die übrigen Tätermerkmale behandelt werden[139].

c) Neuerdings hat sich das Bild wesentlich vereinfacht[140]: Ein Irrtum über die Amtsstellung oder ihre Voraussetzungen schließt nicht erst die Rechtspflichtentstehung, sondern schon die Erfüllung des subjektiven Tatbestandes aus. Ergebnismäßige Änderungen folgen daraus aber nicht. Ein Verbotsirrtum liegt genau wie bisher nur dann vor, wenn der Täter sich über die aus seiner Amtsstellung erwachsenden Amtspflichten irrt; dazu soll auch der Irrtum eines privatdienstlich Angestellten über den hoheitsrechtlichen Charakter seiner Dienstpflicht gehören. Die irrige Annahme einer nicht bestehenden Amtspflicht oder des Vorliegens täterschaftlicher Merkmale führt nach wie vor zum Wahndelikt[141].

Entsprechendes gilt für die anderen täterschaftlichen Merkmale[142]. Ihre Kenntnis ist Voraussetzung der Tatbestandserfüllung. Dagegen ist ein Irrtum über die aus der täterschaftlichen Stellung fließenden Rechtspflichten Verbotsirrtum und im umgekehrten Falle ein Wahndelikt.

d) Die Rechtsprechung kommt, wenn auch mit zum Teil anderen Begründungen, zu ähnlichen Resultaten. Das RG hatte zunächst die Beamteneigenschaft vorbehaltlos als Tatbestandsmerkmal angesehen[143]. Der Täter handelte danach nur vorsätzlich, wenn er wußte, daß er Beamter im strafrechtlichen Sinne war. Bei den übrigen Sonderdelikten ist es noch heute fast einhellige Lehre, daß die Kenntnis der Sondereigenschaft ein Vorsatzerfordernis ist. Für die Beamtendelikte hat später das RG, dem jetzt auch der BGH folgt[144],

---

[139] Vgl. LB S. 422 (4).
[140] LB S. 419 (5), 463 (6).
[141] So jetzt ausdrücklich LB S. 62, 160 (5), 67, 170 (6).
[142] LB S. 463 (6).
[143] RGSt 23, 374—377; RG GA 42, S. 234.
[144] BGHSt 8, 323: Zum Vorsatz genügt das Wissen, „daß diejenigen Merkmale, die die Rechtsprechung für den Beamtenbegriff herausgearbeitet hat, ... vorliegen“.

seine Auffassung „dahin eingeschränkt, daß das Bewußtsein von der Beamteneigenschaft schon dann vorhanden sei, wenn der Täter die Tatsachen gekannt habe, aus denen die rechtliche Folgerung seiner amtlichen Eigenschaft abzuleiten ist"[145]. Diese „Tatsachen" dürften sich von dem, was Welzel „pflichtbegründendes Lebensverhältnis" oder „täterschaftliche Merkmale" nennt, nicht wesentlich unterscheiden. Auch die durch die Schuldtheorie gegebene Möglichkeit, dem reinen Pflichtirrtum u. U. schuldmindernde Bedeutung beizulegen, wird sich die Rechtsprechung jetzt zunutze machen[146]. Die Literatur folgt im großen und ganzen der durch die Rechtsprechung vorgezeichneten Linie[147].

Übereinstimmung zwischen Welzel und der herrschenden Lehre besteht ferner darin, daß die irrtümliche Annahme der Beamteneigenschaft und anderer Tätermerkmale als Wahndelikt behandelt wird[148].

5. Die mangelnde Befugnis[149]

Soweit Welzel die mangelnde Befugnis heute noch als Rechtswidrigkeitsmoment ansieht, ist die irrige Annahme, zu einer unter Strafdrohung stehenden Handlung befugt zu sein, stets Verbotsirrtum. Ob der Irrtum sich auf sachliche Voraussetzungen der Befugnis oder auf die Befugnis selbst bezieht, ist dabei gleichgültig[150].

Abweichend davon hatte die Rechtsprechung des Reichsgerichts die mangelnde Befugnis als Bestandteil des Tatbestandes angesehen[151]. Heute wird, soweit die Befugnis auf einzelne Rechtfertigungsgründe verweist, die irrige Annahme befugnisbegründender Umstände als vorsatzausschließend betrachtet werden, während der Glaube an eine nicht vorhandene Befugnis bei voller Sachverhaltskenntnis einen Verbotsirrtum darstellt[152]. Die ergebnismäßigen Abweichungen sind also in den Unterschieden zwischen strenger und eingeschränkter Schuldtheorie begründet.

---

145 RGSt 53, 131—132 (131); ebenso: RGSt 57, 365—367 (367); RGSt 74, 105—109 (109); RG, GA 58, 173—174 (174); RG, GA 63, 432—433 (433); OGHSt 1, 103—113 (106/07).

146 Vgl. BGHSt 8, 321—325 (324).

147 Vgl. etwa Rohde-Ziegler, LK 7. Aufl. § 359, Anm. 12.

148 Diese weit verbreitete Lehre gründet sich allerdings nur auf eine beiläufige Bemerkung des RG in RGSt 8, 200 aus dem Jahre 1883, von der sich das RG zudem sehr bald wieder distanziert hatte (GA Bd. 32, S. 243); später wurde in der Rechtsprechung zum sog. Blutschutzgesetz der Versuch eines untauglichen Subjekts sogar ausdrücklich für strafbar erklärt (RGSt 72, 110). In der Tat ist die ausnahmslose Annahme eines Wahndelikts bei irrigem Glauben an die eigene Täterqualifikation nicht ganz konsequent, wenn man die Beamteneigenschaft vollen Umfanges als Tatbestandsmerkmal ansieht, vgl. dazu eingehend Bruns, Der untaugliche Täter im Strafrecht, mit erschöpfenden Literaturnachweisen.

149 s. o. S. 7.

150 Vgl. LB S. 149, 419 (6).

151 Vgl. RGSt 56, 148—149; RGSt 27, 418—420 (419).

152 Vgl. BGHSt 3, 105—110.

6. Die mangelnde behördliche bzw. polizeiliche Erlaubnis oder Genehmigung[153]

Die Ansichten stehen sich hier in derselben Weise wie beim Merkmal der Befugnis gegenüber. Die mangelnde Erlaubnis usw. ist für Welzel ein Rechtswidrigkeitsmoment, dessen irrtümliche Nichtannahme den Vorsatz unberührt läßt[154]; Rechtsprechung und die im Schrifttum überwiegende Meinung dagegen schließen bei irriger Annahme der Erlaubnis den Vorsatz aus[155].

7. Die Vortat bei der Begünstigung[156]

Die Irrtumsprobleme sind in den Fällen der sachlichen und der persönlichen Begünstigung nach der Lehre Welzels etwas abweichend zu lösen:

Bei der sachlichen Begünstigung kann der Täter nur bestraft werden, wenn er die Tatbestandsmäßigkeit und Rechtswidrigkeit der Vortat kennt. Ihre Strafbarkeit und ihre Qualifizierung als Verbrechen oder Vergehen brauchen ihm dagegen nicht bekannt zu sein. Nimmt er irrtümlich an, er sichere dem Begünstigten nur die Vorteile einer Übertretung (z. B. eines Mundraubes), so ist das ein Verbotsirrtum, der nur im Falle der Unvermeidbarkeit die Strafe ausschließt. Umgekehrt liegt ein Wahndelikt vor, wenn der Täter irrtümlicherweise glaubt, die straflose oder nur als Übertretung strafbare Vortat sei ein Vergehen oder Verbrechen. Ob der Irrtum auf falscher rechtlicher Zuordnung der Vortat oder auf der Verkennung von Tatumständen des vorangegangenen Delikts beruht, ist in beiden Fällen gleichgültig[157].

Bei der persönlichen Begünstigung gehört das Bewußtsein nicht nur der Tatbestandsmäßigkeit und Rechtswidrigkeit, sondern auch der Strafbarkeit der Vortat zum subjektiven Tatbestand. Ein Irrtum über die „Höhenmarke der Rechtswidrigkeit", also die irrtümliche Einordnung einer Übertretung in die Gruppe der Vergehen oder Verbrechen, ist wieder Verbotsirrtum und führt im umgekehrten Falle zum Wahndelikt[158].

Rechtsprechung und Schrifttum machen in der Festlegung der Vorsatzerfordernisse keinen Unterschied zwischen sachlicher und persönlicher Begünstigung. Im einzelnen ist manches strittig; im ganzen verläuft die Linie so: Der Täter muß auf jeden Fall die Strafbarkeit der Vortat annehmen. Das reicht aber nach überwiegender

---

153 s. o. S. 7.

154 Vgl. LB S. 149, 317 (6).

155 Vgl. etwa RG, JW 1930, S. 3857 m. zust. Anm. Kern = HRR 30, Nr. 2120; Schönke-Schröder, § 284, VI, S. 1024; § 330 b, III, S. 1113; Nagler-Schinnerer, LK, 7. Aufl., § 284 IV, S. 573.

156 s. o. S. 7/8.

157 Vgl. zum Ganzen LB S. 321 (6).

158 Vgl. LB S. 424 (6).

Ansicht[159] noch nicht immer für den Vorsatz aus. Er muß außerdem noch „die Tatbestandsmerkmale gekannt haben, woraus das Gericht auf die Verübung irgendeines Verbrechens oder Vergehens als Vortat schlußfolgert; hingegen braucht er deren rechtliche Qualifizierung gar nicht vorgenommen zu haben; wenn er die tatsächlichen Vorgänge i. S. einer Übertretung statt eines Vergehens deutete, so ist sein Irrtum unerheblich"[160]. Welzels Annahme, daß die Kennzeichnung der Tat als Verbrechen oder Vergehen eine Höhenmarke der Rechtswidrigkeit sei, läßt diese Differenzierung nicht zu. Er nimmt in beiden Fällen Verbotsirrtum an.

Unterschiede in der Versuchsbestrafung können bei § 258 Ziff. 2 praktisch werden. Läßt der Begünstiger sich für seine Hilfe etwas von den entwendeten Nahrungsmitteln abgeben, von denen er glaubt, daß sie unter Verwirklichung der Tatbestandsmerkmale des Raubes beschafft worden seien, während sie in Wirklichkeit einem Mundraub entstammen, so muß die herrschende Lehre zur Versuchsbestrafung kommen, während Welzel wegen Wahndelikts freisprechen würde[161].

8. Die „Verbindlichkeit" und „Eigenmächtigkeit" im Wehrstrafrecht[162]

Wer über die „Verbindlichkeit" eines ihm erteilten Befehls — aus welchen Gründen auch immer — irrt, handelt nach der Lehre von den Rechtspflichtmerkmalen stets im Verbotsirrtum; wer umgekehrt einem rechtswidrigen Befehl, den er fälschlich für verbindlich hält, den Gehorsam verweigert, begeht ein Wahndelikt. Diese Lösung ist mit dem Wortlaut des § 22 WStG durchaus vereinbar; nur § 22 III WStG bringt insofern eine kleine Besonderheit, als gewisse unvermeidbare Verbotsirrtümer nicht schuldausschließend, sondern nur schuldmildernd wirken.

Dagegen soll das Verlassen der Truppe nur dann „eigenmächtig" i. S. der §§ 15, 16 WStG sein, wenn dem Täter bekannt war, daß er keine Berechtigung dazu hatte[163].

III. Die soziale Inadäquanz[164]

Da die soziale Adäquanz einer Tat nach der neueren Lehre Welzels nicht die Tatbestandsmäßigkeit, sondern nur die Rechtswidrigkeit ausschließt, muß ein Irrtum über sie als Verbotsirrtum behandelt werden[165]. Es spielt dabei keine Rolle, ob der Täter sich

---

159 Anders Binding, Lehrb. 2, S. 651; Normen II, S. 1085.
160 Nagler, LK, 7. Aufl., § 257 II, 5, S. 397 im Anschl. an RGSt 31, 285—286.
161 Ebenso, wenn auch mit abw. Begründg., Bockelmann, NJW 51, 620 f.
162 s. o. S. 8.
163 Vgl. zum Ganzen LB S. 73 (6).
164 s. o. S. 8/9.
165 LB S. 149 (6).

Umstände vorstellt, die, wenn sie vorlägen, seine Handlung wirklich zu einer sozialadäquaten machen würden, oder ob er alle Tatumstände kennt und sein Tun dennoch für sozialüblich hält.

Rechtsprechung und Schrifttum haben sich mit dieser Frage bisher noch nicht ausdrücklich befaßt. Das rührt zum Teil daher, daß die Lehre von der sozialen Adäquanz überhaupt abgelehnt wird[166]. Aber selbst dort, wo man diese Theorie im Prinzip anerkennt, wird der Blick auf die Irrtumsprobleme dadurch verstellt, daß das Hauptanwendungsgebiet dieser Lehre im Bereich der fahrlässigen Delikte liegt[167]. Erst kürzlich hat Busch[168] zum Irrtum über die soziale Adäquanz geäußert, „daß diese schwierige Frage einer weitläufigeren Untersuchung" bedürfe.

IV. Die Rechtspflicht bei den Unterlassungsdelikten[169]

1. Die unechten Unterlassungsdelikte

Wie bei den Tätermerkmalen hat der Wandel in der Ansicht Welzels über den systematischen Standort der die Garantenstellung begründenden Umstände keine wesentlichen praktischen Konsequenzen. Es haben sich nicht die Ergebnisse geändert, sondern nur ihre Begründungen.

a) Nach der ursprünglichen Auffassung erfüllte der Täter den objektiven und subjektiven Tatbestand schon dann, wenn er einen in den Einzelbestimmungen des Besonderen Teils beschriebenen Erfolg nicht verhinderte, obwohl er dazu in der Lage gewesen wäre. Die Erfolgsabwendungspflicht mitsamt ihren Voraussetzungen gehörte nicht zum Tatbestand, sondern als Rechtspflichtmerkmal zur Rechtswidrigkeit.

Man hätte demnach erwarten sollen, daß ein Irrtum über sie — worauf immer er beruhen möge — als Verbotsirrtum aufgefaßt worden wäre. Das war aber nicht der Fall. Es wurde vielmehr wie bei der Nötigung und den Tätermerkmalen zwischen der Rechtspflicht und ihren Voraussetzungen unterschieden. Der Täter mußte sich über seine Garantenstellung klar sein, wenn seine Handlung rechtswidrig im Sinne eines Begehungstatbestandes sein sollte. Merkmale wie „Ehe", „elterliche Gewalt", „tatsächliche Übernahme vertraglicher Pflicht", „gefährdende Vorhandlung", „enge Lebensgemeinschaft mit dem Verletzten" usf.[170] mußten dem Täter bei der Tat bekannt gewesen sein, wenn er sie sich auch nicht aktuell vorgestellt zu haben brauchte. Irrte er über ihr Vorliegen, so schloß dieser Irrtum zwar nicht die Tatbestandserfüllung, wohl aber die Rechtswidrigkeit und damit die Möglichkeit einer Bestrafung wegen fahrlässiger Tat aus. Ein Verbotsirrtum lag nur vor, wenn der Täter bei Kenntnis aller die

---

166 Vgl. Maurach, Allgem. Teil, S. 258/59 mit weiteren Nachweisen.
167 Vgl. LB S. 74 (6).
168 Mezger-Festschr. S. 180.
169 Vgl. oben S. 9/11.
170 LB S. 420 (4).

Garantenstellung begründenden Umstände nicht wußte, daß ihn eine Erfolgsabwendungspflicht traf[171].

Welzel nahm nicht ausdrücklich dazu Stellung, was geschehen sollte, wenn jemand irrtümlich die Voraussetzungen einer Garantenstellung annahm. Aus der von ihm anerkannten Regel, daß nur die irrige Vorstellung von Tatumständen versuchsbegründend wirkt[172] und aus seinem Schweigen bei der Behandlung der versuchten Unterlassungstat[173] ließ sich schließen, daß hier Straflosigkeit wegen Wahnverbrechens eintreten sollte.

b) Neuerdings wird die Garantenstellung zum Tatbestand gezählt. Ihre Voraussetzungen brauchen zwar nicht vom „Vorsatz" (dem aktuellen Bewußtsein im Augenblick der Tat) umfaßt zu sein; der Täter muß sie aber (im Sinne jederzeitiger Reproduzierbarkeit) „kennen", wenn der subjektive Tatbestand erfüllt sein soll[174]. Kennt der Täter die Voraussetzungen der Garantenstellung nicht, so liegt freilich kein gewöhnlicher Tatbestandsirrtum vor, der die Möglichkeit einer Bestrafung wegen fahrlässiger Tat offenließe, sondern es fehlt eine Voraussetzung der Erfolgsabwendungspflicht. Der Täter ist — wie nach der früheren Auffassung Welzels — straffrei[175]. Ein Verbotsirrtum wird nach wie vor nur dann angenommen, wenn der Täter trotz Kenntnis seiner Garantenstellung glaubt, keine Erfolgsabwendungspflicht zu haben[176]. Auch hinsichtlich der Versuchsbestrafung hat sich nichts geändert[177].

c) In Rechtsprechung und Schrifttum ist das Problem der Rechtspflicht bei den Unterlassungsdelikten sehr umstritten. Im allgemeinen geht der Streit darum, ob die Erfolgsabwendungspflicht zum Tatbestand oder zur Rechtswidrigkeit gehört[178]. Die Auffassung des RG war lange Zeit schwankend und in der Entscheidung der Irrtumsfragen nicht immer klar. Seit RGSt 58, 130—135 war die Auffassung herrschend geworden, daß es sich nicht um ein Problem des Tatbestandes, sondern der Rechtswidrigkeit handele. Immerhin sollten anscheinend die Voraussetzungen der Rechtspflicht noch zum Tatbestand gehören. Denn in RGSt 66, 71—75 (74) wird gesagt, der Angeklagte habe alle „Tatsachen" gekannt, „aus denen sich seine Rechtspflicht zum tätigen Eingreifen ergab. Es bedurfte nicht des Nachweises, daß der Angeklagte seine Gedanken auf die Rechtspflicht selbst gerichtet und sich eine zutreffende Vorstellung von ihr gemacht habe". Das liegt im Ergebnis durchaus auf der Linie Welzels.

---

171 Vgl. zum ganzen LB S. 420 (4).
172 LB S. 147 (4).
173 LB S. 161 (4).
174 LB S. 464 (6).
175 Vgl. LB S. 173 und ausdrücklich S. 62 (5), S. 184 u. 67 (6).
176 LB S. 174 (5).
177 LB S. 62, 160 (5), 67, 170 (6).
178 Nach anderen handelt es sich hier um Fragen der Handlung, der Kausalität, der Schuld oder der materiellen Strafwürdigkeit; vgl. dazu Nagler-Mezger, LK, Anhang 2 der Einleitung, S. 35. Auch auf die ganz abweichende Theorie von Hellmuth Mayer, Lehrbuch S. 111 ff., kann hier nicht eingegangen werden.

Von dieser Auffassung, der der BGH zunächst unausgesprochen zu folgen schien[179], hat sich unser höchster Gerichtshof später abgewendet. Danach gehört auch die Erfolgsabwendungspflicht selbst zum Tatbestand und muß vom Vorsatz umfaßt sein[180]: „Der irrige Glaube des Angeklagten, daß er zur Herausgabe[181] nicht verpflichtet sei, wäre kein Verbots-, sondern ein Tatbestandsirrtum, würde also den Vorsatz ausschließen, auch wenn er verschuldet wäre. Denn bei unechten Unterlassungstaten gehört die besondere Rechtspflicht, zu handeln, zum Tatbestand und nicht zur Rechtswidrigkeit". Während man also nach Welzels Lehre zur Annahme einer vorsätzlichen Tat kommt, kann der BGH höchstens noch wegen fahrlässigen Delikts strafen.

Ob man daraus den Schluß ziehen darf, daß der BGH bei irriger Annahme einer gar nicht bestehenden Rechtspflicht wegen versuchter Tat strafen würde, bleibt offen.

In jüngster Zeit scheint sich nun auch in der Rechtsprechung des BGH wieder eine Wendung anzubahnen. Der 1. Strafsenat hat, ohne daß der von ihm entschiedene Fall Anlaß zu einer grundsätzlichen Entscheidung der Frage bot, erkennen lassen, daß er bei einem reinen Irrtum über die Erfolgsabwendungspflicht einen Verbotsirrtum annehmen möchte[182]. Es bleibt abzuwarten, ob sich diese Entwicklung fortsetzen wird.

Die im Schrifttum heute noch überwiegende Meinung[183] zählt die Rechtspflicht zur Erfolgsabwendung einschränkungslos zum Tatbestand und sieht einen Irrtum über sie als vorsatzausschließend an. Auch hier ist aber die Ansicht im Vordringen, daß man zwischen der Rechtspflicht selbst und ihren sachlichen Voraussetzungen unterscheiden müsse. Ein Irrtum über die äußeren Voraussetzungen der Garantenstellung wird als Tatbestandsirrtum angesehen, ein Irrtum über die Rechtspflicht bei voller Kenntnis der zugrundeliegenden Umstände als Verbotsirrtum[184]. Ein Unterschied zwischen dieser Auffassung und derjenigen Welzels besteht nur insofern, als sie bei vermeidbarer Unkenntnis der rechtspflichtbegründenden Umstände anders als Welzel zu einer Bestrafung wegen fahrlässiger Tat kommen kann. — Zum Problem des Versuchs bei irriger Annahme der Voraussetzungen einer Garantenstellung wird — soweit ersichtlich — nirgends Stellung genommen.

---

[179] Vgl. die Nachweise bei Welzel, LB S. 185 (6).

[180] BGHSt 3, 82—90 (89); ebenso BHGSt 4, 327—331 (331).

[181] also zum Tätigwerden.

[182] LM, Vorbemerkungen vor § 47 StGB, Nr. 10.

[183] Nagler-Mezger, Anhang 2 der Einl. zum LK, S. 33 ff.; Nagler, Gerichtssaal 111, S. 1—131; Mezger, NJW 53, 5; Maurach, Allg. Teil, S. 172, 236; Schröder, ZStW 65, 203/04; Gallas, JZ 1952, S. 37.

[184] Vgl. Busch, Mezger-Festschrift, S. 178; Börker, JR 1956, S. 87—90.

2. Die echten Unterlassungsdelikte

Hier ergeben sich für Welzel klare Lösungen. Zum objektiven Tatbestand, der von der Kenntnis des Täters umfaßt sein muß, gehört jeweils die pflichtbegründende Lage, also der Unglücksfall in § 330c, das Bestehen eines ernsthaften Verbrechensplanes in § 138 usw.[185]. Daß der Täter aus der Kenntnis dieser Lage den Schluß auf seine Handlungspflicht zieht, ist für die Erfüllung des subjektiven Tatbestandes nicht erforderlich. Ein Irrtum über die Handlungspflicht ist Verbotsirrtum. — Versuchsprobleme entstehen nicht, da es bei den echten Unterlassungsdelikten an der Strafbarkeit des Versuches fehlt.

Die neuere Rechtsprechung schwankt. In RGSt 75, 160—165 (163) heißt es[186]: „Der Täter der Straftat des § 330c StGB muß sich seiner Pflicht, Hilfe zu leisten, bewußt sein ... der Vorsatz muß die Erkenntnis der Pflicht und das Bewußtsein, sie zu verletzen, mit umfassen." Der BGH hat zu dieser Frage noch nicht grundsätzlich Stellung genommen, neigt aber anscheinend dazu, die Kenntnis der Rechtspflicht zum Handeln nicht zum Vorsatzerfordernis zu erheben[187].

Im Schrifttum wird auch von Anhängern der Schuldtheorie die Handlungspflicht bisweilen zum Tatbestand gerechnet[188]; häufiger aber findet man die Neigung, eine Unterscheidung in ähnlicher Weise wie Welzel vorzunehmen[189].

V. Die Verletzung der objektiven Sorgfaltspflicht bei den Fahrlässigkeitsdelikten[190]

Die Frage, ob die Fahrlässigkeit ein reines Schuldproblem darstelle, oder ob mit Welzel und der jetzt vordringenden Ansicht[191] die Verletzung einer objektiven Sorgfaltspflicht schon im Rahmen der

---

185 Vgl. dazu oben S. 10/11.

186 Obwohl nach dem Sachverhalt das RG sich mit der Kenntnis der pflichtbegründenden Lage hätte begnügen können, vgl. dazu Busch, Mezger-Festschrift, S. 179.

187 BGHSt 2, 297 und das erwähnte Urteil bei LM, Nr. 10 vor § 47; deshalb wird auch Maurach, Allg. Teil, S. 234, kaum recht haben, wenn er über die neueste Judikatur schreibt: „Zwar hat sie bisher nur Fälle der unechten Unterlassungsdelikte entschieden. Wenn aber schon ein ungeschriebenes Tatbestandsmerkmal (wie die Handlungspflicht der unechten Unterlassungstaten) vorsatzbezogen sein muß, so gilt dies erst recht für die im Strafgesetzbuch ausdrücklich beschriebenen Hilfeleistungspflichten."

188 So besonders deutlich Maurach, Allg. Teil, S. 233 f.

189 So Dalcke, § 330c, Anm. 5, S. 343: „Irrtum über die Pflichtwidrigkeit der Unterlassung, der nicht auf einem Irrtum über Tatsachen beruht, ist Verbotsirrtum"; Schwarz, § 330c, 2, S. 776: „Wer ... trotz Kenntnis aller maßgebenden Tatsachen seine Hilfspflicht fahrlässig als nicht vorhanden ansieht, unterliegt einem Verbotsirrtum, so daß er wegen Vorsatzes zu bestrafen ist."

190 S. o. S. 11.

191 BGHZ 24, 21, Henkel, Mezger-Festschrift, S. 282/83; Maurach, Allg. Teil, S. 472 ff., Niese, Finalität, Vorsatz und Fahrlässigkeit, und andere.

Rechtswidrigkeit zu prüfen sei, hat im Strafrecht keine praktische Bedeutung. Denn da ein Versuch oder ein Tatbestandsirrtum bei fahrlässigen Delikten nicht anerkannt wird, bleibt für die Möglichkeit eines Irrtums nur der Fall, daß jemand glaubt, die Sorgfalt, zu deren Aufwendung er rechtlich verpflichtet ist, nicht erbringen zu müssen. Das aber muß für beide Auffassungen ein Verbotsirrtum sein.

B. DIE DOGMATISCHE BEDEUTUNG DER OFFENEN TATBESTÄNDE UND RECHTSPFLICHTMERKMALE

I. Die Entwicklung der Tatbestandslehre

Wenn wir uns klar machen wollen, welche dogmatische Bedeutung die neuen Auffassungen Welzels für das Lehrgebäude des Allgemeinen Teils und insbesondere für die Tatbestandslehre haben, müssen wir sie in die geschichtliche Entwicklung hineinstellen. Dabei kann es nicht die Aufgabe dieser — einer Sonderfrage gewidmeten — Darstellung sein, die Geschichte der Tatbestandslehre in ihren Einzelheiten zu schildern[192]. Wir müssen uns damit begnügen, einen ganz knappen, sich auf das Wesentliche beschränkenden und stark vereinfachenden Überblick zu geben. Wenn wir dabei mehrere Entwicklungsstufen unterscheiden, so sind wir uns der Tatsache bewußt, daß es sich hier nur um ein Hilfsmittel der Darstellung handelt, daß in Wahrheit die Übergänge fließend sind und die verschiedenen Entwicklungsphasen angehörenden Lehren einander oftmals zeitlich überlagern.

Mit diesem Vorbehalt lassen sich in der Geschichte der Tatbestandslehre folgende Etappen erkennen:

1. Der wertfreie Tatbestand

Beling hat in seinem Werk „Die Lehre vom Verbrechen" (1906) den Begriff des Tatbestandes zum erstenmal als Grundbegriff des Verbrechenssystems herausgearbeitet und ihm eine von Rechtswidrigkeit und Schuld klar geschiedene selbständige Bedeutung zugewiesen. Er ist damit der Begründer der modernen Tatbestandslehre geworden. An ihn knüpft die gesamte nachfolgende Entwicklung an[193].

Der Tatbestand ist nach der Lehre Belings die äußere Umschreibung der Merkmale des Verbrechenstypus[194]. Er ist objektiv und wertfrei. Diese beiden Kennzeichnungen bedürfen kurzer Erläuterung.

[192] Vgl. dazu jetzt die ausführliche Darstellung bei Schweikert, Die Wandlungen der Tatbestandslehre seit Beling, 1957.

[193] Die Modifikationen, die Beling seiner Tatbestandsauffassung durch die 1930 erschienene Schrift „Die Lehre vom Tatbestand" verliehen hat, bleiben bei diesem geschichtlichen Überblick außer Betracht. Auf sie wird in anderem Zusammenhang noch einzugehen sein.

[194] Vgl. L. v. V. S. 110 und 178.

a) Die Objektivität des Tatbestandes

Daß der Tatbestand „objektiv" sei, bedeutet: Er umfaßt lediglich solche Momente, zu deren Feststellung es keines Einblicks in die Seele des Täters bedarf[195]. Alle subjektiven, innerseelischen Vorgänge scheiden aus dem Tatbestand aus.

b) Die Wertfreiheit des Tatbestandes

Der Tatbestand ist „rein deskriptiv; normative Bestimmungen knüpfen an ihn nur an"[196]. „Im Tatbestand liegt kein Werturteil"[197]. Solche und ähnliche Formulierungen Belings haben in der Folgezeit zu mancherlei Mißverständnissen Anlaß gegeben. Gerade für das Verständnis der Lehre von den offenen Tatbeständen ist es wichtig, hier zweierlei zu unterscheiden:

aa) Mit dem Ausdruck, der Tatbestand sei „wertfrei", kann erstens gemeint sein: Der Tatbestand enthält keine Wertung des Gesetzgebers. In diesem Sinne verstand Beling die Wertfreiheit. „Eine rechtliche Wertung der Handlungen wird durch ihre Aufstellung im Gesetz nicht vollzogen"[198]. „Die Feststellung, daß man einen Tatbestand erfüllt habe, belastet für sich allein niemanden. Die Untersuchungen über die Tatbestandlichkeit halten sich auf streng neutralem Boden"[199]. „Im Tatbestande selber ist eine rechtliche Bedeutung nicht erkennbar"[200]. Der Tatbestand ist „rein von allen Rechtswidrigkeitsmomenten"[201], d. h. es sind in ihm keine Merkmale enthalten, die ein Urteil darüber zuließen, ob eine tatbestandsmäßige Handlung rechtswidrig ist oder nicht. Die Feststellung, jemand habe einen Menschen getötet (womit für Beling der Tatbestand des § 212 StGB erfüllt ist), läßt keinen Schluß auf die Rechtswidrigkeit der Handlung zu[202]; die Tötung kann ja in Notwehr, im Kriege oder durch den Henker erfolgt sein. Zwar spricht auch Beling davon, daß die Tatbestandserfüllung ein Indiz für die Rechtswidrigkeit sein könne[203]; damit ist aber nur gemeint, daß in sehr vielen Fällen eine tatbestandsmäßige Handlung auch rechtswidrig sein werde, nicht aber, daß die Feststellung der Tatbestandsmäßigkeit bereits die Bewertung der Tat als rechtswidrig enthalte oder andeute.

Diese Auffassung hält Beling sogar dort fest, wo der erste Anschein gegen sie spricht, wie in § 113 StGB. Belings Standpunkt ist hier besonders aufschlußreich, weil Welzel in § 113 einen „offenen Tatbestand" erblickt[204]. Im Gegensatz zu Welzel ist es für Beling

---

[195] L. v. V. S. 76, 77, 178.
[196] L. v. V. S. 112.
[197] L. v. V. S. 146.
[198] Grundzüge S. 22.
[199] L. v. V. S. 147.
[200] L. v. V. S. 112.
[201] L. v. V. S. 145.
[202] vgl. L. v. V. S. 112.
[203] L. v. V. S. 162/63.
[204] Siehe oben S. 4/5.

selbstverständlich, daß die „Rechtmäßigkeit der Amtsausübung“ zum Tatbestand dieser Bestimmung gehört. Dennoch meint er, die Feststellung, daß jemand „einem Beamten ... in der rechtmäßigen Ausübung seines Amtes Widerstand“ geleistet habe, enthalte noch keine rechtliche Bewertung der Tat, da der Widerstandleistende in übergesetzlichem Notstand gehandelt haben könne[205].

bb) Mit der „Wertfreiheit“ des Tatbestandes kann aber nicht nur die Wertfreiheit gegenüber dem Gesetzgeber, sondern noch ein weiteres gemeint sein: die Wertfreiheit gegenüber dem Richter. Ein Tatbestand ist von richterlicher Wertung frei, wenn alle in ihm enthaltenen Merkmale dem Bereiche naturwissenschaftlichen Seins entstammen und vom Richter durch reine Feststellungsurteile ermittelt werden können. Einen solchen Tatbestand nennen wir heute „deskriptiv“, während alle Merkmale, die zu ihrer Feststellung einer richterlichen Wertung bedürfen, als „normativ“ bezeichnet werden[206].

Obwohl Beling selbst seinen Tatbestand „rein deskriptiv“ genannt hat, verstand er dieses Wort nicht im Sinne einer Freiheit von richterlicher Wertung. Er schrieb später, mit der Kennzeichnung des Tatbestandes als „rein beschreibend“ sei „nur gesagt, daß ein menschliches Verhalten durch den Tatbestand . . . nicht schon als rechtswidrig normiert ist“[207]. Zu der Frage, ob der Tatbestand normative Merkmale enthalte, konnte Beling beim Erscheinen seiner „Lehre vom Verbrechen“ (1906) überhaupt nicht ausdrücklich Stellung nehmen, weil die Eigenart dieser Tatumstände damals noch gar nicht entdeckt war. Beling hat nicht bezweifelt, daß die heute unbestritten als „normativ“ angesehenen Merkmale Bestandteile des Tatbestandes seien; später hat er sie ausdrücklich anerkannt[208]. Zwar nähert er sich bei der Behandlung des Subsumtionsirrtums der Auffassung, daß der Tatbestand deskriptiv sei, indem er lehrt, dem § 59 StGB sei schon dann Genüge getan, wenn der Täter die „tatsächlichen Momente“ eines Tatbestandsmerkmales kenne[209]. Aber daraus sind keine tieferen Schlüsse zu ziehen; Beling konnte sich der Verfänglichkeit dieses Ausdrucks noch nicht bewußt sein; er will damit nur sagen, daß eine juristisch exakte Subsumtion vom Täter nicht verlangt werden könne — was ja auch heute anerkannt ist.

2. Die Entdeckung normativer Merkmale

Die Entdeckung der normativen Tatbestandsmerkmale durch Max Ernst Mayer[210] hat die Tatbestandslehre um einen wichtigen Schritt vorangetrieben. Allerdings gelang es M. E. Mayer noch nicht,

---

[205] Was sehr zweifelhaft ist; siehe unten S. 77/78.

[206] Über die normativen Merkmale eingehend Engisch, Mezger-Festschrift, S. 127—163.

[207] Lehre vom Tatbestand, 1930, S. 10.

[208] Lehre vom Tatbestand, S. 10.

[209] L. v. V. S. 188 ff.

[210] Lehrbuch S. 182—185.

sich von Belings Positionen völlig zu lösen. So mußte er, wie der folgende Überblick zeigt, seine neuen Erkenntnisse mit dem Verlust einer einheitlichen Tatbestandskonzeption bezahlen.

Man muß bei Mayers Tatbestandsauffassung Regel und Ausnahme scheiden.

In der Regel ist der Tatbestand wertfrei. Dabei verwendet Mayer im Gegensatz zu Beling den Ausdruck in beiden oben angeführten Bedeutungen, ohne jedoch die Unterscheidung deutlich zu machen. Er glaubte anscheinend, völlig in Belings Spuren zu gehen, und erkannte nicht, daß er den Begriff der Wertfreiheit inhaltlich erweiterte.

Der Tatbestand ist erstens frei von gesetzgeberischer Wertung. Ein gesetzgeberisches Werturteil über die Tat stellt allein die Rechtswidrigkeit dar[211]. Sie muß vom Tatbestand scharf geschieden werden[212]. Noch deutlicher als Beling hebt Mayer hervor, daß der Tatbestand ein Indiz für die Rechtswidrigkeit und damit ihr wichtigster Erkenntnisgrund sei[213]. Der Tatbestand verhält sich zur Rechtswidrigkeit wie der Rauch zum Feuer: Der Rauch ist kein Feuer, er enthält auch kein Feuer, aber er läßt bis zum Beweise des Gegenteils den Schluß auf das Vorliegen eines Feuers zu[214].

Der Tatbestand ist aber zweitens auch grundsätzlich frei von Merkmalen, die eine richterliche Wertung erfordern. Er ist im heutigen Sinne deskriptiv, denn er enthält nur „Merkmale, deren Verwirklichung in der Außenwelt vor sich geht, also sinnlich wahrnehmbar ist“[215] und die daher durch ein kognitives richterliches Urteil ermittelt werden können.

Insoweit ist M. E. Mayers Tatbestand, wenn man so sagen darf, noch „wertfreier“ als derjenige Belings.

Die große Wende bringen erst die normativen Tatbestandsmerkmale. Sie lassen die Lehre von der Wertfreiheit des Tatbestandes zum ersten Male ins Wanken geraten.

Als Beispiele nennt Mayer die „Fremdheit“ einer Sache (§§ 242, 303), die „Unwahrheit“ einer Tatsache (§§ 153, 164 u. a.) die „Unbescholtenheit“ eines Mädchens (§ 182), die „Mißhandlung“ (§ 223) und die „Gefährlichkeit“ (z. B. § 330)[216].

Wenn man seine Darstellung in eine klare Reihenfolge und unter Hinzufügung der logischen Mittelglieder in die knappste Form bringt, ergibt sich dieser Gedankenablauf:

a) Gewöhnliche Tatbestandsmerkmale sind sinnlich wahrnehmbar.
b) Den normativen Merkmalen fehlt diese Eigenschaft: Die Fremdheit einer Sache oder die Unbescholtenheit eines Mädchens sind

[211] Lehrbuch S. 10.
[212] Lehrbuch S. 9.
[213] Lehrbuch S. 10, 52.
[214] Vgl. Lehrbuch S. 10, 52.
[215] Lehrbuch S. 7, 183.
[216] Lehrbuch S. 182.

der sinnlichen Wahrnehmung nicht zugänglich. Zu ihrer Ermittlung bedarf es einer Wertung.

c) Wertungen gehören grundsätzlich nicht in den Tatbestand, sondern in die Rechtswidrigkeit.

d) Daher sind die normativen Merkmale „echte Elemente der Rechtswidrigkeit"[217]. Sie zeigen nicht die Rechtswidrigkeit an, sondern begründen sie; sie sind nicht ratio cognoscendi, sondern ratio essendi der Rechtswidrigkeit[218]. Sie sind „diejenigen Bestandteile eines tatbestandsmäßigen Erfolges, die lediglich wertbestimmende Bedeutung haben"[219].

e) Diese Merkmale können aber nicht ausschließlich in den Bereich der Rechtswidrigkeit fallen, „denn zweifellos rechnet sie das Gesetz, namentlich der § 59, zu den Tatumständen"[220]. Dem muß man sich beugen. „Nur innerhalb des Tatbestandsbegriffes darf die Besonderheit gewürdigt werden"[220]. Da es sich jedoch bei ihnen um Rechtswidrigkeitselemente, also um „Fremdkörper" im wertfreien Tatbestand handelt, werden sie als „unechte Tatbestandselemente" bezeichnet[220]. Sie sind „einer mit der einen Spitze im gesetzlichen Tatbestand, mit der andern in der Rechtswidrigkeit verankerten Klammer vergleichbar"[221].

Deutlich läßt sich erkennen, wie bei Mayer die beiden Bedeutungen der Wertfreiheit im positiven wie im negativen Sinn unlöslich miteinander verknüpft sind: die Erkenntnis, daß ein Tatbestand nicht rein deskriptiv sei, bedeutet zugleich, daß Elemente der Rechtswidrigkeit in ihn eindringen und die Grenzen beider Begriffe verwischt werden. Es wird sich noch zeigen, daß die Frage, ob diese Auffassung Mayers richtig ist, große Bedeutung für die Lehre von den offenen Tatbeständen und Rechtspflichtmerkmalen hat[222].

Mayer bleibt jedoch dabei, daß es sich bei den normativen Tatbestandsmerkmalen um Einzelfälle handele. Grundsätzlich haben die Tatbestandsmerkmale nur unrechtsindizierende Funktion. Der unrechtsbegründende Charakter der normativen Elemente ist eine Ausnahme.

Mayers Ausführungen mögen im einzelnen angreifbar sein[223]: ihre Grundgedanken haben die Tatbestandslehre entscheidend gefördert.

---

217 Lehrbuch S. 184.
218 Lehrbuch S. 185.
219 Lehrbuch S. 183.
220 Lehrbuch S. 184.
221 Lehrbuch S. 182.
222 Vgl. unten S. 91—95, S. 178 u. S. 184—186.
223 etwa in der Wahl der Beispiele (hierzu Mezger, Vom Sinn, S. 12) oder in der Ansicht, daß sich die normativen Merkmale von den deskriptiven dadurch unterscheiden, daß sie mit der Willensbetätigung nicht in Kausalzusammenhang stehen; dazu noch unten S. 73.

3. Der Tatbestand als vorläufiges Unwerturteil und das Eindringen subjektiver Merkmale

a) Die objektive Seite des Tatbestandes

aa) Das Vordringen der normativen Merkmale

Die Entdeckung der normativen Tatbestandsmerkmale setzte sich rasch durch[224]. Es stellte sich heraus, daß die diesen Merkmalen zugeschriebenen Attribute: nicht sinnlich wahrnehmbar und nur im Wege einer Wertung feststellbar zu sein, einer weit größeren Anzahl von Tatbestandsmerkmalen zukommen als M. E. Mayer ursprünglich angenommen hatte. Bei Mezger[225] finden wir bereits eine schwer übersehbare Vielfalt normativer Merkmale, die in drei Gruppen: rechtliche, kulturelle und subjektive Wertungsmerkmale, zusammengefaßt werden, je nachdem, ob der Wertungsmaßstab rechtlichen Normen, der Kulturanschauung oder dem subjektiven richterlichen Ermessen zu entnehmen ist. In ähnlicher Weise unterscheidet Grünhut[226] normative Begriffe spezifisch juristischer Art und allgemeine normative Begriffe[227]. Die Entwicklung erreicht ihren vorläufigen Höhepunkt bei Erik Wolf. Er legt dar, daß selbst vermeintlich rein deskriptive Begriffe wie „Sache" und „Mensch" in ihren Grenzen nicht ohne richterliche Wertung festzulegen seien. Daher seien letzthin alle Tatbestandsmerkmale normativ[228]. „Tatsachenbeschreibung und Tatsachenwertung lassen sich nicht lösen"[229]. Die Tatbestände sind eine „unaufhebbare Strukturverschlingung von Wertelementen und Seinselementen"[229]. Damit ist die von M. E. Mayer noch grundsätzlich festgehaltene Deskriptivität des Tatbestandes endgültig aufgegeben. Der Tatbestand ist ein durch und durch normatives Gebilde.

bb) Das Verhältnis von Tatbestand und Rechtswidrigkeit

Die von M. E. Mayer vorgenommene Verknüpfung beider Bedeutungen der Wertfreiheit blieb bestehen. Je mehr man dazu neigte, alle Tatbestandsmerkmale als normativ anzusehen und Seins- und Wertelemente als ineinander verschlungen zu erkennen, desto weniger war man gewillt, im Verhältnis von Tatbestand und Rechtswidrigkeit die scharfe Trennung von Wertungsobjekt und Wertung aufrechtzuerhalten. Die sich daraus ergebenden Folgerungen hat nach Sauer[230] am klarsten Mezger[231] ausgesprochen. Er verwirft die „unnatürliche

---

[224] Vgl. zur Entwicklung Engisch, Mezger-Festschr., S. 127—163.
[225] Vom Sinn, S. 41—46.
[226] Begriffsbildung, S. 5—7.
[227] Weitere Differenzierungen bei Engisch, Mezger-Festschr. S. 146, 142.
[228] Typen der Tatbestandsmäßigkeit, S. 56—61; Sachbegriff im Strafrecht, RGR-Praxis, 5. Bd., S. 44—71, bes. S. 54/55.
[229] Typen S. 11.
[230] Siehe S. 41.
[231] Vom Sinn, S. 11.

Trennung von Tatbestandsmäßigkeit und Rechtswidrigkeit" und meint[232]:

„In Wirklichkeit verhält sich die Sache so: der Akt der gesetzgeberischen Tatbestandsschöpfung ... enthält unmittelbar die Rechtswidrigkeitserklärung, die Unrechtsbegründung als speziell typisiertes Unrecht. Der Gesetzgeber schafft durch die Formung des Tatbestandes die spezifische Rechtswidrigkeit: die Tatbestandsmäßigkeit der Handlung ist mitnichten bloße ratio cognoscendi, sondern echte ratio essendi der (speziellen) Rechtswidrigkeit. Sie macht die Handlung zur rechtswidrigen Handlung, freilich nicht für sich allein, sondern nur in Verbindung mit dem Fehlen besonderer Unrechtsausschließungsgründe ...

Der Tatbestand ist das Urteil darüber, daß die ihm unterfallende Handlung bis auf weiteres unrecht ist."

Damit ist im Gegensatz zu Beling und der grundsätzlichen Auffassung M. E. Mayers der Tatbestand nicht mehr Gegenstand der Wertung, sondern er enthält selbst schon die unmittelbare Wertung aller ihm unterfallenden Taten. Der Unterschied zwischen Tatbestand und Rechtswidrigkeit liegt nur noch darin, daß das durch den Tatbestand gefällte „rechtliche Unwerturteil . . . ein vorläufiges ist[233]".

Diese Auffassung, die im Tatbestand ein Rechtswidrigkeitsurteil mit dem Vorbehalt ausnahmsweiser Rechtfertigung erblickt, bricht endgültig mit der Wertfreiheit des Tatbestandes. Sie hat zahlreiche Vertreter gefunden.

Schon vor Mezger hatte Sauer, Grundlagen des Strafrechts, 1921, gelehrt, der Tatbestand sei nur „ein konkreter Niederschlag der Rechtswidrigkeit" (S. 307), „ein unvollkommenes Abbild der Rechtswidrigkeit" (S. 368), „eine Ausstrahlung der Rechtswidrigkeit" (S. 309 Anm. 1), „typisch ausgeprägte Rechtswidrigkeit" (S. 310). In demselben Sinne auch schon Hegler, ZStW, Bd. 36, 1915, S. 35. Ferner Grünhut, Begriffsbildung, S. 5: vorweggenommene richterliche Werturteile werden zu Tatbeständen vertypt; Erik Wolf, Typen, S. 56—61: Die Scheidung von Tatbestand und Rechtswidrigkeit hat keinen theoretischen Wert; der Tatbestand ist typisiertes Unrecht; Frank, 18. Aufl., S. 5; von Hippel, 1. Band, 1925, S. 19, 20; 2. Band, 1930, S. 189; v. Liszt-Schmidt, 26. Aufl., S. 185: Die Aufstellung des Tatbestandes bedeutet ... eine ... Rechtswidrigkeitserklärung. Vgl. auch S. 186 Anm. 14 am Ende: Mezger zustimmend.

Heute etwa: H. Mayer, Lehrbuch, S. 107; Sauer, Allg. Strafrechtslehre, 3. Aufl., 1955, S. 63—66; Gallas, ZStW, 67. Bd., 1955, S. 16ff.; wohl auch Maurach, Allg. Teil, S. 258 (trotz Berufung auf M. E. Mayer): Im Tatbestand liegt ein generelles, vorläufiges Unwerturteil über die Tat.

---

232 Vom Sinn, S. 11.
233 Mezger, Vom Sinn, S. 7.

c) Die subjektiven Tatbestandsmerkmale[234]

Belings Lehre von der Objektivität des Tatbestandes wurde bald erschüttert. H. A. Fischer[235], Hegler[236], M. E. Mayer[237] und Mezger[238] entdeckten, daß in vielen Fällen nicht erst die Schuld, sondern schon das Unrecht der Tat von der Willensrichtung des Täters — also von subjektiven, innerseelischen Momenten — abhängig sei. Sobald man nun, wie es oben geschildert wurde, den strafrechtlichen Tatbestand nur noch als typisiertes Unrecht ansah, wurden diese Merkmale, soweit sie der Unrechtsbegründung dienten, gleichzeitig zu subjektiven Tatbestandsmerkmalen[239]. Man hielt aber insofern noch grundsätzlich an der Belingschen Auffassung fest, als man solche Erscheinungen als „Ausnahmen" ansah und innerseelische Vorgänge „in aller Regel" als ausschließlich der Schuld zugehörig betrachtete[240].

4. Der Tatbestand als vorbehaltloses Unwerturteil

Zwei Umstände trieben die Entwicklung des Tatbestandsbegriffes weiter voran.

a) Die Auffassung, daß der Tatbestand ein vorläufiges Unwerturteil enthalte, hat immer mit dem Mißverständnis kämpfen müssen, daß sie auch eine gerechtfertigte Tat als „an sich rechtswidrig" betrachte und damit die Handlung in lebensfremder und den Täter kränkender Weise in den Bereich des Unrechts rücke[241]. Mezger betont demgegenüber zwar mit Recht, man brauche, wenn man den Tatbestand als vorläufiges Unwerturteil kennzeichne, dabei „nicht in den Fehler zu verfallen, die Erfüllung des Tatbestandes als an sich rechtswidrig zu bezeichnen"[242]; aber es ist doch nicht zu verkennen, daß es für Uneingeweihte keinen allzu großen Unterschied ausmacht, ob man die Tötung eines Menschen in Notwehr einem „vorläufigen" rechtlichen Unwerturteil unterstellt, oder ob man sie „an sich rechtswidrig" nennt. Wenn man nicht zu Belings wertfreiem Tatbestand zurückkehren wollte, konnte man dieser Schwierigkeiten nur Herr werden, indem man alle für das Unrecht maßgebenden Merkmale in den Tatbestand hineinzog, so daß ein gerechtfertigtes Verhalten künftig überhaupt

[234] Zur Entwicklung eingehend und grundlegend Sieverts, Beiträge zur Lehre von den subjektiven Unrechtselementen im Strafrecht, bes. S. 4—90. Im Rahmen unseres Themas kann der Werdegang dieser Lehre nicht dargestellt werden.

[235] Die Rechtswidrigkeit, 1911.

[236] Die Merkmale des Verbrechens, ZStW, Bd. 36, 1914, S. 19 ff.

[237] Lehrbuch, S. 185—188.

[238] Gerichtssaal, Bd. 89, S. 209—312; Vom Sinn, S. 13 ff.; LB S. 168—173.

[239] Vgl. dazu Mezger, LB S. 190.

[240] Mezger, LB S. 170.

[241] So besonders Hofacker in mehreren Veröffentlichungen, vgl. etwa ZStW, 43. Bd., 1922, S. 649—674, insbes. S. 649—656; und Dahm, Verbrechen und Tatbestand, 1935.

nicht mehr tatbestandsmäßig war. Damit wurde der Tatbestand aus einem „vorläufigen“ zu einem „endgültigen“ Unwerturteil.

b) Noch schlagkräftiger ist ein zweiter Einwand, den jüngsthin Lang-Hinrichsen[243] so formuliert hat, daß „ratio essendi (scil. der Rechtswidrigkeit) doch wohl nicht das sein kann, was nur einen Teil der Merkmale einer Erscheinung enthält“. Deshalb erweitert er den „gesetzlichen“, in den einzelnen Paragraphen umschriebenen Tatbestand um die ungeschriebenen Tatbestandsmerkmale (Tatbestandsergänzungsmerkmale), die eine Erfolgsabwendungspflicht bei den unechten Unterlassungsdelikten begründenden Merkmale (Handlungspflichtmerkmale) und die den Ausschluß der Rechtswidrigkeit begründenden Merkmale (Rechtfertigungsmerkmale) zu einem Gesamttatbestand, der sämtliche die Rechtswidrigkeit begründenden Momente umfaßt[244]. Die Folge ist, daß mit der Feststellung der Tatbestandsmäßigkeit einer Handlung im Sinne des Gesamttatbestandes die Rechtswidrigkeit eo ipso gegeben ist. Das ist eine folgerichtige Weiterentwicklung der Lehre vom Unrechtstatbestand: Wenn der Tatbestand das Unrecht begründen soll, so muß er sämtliche unrechtsbestimmenden Merkmale umfassen und nicht nur einen Teil. Hinsichtlich der unrechtsbestimmenden Funktion besteht kein Unterschied zwischen den in den Einzelbestimmungen des Besonderen Teils umschriebenen Tatbestandsmerkmalen und den Rechtfertigungs- und Handlungspflichtmerkmalen.

Diese Erkenntnis ist nicht neu. Sie wurde der Sache nach schon vor mehr als zwanzig Jahren von Engisch[245] und Radbruch[246] formuliert. „Das tatbestandsmäßige Verhalten ist eo ipso . . . Unrecht“, schreibt Engisch, und Radbruch sagt: „Wenn Tatbestandsmäßigkeit . . . vorliegt, ist damit notwendig zugleich die Rechtswidrigkeit gegeben“.

Heute wird die Lehre, daß der Tatbestand alle für das Unrecht maßgebenden Merkmale umfasse, oder daß wenigstens der Vorsatz nur bei Kenntnis aller unrechtsbestimmenden Umstände gegeben sei, sowohl von Anhängern der finalen Handlungslehre wie Schaffstein[247], von Weber[248], Busch[249], als auch von ihren Gegnern wie Lang-Hinrichsen[250] und Schröder[251] und von neutralen Beurteilern wie Arthur Kaufmann[252] und Lange[253] vertreten. Sie stellt für das Verhältnis

---

242 Vom Sinn, S. 7.
243 JZ 1953, S. 363, Anm. 6.
244 JR 1952, S. 306—307; JZ 1953, S. 363.
245 Untersuchungen über Vorsatz und Fahrlässigkeit, S. 12.
246 Frank-Festgabe, Bd. I, S. 164—166.
247 MDR 1951, S. 197 ff.
248 Mezger-Festschr., S. 187, 189.
249 wenigstens im Grundsätzlichen: Mezger-Festschr. S. 180/81.
250 siehe Anm. 243/244.
251 ZStW Bd. 65, 1953, S. 185/186, 193 ff.
252 JZ 1954, S. 653—659.
253 JZ 1953, S. 14 (sinngemäß).

von Tatbestandsmäßigkeit und Rechtswidrigkeit den geraden Gegenpol zur ursprünglichen Belingschen Auffassung dar. Der von der Rechtswidrigkeit klar geschiedene, objektive und deskriptive wertfreie Tatbestand ist über verschiedene Zwischenstufen zum unmittelbaren Ausdruck strafrechtlicher Unrechtsbewertung geworden. Eine weitere Entwicklung in dieser Richtung ist nicht denkbar. Nur rückläufige Bewegungen sind noch möglich.

II. Welzels Stellung in der Entwicklung der Tatbestandslehre

In der Auseinandersetzung mit der Lehre von den Rechtspflichtmerkmalen ist wiederholt die Bemerkung laut geworden, Welzel vollziehe damit in seiner Tatbestandsauffassung eine Rückkehr zu Beling[254]. Wir werden prüfen, ob das richtig ist, zugleich aber den Problemkreis etwas weiter ziehen und fragen, wie Welzels Tatbestandsauffassung nicht allein zu Beling, sondern auch zu den folgenden Entwicklungsphasen der Tatbestandslehre steht.

Wir trennen dabei den objektiven vom subjektiven Tatbestand und scheiden innerhalb des objektiven noch einmal nach den beiden schon mehrfach erwähnten Bedeutungen der Wertfreiheit.

1. Der objektive Tatbestand

a) Das Verhältnis des objektiven Tatbestandes zur Rechtswidrigkeit

aa) Die offenen Tatbestände

Die offenen Tatbestände sind wertfrei. Wir hatten gesehen: Selbst wenn man den rechtswidrigkeitsindizierenden Charakter der Tatbestände zugesteht[255], kann man sie gegenüber der Rechtswidrigkeit als wertfrei auffassen. Wenn Welzel aber darüber hinaus den offenen Tatbeständen — wie es ja zu ihrem Wesen gehört — die unrechtsindizierende Funktion abspricht, so ist es selbstverständlich, daß mit der Tatbestandserfüllung noch nicht einmal die Andeutung eines rechtlichen Unwerts verbunden ist. Das zeigen zahlreiche Beispiele aus der langen Liste der Rechtspflichtmerkmale. Der falsche Schwur vor einer vollkommen unzuständigen Behörde (§ 154), der Widerstand gegen einen unrechtmäßig handelnden Beamten (§ 113), die „Einsperrung“ im Eisenbahnabteil (§ 239), das Spazierengehen im eigenen Garten (§ 368 Ziff. 9) — all das sind tatbestandsmäßige Handlungen. Wenn man bislang gewohnt war, die Rechtspflichtmerkmale als Bestandteile des Tatbestandes dieser Bestimmungen anzusehen, so leuchtet es nun umso eher ein, daß die Verwirklichung eines von diesen Merkmalen befreiten Tatbestandes weder Unrecht ist (oben I, 4) noch einem vorläufigen Unwerturteil unterliegt (oben

---

[254] Gallas, ZStW Bd. 67, 1955, S. 23; Lange, JZ 1953, S. 13; Lang-Hinrichsen, JR 1952, S. 356; Schröder, ZStW Bd. 65, 1955, S. 18.

[255] So schon im Ansatz Beling (vgl. oben S. 36) und deutlich M. E. Mayer (vgl. oben S. 38).

I. 3) oder auch nur ein Indiz für die Rechtswidrigkeit dieses Verhaltens darstellt[256].

Eine Rückkehr zu Beling liegt in dieser Entwicklung aber nur sehr bedingt. Es besteht zwischen Welzel und Beling Übereinstimmung darin, daß der Tatbestand „wertfrei" in dem hier zur Erörterung stehenden Sinne ist. Aber sie kommen aus verschiedenen Gründen zu dieser Auffassung. Beling zweifelte überhaupt nicht daran, daß die Welzelschen Rechtspflichtmerkmale zum Tatbestand gehören. Das wird z. B. für § 113, ein Musterbeispiel Welzels, ausführlich erörtert[257]. Beling gibt sogar zu, daß solche Tatbestände „ein einzelnes Element der Rechtswidrigkeit in sich bergen"[258], und er tadelt die Ansicht Dohnas, aus den Tatbeständen könne man für die Rechtswidrigkeit überhaupt nichts herauslesen[259]. Trotzdem hält er an der Auffassung fest, daß der Tatbestand als ganzer keine Unrechtsbewertung enthalte.

Während also Beling dem Tatbestand sachlich denselben Umfang einräumt wie die spätere Lehre und nur infolge einer anderen Wesensdeutung zur Wertfreiheit des Tatbestandes gelangt, führt Welzels Weg zu diesem Ziel über eine sachliche Verkürzunng des Tatbestandsinhaltes, die zwangsläufig die Wertfreiheit des verbleibenden begrifflichen Gebildes nach sich zieht. Aus diesem Grunde ist auch die Wertfreiheit der offenen Tatbestände weit radikaler als diejenige Belings. Für Beling ist mit der Prüfung des Tatbestandes in manchen dieser Fälle ein Stück der Rechtswidrigkeitsfrage „schon abgetan"[260], bei Welzel ist die Tatbestandsmäßigkeit nicht einmal ein Indiz der Rechtswidrigkeit. In Abwandlung eines geflügelten Wortes könnte man sagen: Welzel ist mit seinen offenen Tatbeständen „belingscher" als Beling selbst. Er hat den ganzen Weg, den die Tatbestandslehre seit Beling durchschritten hatte, in umgekehrter Richtung wieder zurückgelegt, ist aber nicht bei Beling stehengeblieben, sondern noch hinter ihn zurückgegangen.

bb) Die geschlossenen Tatbestände

Die Auffassung, daß alles tatbestandsmäßige Verhalten rechtswidrig sei (oben I, 4), ist für Welzel als Gegner der Lehre von den sog. negativen Tatbestandsmerkmalen von vornherein auch bei den geschlossenen Tatbeständen unannehmbar. Immerhin ist aber im Gegensatz zu den offenen Tatbeständen bei ihnen nach Welzels Ansicht mit der Erfüllung des Tatbestandes die Rechtswidrigkeit gegeben, wenn nicht ein besonderer Rechtfertigungsgrund vorliegt[261]. Somit

---

256 Bei genauerer Analyse werden wir allerdings noch sehen, daß der Indizbegriff schwankend ist und nicht in allen Fällen eine Unterscheidung offener und geschlossener Tatbestände ermöglicht; dazu unten S. 54/55.

257 L. v. V. S. 157.

258 L. v. V. S. 156.

259 L. v. V. S. 163, Anm. 1 über Dohna, Rechtswidrigkeit, S. 39 ff.

260 L. v. V. S. 157.

261 s. o. S. 2.

stünde an sich nichts im Wege, mit der modernen Auffassung im Tatbestand wenigstens ein vorläufiges Unwerturteil über die ihm unterfallenden Handlungen zu erblicken (oben I, 3). In der Tat hat Welzel noch in den ersten Auflagen seines Lehrbuches im Tatbestand die „Vertypung strafrechtlichen Unrechts"[262], den „Unrechtskern"[263] und „die Gesamtheit der die Verbrechensart kennzeichnenden begrifflichen Unrechtsmerkmale"[264] gesehen; er hat sogar mit Nachdruck betont, daß „die Wirkungsweise des Strafrechts die Tatbestandsmäßigkeit des Unrechts" verlange[265] und seine damalige Lehre von der Tatbestandslosigkeit sozialadäquaten Verhaltens mit dem Hinweis verteidigt, daß andernfalls „der Tatbestand aufhörte, grundsätzlich Unrechtsvertypung zu sein"[266].

Wenn Welzel an dieser Auffassung festgehalten hätte, so wäre er angesichts der offenen Tatbestände in die mißliche Lage gekommen, mit einem doppelten Tatbestandsbegriff arbeiten zu müssen. Der Tatbestand wäre im Falle der „Geschlossenheit" Vertypung unrechten Handelns (= „Unrechtstatbestand")[267] gewesen, hätte dagegen im Falle der „Offenheit" ein vollkommen wertfreies Gebilde dargestellt. Man darf wohl annehmen, daß es auf das Bestreben zurückzuführen ist, diese Unstimmigkeiten zu vermeiden, wenn Welzel in den neueren Auflagen seines Lehrbuches[268] bei der Behandlung des Tatbestandes alle Äußerungen umgeht, die auf eine handlungsbewertende Funktion hindeuten könnten. „Der Tatbestand ist ein begriffliches Gebilde, das mögliche menschliche Verhaltensweisen begrifflich umschreibt", heißt es nun[269]. Immerhin wird ein klares Bekenntnis zur Wertfreiheit des Tatbestandes zunächst vermieden. Im Jahre 1952 schreibt Welzel sogar noch[270]: „In Wahrheit ist mit der Bejahung der Tatbestandsmäßigkeit ... bereits die erste materiale strafrechtliche Erheblichkeit einer Handlung festgestellt ...". Das klingt sehr danach, als solle der Tatbestand doch als vorläufiges Unwerturteil aufgefaßt werden. Erst ein Jahr später spricht Welzel, ohne im Lehrbuch auf diese Frage einzugehen, an sehr versteckter Stelle[271] deutlich aus: Es „ist jeder Tatbestand (im Belingschen Sinn) bezüglich der Rechtswidrigkeit ‚wertfrei'"; der Tatbestand „ist ... nur der Anknüpfungspunkt (d. h. der Gegenstand) der Rechtswidrigkeits-Bewertung"[272]. Auch Welzels Schüler Armin Kaufmann[273] be-

262 vgl. etwa 1. Aufl., 1947, S. 37.
263 1. Aufl. S. 34.
264 1. Aufl. S. 34/35.
265 1. Aufl. S. 34.
266 1. Aufl. S. 46.
267 1. Aufl. S. 35.
268 3. Aufl. 1954; 4. Aufl. 1954; 5. Aufl. 1956; 6. Aufl. 1957.
269 LB S. 41 (4), S. 42 (5).
270 Neues Bild, 2. Aufl., S. 55, Anm. 1.
271 JZ 1953, S. 120, Anm. 4 a.
272 Die Klammerzusätze stammen von Welzel.
273 JZ 1955, S. 37.

ruft sich jetzt ausdrücklich auf Beling. Damit ist für die geschlossenen Tatbestände eine unmißverständliche Rückkehr zum Ausgangspunkt der Tatbestandslehre vollzogen.

Freilich schreibt Welzel später wieder[274]: „Der Tatbestand ist gerade nicht wertfrei, da er aus der Fülle des strafrechtlich irrelevanten Verhaltens dasjenige ausgrenzt, was strafrechtlich erheblicher Bewertung als rechtmäßig oder rechtswidrig unterliegt". Doch diese — allerdings mißverständliche — Äußerung steht sachlich nicht im Widerspruch zu der vorher anerkannten Auffassung Belings. Sie fügt nur den beiden uns schon bekannten Bedeutungen der „Wertfreiheit" eine dritte hinzu. Wertfrei bedeutet hier: rechtlich gleichgültig. Tatbestandsmäßiges Verhalten ist immer entweder rechtswidrig oder gerechtfertigt, aber niemals rechtlich irrelevant, also auch nie wertfrei in diesem Sinne.

Das ist gewiß richtig, ändert aber nichts daran, daß Welzels „nicht wertfreier" Tatbestand in der üblichen und hier allein behandelten Bedeutung dieses Wortes, d. h. in seiner Beziehung zur Rechtswidrigkeit, nach wie vor „wertfrei" ist.

Diese Entwicklung zeigt, wie die dogmatische Bedeutung der offenen Tatbestände aus dem engeren Kreis der unmittelbar betroffenen Bestimmungen auf die gesamte Tatbestandslehre übergreift. Denn eines dürfte klar sein: Der Wandel vom Unrechtstatbestand zum wertfreien Tatbestand bei den geschlossenen Tatbeständen ist eine Fernwirkung der Lehre von den offenen Tatbeständen. Sollte nicht die Einheitlichkeit des Tatbestandsbegriffes preisgegeben werden, mußte die durch die Abwanderung der Rechtspflichtmerkmale sich zwangläufig ergebende Wertfreiheit der entleerten offenen Tatbestände auf die geschlossenen Tatbestände übertragen werden. Welzel hat auf diese Zusammenhänge nie hingewiesen, aber ein Vergleich seiner früheren und heutigen Tatbestandsauffassung läßt die Entwicklung deutlich erkennen. Sie bedeutet in vollem Umfang eine „Rückkehr zu Beling".

b) Das Verhältnis des objektiven Tatbestandes zu den normativen Merkmalen

Wir hatten gesehen, daß im Laufe der Tatbestandsentwicklung die beiden Bedeutungen der Wertfreiheit meist so eng miteinander verknüpft worden waren, daß sie gar nicht klar auseinandergehalten wurden. Ein gegenüber der Rechtswidrigkeit wertfreier Tatbestand wurde gleichzeitig und wie selbstverständlich als „deskriptiv" aufgefaßt (M. E. Mayer), und ein „normativer" Tatbestand galt ohne weiteres als Unrechtsvertypung.

Man sollte demnach erwarten, daß Welzels im Hinblick auf die Rechtswidrigkeit wertfreier Tatbestand der Deskriptivität im Sinne

[274] ZStW Bd. 67, 1955, S. 211, Anm. 30, jetzt auch LB (5), S. 45—48, LB (6), S. 49—52.

M. E. Mayers wenigstens zuneige. Dem ist aber nicht so[275]. Welzel geht sogar in der Ablehnung der Auffassung, daß der Tatbestand nur sinnlich wahrnehmbare Vorgänge der Außenwelt enthalte, in einem bestimmten, gleich zu erläuternden Sinne noch weiter als die bisherige Lehre[276].

Wolfs, aber auch schon Mezgers und Grünhuts Lehren fanden ihren philosophischen Rückhalt in der südwestdeutschen Wertphilosophie[277]. Diese Lehre trennt das Reich der Werte vom Reich des wertfreien Seins. Wenn ihre rechtswissenschaftlichen Vertreter im Tatbestand eine Verschlingung von Seins- und Wertelementen erblicken, so beruht das nach ihrer Meinung darauf, daß das gestaltlose Sein der Lebenstatsachen bei der Aufnahme in den Tatbestand eine kategoriale Umformung durch wertgerichtete rechtliche Begriffe erfährt[278].

Es wird „das Prinzip für die Bildung der Deliktsbegriffe ... in einem ‚Wert' gefunden, auf den der an sich wertfreie Lebenstatbestand bezogen und dadurch zu dem wertgefüllten Deliktstatbestand umgeformt wird"[279]. Dem liegt die Auffassung zugrunde, daß das eigentliche „Sein", die „Wirklichkeit", nur eine „physikalisch-psychologische Erfahrungswelt"[280], ein „natürliches Sein in natürlicher Kausalität"[281] bedeute.

Das heißt für den Tatbestand, daß nur die in ihm beschriebenen wertfreien naturwissenschaftlichen Gegebenheiten eigentlich „sind". Die Wertelemente des Tatbestandes sind nicht „real", sondern existieren nur im Kopfe des Gesetzgebers, Richters, Forschers und werden von ihnen an das Sein herangetragen. Diese Auffassung des Seinsbegriffes ist eine Nachwirkung des naturalistischen Positivismus.

Ihr tritt Welzel entgegen. Die rechtlichen Begriffe „sind keine methodologischen Umformungen eines amorphen Materials, sondern Deskriptionen eines gestalteten ontischen Seins"[282]. Diese Meinung hat Welzel gerade in der Tatbestandslehre immer wieder zur Geltung gebracht. Die Tatumstände gehören für ihn keineswegs „der sinnfreien naturwissenschaftlichen Realität an, sondern sind Ausschnitte aus der bedeutungshaltigen Welt des sozialen Lebens"[283]. An anderer Stelle: „Die dem Recht zugrundeliegende Realität (Tatsächlichkeit)

[275] LB S. 65 (6); Akt. Probl. S. 11/12; JZ 1953, S. 119—121; ZStW 58, 496.
[276] Über sie vgl. oben S. 40.
[277] Die folgenden Bemerkungen beruhen auf der vorzüglichen Darstellung Welzels in seinem Buch „Naturalismus und Wertphilosophie im Strafrecht", 1935. — Ein näheres Eingehen auf diese philosophische Richtung würde den Rahmen unserer Untersuchung sprengen. Es muß daher auf Welzels Arbeit verwiesen werden.
[278] Vgl. Naturalismus, S. 67/68.
[279] Naturalismus, S. 72/73.
[280] Naturalismus, S. 70.
[281] Wolf, Schuldlehre, S. 100.
[282] Naturalismus, S. 74.
[283] Akt. Probleme, S. 11/12.

ist die im praktischen Handeln gegebene Wirklichkeit des sozialen Lebens, welche Strukturen aufweist, die in die nur quantitativ bestimmte naturwissenschaftliche Welt gar nicht eingehen können, und die trotzdem ebenso real sind wie diese quantitativen Verhältnisse"[284].

Man könnte eine solche Tatbestandsauffassung dennoch als deskriptiv ansehen, weil sie die Wertelemente des Tatbestandes als Bestandsstücke des Seins ansieht, das in seiner sozialen Sinnhaftigkeit vom Menschen nur beschrieben, nicht geschaffen wird[285]; aber das wäre eine ganz andere als die naturalistische Deskriptivität. Im Sinne der üblichen Unterscheidung von deskriptiven (= sinnlich wahrnehmbaren) und normativen (= nur geistig verstehbaren[286]) Merkmalen zählt Welzel die normativen Umstände einschränkungslos dem Tatbestande zu:

„Wieviel von einem Tatumstand sinnlich wahrgenommen werden kann und wieviel nur geistig verstehbar ist, ist völlig gleichgültig. Umschlossener Raum, Gebäude, Waffe, Sache, Schlüssel usf. sind in keinem höheren Maße Tatumstände als fremd, Urkunde, Schuldschein, Zahlungsversprechen usf., obwohl bei den letzteren Tatumständen nur das Unwesentliche wahrnehmbar, das Wesentliche dagegen lediglich geistig verstehbar ist. Bei einer Urkunde ist wahrnehmbar lediglich das Papier und die eingetrocknete Tinte. Aber so wenig ein Bild nur aus Leinwand und aus Farbstrichen besteht, so wenig besteht eine Urkunde lediglich aus Papier und Tinte. Nur das, was allein geistig verstanden werden kann, der Aussageinhalt und die Beweisfunktion des Schriftstückes, machen das Stück Papier zur Urkunde. Darum muß der Vorsatz diese Momente erfassen"[287].

Wenn eingangs gesagt wurde, daß Welzel in der Einbeziehung der normativen Merkmale in den Tatbestand noch weiter ginge als die bisherige Lehre, dann ist das so zu verstehen, daß diese Umstände durch ihre Zuweisung zum realen Sein enger mit den deskriptiven Elementen des Tatbestandes verwachsen als nach der früheren Auffassung, die im Grunde dem naturwissenschaftlichen Seinsbegriff noch verhaftet blieb und die normativen Elemente als von außen kommende Zutat ansah.

Für unsere Untersuchung ergibt sich daraus: Wenn man Welzel vorgeworfen hat, er wolle zu dem überwundenen Gegensatz von Tatsache und Rechtsbegriff zurückkehren[288], so ist das in dieser Allgemeinheit nicht richtig. Einen Tatbestand, der wertfrei im Sinne der Deskriptivität wäre, will Welzel auch mit Hilfe der offenen Tatbestände nicht schaffen. Dennoch läßt sich nicht verkennen, daß die Einführung der offenen Tatbestände und Rechtspflichtmerkmale ent-

---

[284] JZ 1953, S. 119.

[285] So auch Welzel, Naturalismus, S. 75.

[286] Welzel vermeidet es verständlicherweise, die normativen Tatumstände zu definieren als Merkmale, zu deren Feststellung es richterlicher Wertung bedarf. Der Richter „bewertet" nicht einen sinnfreien Sachverhalt, sondern er „erfaßt" das sinnhaft gestaltete Sein; vgl. Naturalismus, S. 75.

[287] Aktuelle Probleme, S. 12.

gegen dem oben dargelegten grundsätzlichen Standpunkt Welzels zwar keine Rückkehr zu dieser Auffassung, aber doch immerhin einen Schritt in Richtung auf einen deskriptiven Tatbestand darstellt. Sämtliche oben aufgezählten Rechtswidrigkeitsmomente sind, wenn man sie zum Tatbestande zählt, eindeutig normative Merkmale. Wenn Welzel sie aus dem Tatbestand herausnimmt und zur Rechtswidrigkeit stellt, so werden die einzelnen Tatbestände in demselben Maße wertfreier als ihnen werterfüllte Merkmale entzogen werden. Die Rechtspflichtmerkmale umfassen zwar bei weitem nicht alle normativen Elemente der Tatbestände, aber eine gewisse Verschiebung des Verhältnisses von sinnlich wahrnehmbaren und nur geistig verstehbaren Elementen zugunsten der deskriptiven Merkmale ist trotz Welzels Polemik gegen alle „naturalistischen" Tendenzen deutlich erkennbar.

2. Der subjektive Tatbestand

Auf den ersten Blick erscheint es sinnlos, für den subjektiven Tatbestand die Frage einer Rückkehr zu früheren Entwicklungsstufen überhaupt nur zu prüfen; war es doch gerade Welzel gewesen, der den Tatbestand durch die Einbeziehung des Vorsatzes in weit stärkerem Maße um subjektive Elemente bereichert hatte als alle seine Vorgänger[289]. Er steht damit in extremem Gegensatz zu Beling, und die Entwicklung der finalen Handlungslehre bedeutet eine vollkommene Abkehr vom objektiven Tatbestand anstelle einer Rückkehr zu ihm.

Dennoch ist folgendes zu bedenken: Mit der Entdeckung der Rechtspflichtmerkmale sind nicht nur sie allein aus dem objektiven Tatbestande entfernt, sondern es ist gleichzeitig der subjektive Tatbestand von allen auf diese Merkmale gerichteten psychischen Beziehungen befreit worden. Vor der Entwicklung der neuen Lehre, als Welzel noch der Auffassung war, die Rechtmäßigkeit der Amtsausübung in § 113 sei „unzweifelhaft Tatbestandsmerkmal"[290], hatte auch das Bewußtsein des Täters von der Rechtmäßigkeit zum Vorsatz und damit zum subjektiven Tatbestand gehört. Heute ist es nur noch für die Frage des Verbotsirrtums wichtig.

Wenn man die lange Reihe der Rechtspflichtmerkmale übersieht und dabei bedenkt, daß nach früherer Auffassung fast alle von ihnen vom Wissen und Wollen des Täters umfaßt sein mußten, damit eine vorsätzliche Tat vorliege, so wird einem klar, welch erhebliche Einschrumpfung der subjektive Tatbestandsteil durch die Einführung der offenen Tatbestände erfahren hat.

Insofern ist es nicht übertrieben, wenn man sagt, daß die Rechtspflichtmerkmale einen Schritt in Richtung auf einen objektiver ge-

---

[288] Vgl. dazu Welzel, ZStW, Bd. 67, 1955, S. 224.
[289] Vgl. dazu oben S. 42.
[290] 1. Aufl. 1947, S. 231.

faßten Tatbestand und insoweit eine Annäherung an Beling darstellen — wenn auch der Abstand immer noch größer bleibt als nach der bisherigen Lehre.

Eine noch viel weitergehende — allerdings nicht auf die offenen Tatbestände zurückzuführende — Verwandtschaft mit Belings rein objektivem Tatbestand ergibt sich in folgendem Punkt: Welzel hat sich kürzlich bereit erklärt[291], einen Unterschied zu machen zwischen dem Tatbestand als strafrechtssystematischen Grundbegriff, mit dem sich unsere bisherigen Erörterungen hauptsächlich beschäftigt haben, und dem Tatbestand im Sinne des § 59 StGB, der alle Merkmale umfaßt, auf die sich der Vorsatz des Täters erstrecken muß[292]. Dieser zweite Tatbestand ist nur ein Ausschnitt aus dem hier von Welzel wieder mißverständlich so genannten „Unrechtstatbestand", der alle die Rechtswidrigkeit indizierenden objektiven und subjektiven Merkmale enthält. Er umfaßt ausschließlich objektive Merkmale, da der Vorsatz des Täters nach Welzels Ansicht nicht auf sich selbst oder auf die eigenen Absichten oder Gesinnungen gerichtet sein kann.

Dieser von allen subjektiven Elementen befreite Tatbestand ist mit demjenigen Belings fast identisch. Ein Unterschied besteht nur noch insofern, als er einerseits die normativen Umstände deutlicher in den Tatbestand einbezieht und andererseits um die Rechtspflichtmerkmale verkürzt ist.

3. Zusammenfassung

Die vorstehende Übersicht hat ein recht kompliziertes, etwas verwirrendes Bild ergeben; sie hat gezeigt, daß das Schlagwort von der Rückkehr zu Beling zwar manches Richtige enthält, in seiner Allgemeinheit aber gefährlich ist, weil es zu sehr vereinfacht. Das Ergebnis unserer Untersuchung über die Auswirkungen der offenen Tatbestände auf die Tatbestandslehre sei der besseren Übersicht wegen in einigen knappen Sätzen zusammengefaßt.

a) In Beziehung auf die Rechtswidrigkeit ist Welzels wie Belings Tatbestand wertfrei. Beide kommen aber auf verschiedenen Wegen zum gleichen Ergebnis (s. o. S. 45). Die offenen Tatbestände, die noch „wertfreier" sind als bei Beling, ziehen auch die geschlossenen auf den Ausgangspunkt der Tatbestandslehre zurück (s. o. S. 45—47).

b) In Beziehung auf die normativen Merkmale ist Welzels Tatbestand nicht wertfrei. Er verknüpft sogar die normativen Elemente enger mit dem Tatbestand als die bisherigen Lehren (s. o. S. 47—50). Die offenen Tatbestände mildern jedoch den im Ausgangspunkt schroffen Gegensatz zur deskriptiven Tatbestandsauffassung und

---

291 NJW 1953, S. 329, Anm. 14.

292 Auf die damit verbundenen Fragen wird unten noch näher eingegangen werden, vgl. S. 107 u. 111 ff.

bedeuten einen kleinen Rückwärtsschritt in dieser Richtung (s. o. S. 49/50).

c) Mit der Anerkennung eines subjektiven Tatbestandes und der Einbeziehung des Vorsatzes in ihn steht Welzel in vorderster Front der Tatbestandsentwicklung und befindet sich in diametralem Gegensatz zu Beling. Die Rechtspflichtmerkmale beseitigen aber neben den normativen auch subjektive Elemente aus dem Tatbestand und führen so zu einer gewissen Objektivierung dieser Tatbestände (s. o. S. 50/51). — Welzels Tatbestand im Sinne des § 59 StGB ist sogar mit demjenigen Belings fast wesensgleich (s. o. S. 51).

Zweiter Teil

Wenn man eine Begriffsbildung kritisch durchleuchten will, so kann man dabei in verschiedener Weise vorgehen: Man kann zunächst die ihr zugrundeliegenden Gegebenheiten ins Auge fassen und prüfen, ob sie wirklich jene Merkmale aufweisen, die der Begriff ihnen zuschreibt. Auf die hier gestellte Aufgabe angewandt, bedeutet das: Man kann feststellen, ob die Kriterien, die das Wesen der offenen Tatbestände und Rechtspflichtmerkmale ausmachen sollen, sich an den realen Erscheinungen auffinden lassen. In diesem Sinne werden wir zuerst die Lehren Welzels und Armin Kaufmanns prüfen. Sollte sich dabei herausstellen, daß die von ihnen aufgezeigten Begriffsmerkmale eine genaue Trennung der Rechtswidrigkeitsmomente von anderen Merkmalen nicht ermöglichen, so wird ein eigener Versuch zur begrifflichen Erfassung des Wesens dieser Merkmale anzuschließen sein.

Das zweite Kapitel wird von dem Begriff der offenen Tatbestände und Rechtspflichtmerkmale auf das Gesamtsystem ihres Schöpfers übergreifen und die Frage untersuchen, ob sie mit den Grundprinzipien übereinstimmen, auf die sich der Verbrechensaufbau der finalistischen Lehre gründet.

An diese intrasystematische Kritik wird sich im dritten Kapitel eine dogmatische Kritik anschließen, die den Welzelschen Tatbestand im Hinblick auf die Probleme der Irrtumslehre, der Versuchslehre und des Verbrechensaufbaus prüfen und einen Lösungsversuch für die praktische Behandlung der Rechtspflichtmerkmale bringen wird.

Erstes Kapitel:
Begriffskritik

A. DIE OFFENEN TATBESTÄNDE UND RECHTSPFLICHTMERKMALE IN DER LEHRE WELZELS

Aus der am Anfang gegebenen Darstellung läßt sich für das Wesen der offenen Tatbestände und Rechtspflichtmerkmale folgendes entnehmen:

1. Durch die Erfüllung eines „offenen Tatbestandes" wird die Rechtswidrigkeit noch nicht indiziert[1].

---

[1] S. o. S. 3 ff.; LB (6), S. 72 f.; Neues Bild, 3. Aufl., S. 22/23.

2. Beim Vorliegen eines „offenen Tatbestandes" muß die Rechtswidrigkeit durch ein positives, auf die Ermittlung eines Rechtswidrigkeitsmomentes gerichtetes richterliches Werturteil ermittelt werden[1].

3. Die Rechtspflichtmerkmale dienen nicht der Beschreibung der Tat, sondern begründen nur die Rechtspflicht des Täters[2]; deshalb kann man sie auch meist weglassen[3].

Ob diese Kennzeichnungen zutreffen, soll nun im einzelnen geprüft werden.

I. Die fehlende Indizfunktion

Nach den Darlegungen über Welzels Tatbestandsauffassung[4] dürfen wir das Wort „Indiz" nicht so verstehen, als sei damit irgendeine — wenn auch nur vorläufige — Unrechtsbewertung verbunden. Daß die Rechtswidrigkeit durch die Erfüllung des Tatbestandes indiziert sei, heißt bei Welzel vielmehr nur: Grundsätzlich ist eine tatbestandsmäßige Handlung auch rechtswidrig. Das Fehlen der Indizfunktion bei den offenen Tatbeständen bedeutet also, daß bei ihnen aus der Erfüllung des Tatbestandes noch nicht grundsätzlich die Rechtswidrigkeit folgt.

Sieht man sich daraufhin die offenen Tatbestände an, so erscheint diese Kennzeichnung für die Nötigung zunächst einleuchtend. Aus der bloßen Drohung mit einem empfindlichen Übel läßt sich wirklich noch nicht viel für die Rechtswidrigkeit folgern. Aber schon bei der zweiten Ausführungsart des § 240 StGB kommen Zweifel. Sollte, wenn jemand mit Gewalt zu einer Handlung genötigt wird, wirklich die Rechtswidrigkeit in geringerem Maße indiziert sein als bei den geschlossenen Tatbeständen? Noch fraglicher wird die Abgrenzung bei den übrigen offenen Tatbeständen. Warum sollte die Eröffnung fremder Briefe (§ 299 StGB) eine geringere Indizwirkung haben als die Erfüllung anderer Tatbestände, da doch das Merkmal „unbefugt" nur darauf hinweist, daß die Tatbeschreibung — wie bei allen Strafbestimmungen — unter dem Vorbehalt rechtfertigender Umstände steht? Dasselbe gilt für alle Tatbestände, die das Merkmal der „Zuständigkeit" enthalten. Der falsche Schwur vor einer Behörde wird im Regelfall rechtswidrig sein. Nichts spricht dafür, daß durch ihn die Rechtswidrigkeit in geringerem Maße indiziert sein soll als bei anderen Tatbeständen. Noch eindeutiger zeigt sich die im Vergleich zu den geschlossenen Tatbeständen mindestens gleiche Stärke der Unrechtsindizierung im Falle des § 113 StGB. Die Bemerkung, daß die Worte „in der rechtmäßigen Ausübung seines Amtes"

---

[2] S. o. S. 4/5; Neues Bild, 3. Aufl., S. 23.
[3] S. o. S. 4/5.
[4] S. o. S. 44 ff.

hier überflüssig seien[5], ist durchaus richtig. Wenn sie fehlten, würde derjenige, der einem rechtswidrig handelnden Beamten Widerstand leistet, nicht strafbar werden, sondern er würde durch die Notwehrbestimmung gedeckt sein; denn wer nicht rechtmäßig handelt, handelt rechtswidrig, und gegen eine rechtswidrige Handlung ist Notwehr zulässig. Daraus folgt aber gleichzeitig, daß in § 113 StGB das Verhältnis von Tatbestand und Rechtswidrigkeit nicht anders geartet ist als in allen anderen Fällen.

Aus alledem ergibt sich: Es ist eine richtige — allerdings auch selbstverständliche — Feststellung, daß die Erfüllung eines Tatbestandes, aus dem ein Rechtspflichtmerkmal entfernt worden ist, weniger oft rechtswidrig sein wird als vorher. Der Satz aber, daß die von Welzel als „offen" angesehenen Tatbestände die Rechtswidrigkeit weniger indizierten als die „geschlossenen", ist in dieser Allgemeinheit selbst dann nicht zutreffend, wenn man — wie es in diesem Kapitel geschieht — Welzels Lehren vom systematischen Standort der Rechtspflichtmerkmale und vom Verhältnis des Tatbestandes zur Rechtswidrigkeit zunächst ungeprüft zugrundelegt.

II. Das positive richterliche Werturteil

Bei den geschlossenen Tatbeständen braucht der Richter nach Bejahung der Tatbestandsmäßigkeit bei Prüfung der Rechtswidrigkeit nur festzustellen: „Es liegt kein Rechtfertigungsgrund vor." Bei allen offenen Tatbeständen muß dagegen nach Welzel durch ein positives Urteil die Rechtswidrigkeit ermittelt werden. Wenn jemand falsch schwört (§ 154), kann der Richter trotz Tatbestandserfüllung die Rechtswidrigkeit nur bejahen, wenn er noch positiv festgestellt hat: „Die Behörde war zur Abnahme des Eides zuständig." Welzel stellt dieses „positive" dem bei den geschlossenen Tatbeständen genügenden „negativen" Verfahren immer wieder entgegen[6].

Ist damit wirklich ein sicheres Kennzeichen der offenen Tatbestände gefunden? Dagegen bestehen zwei Bedenken.

1. Eine Reihe der Welzelschen Rechtspflichtmerkmale tragen ausgesprochen negativen Charakter. Dazu gehört das in zahlreichen Bestimmungen auftretende Wort „unbefugt"; ferner Wendungen wie „ohne behördliche Erlaubnis" (§ 284), „ohne ausdrückliche Ermächtigung" (§ 360 Ziff. 7), „ohne Genehmigung" (§ 367 Ziff. 15) und viele andere mehr[7]. Hier kann die Ermittlung der Rechtswidrigkeit doch nur so vor sich gehen, daß der Richter bei Vorliegen der Tatbestandserfüllung weiter feststellt: „Die Handlung war unbefugt (= nicht befugt), eine Erlaubnis lag nicht vor" usw. Es ist nicht ersichtlich, wie sich diese Methode der Rechtswidrigkeitsermittlung

[5] ZStW Bd. 67, 1955, S. 226.
[6] Vgl. LB S. 73 (6), Neues Bild, 3. Aufl., S. 22/23.
[7] S. o. S. 7.

von der sonst üblichen unterscheidet, bei der etwa der Richter feststellt: „Ein gegenwärtiger rechtswidriger Angriff lag nicht vor“. Dennoch schreibt Welzel ausdrücklich, die Rechtswidrigkeit müsse durch den Nachweis der mangelnden (!) Befugnis positiv (!) ermittelt werden[8]. Es ist unklar, worin hier die Positivität der richterlichen Feststellung bestehen soll.

Ebensowenig ist ein Unterschied bei der Rechtswidrigkeitsermittlung in den Fällen zu erkennen, wo positive und negative Urteile ohne weiteres vertauschbar sind. Ob man bei den Fahrlässigkeitsdelikten feststellt, der Täter habe die objektive Sorgfaltspflicht verletzt (positiv) oder er habe sie nicht beachtet (negativ), ist gleichgültig, ebenso, wie es für die Rechtswidrigkeitsermittlung in §§ 240, 253 keine Rolle spielt, ob man feststellt, daß die Tat sozial nicht tragbar (negativ!) oder daß sie sozial verwerflich (positiv!) gewesen sei.

2. Anders ist es freilich bei den übrigen offenen Tatbeständen: Die Feststellung der Rechtsgültigkeit einer Verordnung (§ 110), der Rechtmäßigkeit einer Amtshandlung (§§ 113, 117), der Zuständigkeit einer Behörde oder eines Beamten (§§ 116, 137, 153ff. u. a.) erfordert ein positives Urteil. Doch wird damit ein wesensmäßiger Unterschied zwischen Welzels offenen und geschlossenen Tatbeständen nicht herausgehoben.

Bei den geschlossenen Tatbeständen ist die Art der Rechtswidrigkeitsermittlung von Welzel auf dem Boden seiner Tatbestandsauffassung durchaus richtig gekennzeichnet. Ein geschlossener Tatbestand umfaßt durch seine Beschreibung mehr Fälle als eigentlich verboten sind. Deshalb ist es bei Erfüllung eines solchen Tatbestandes nicht nötig, nach weiteren, die Rechtswidrigkeit positiv begründenden Umständen zu suchen, sondern man muß nur prüfen, ob sie ausnahmsweise ausgeschlossen ist, d. h. es müssen aus der Überzahl der vom Tatbestand umfaßten Fälle einzelne „herausgenommen“ werden, die der Rechtswidrigkeit entbehren.

Nicht anders ist es aber bei den offenen Tatbeständen. Man darf sich durch die Feststellung, daß bei ihnen „die Verbotsmaterie nicht erschöpfend beschrieben“ sei[9], nicht irreführen lassen. In Wahrheit sind alle Welzelschen Tatbestände, auch die um die Rechtspflichtmerkmale verkürzten, in ihrer Struktur gleichartig. Sie umschreiben alle mehr Handlungsvollzüge als durch das Verbot erfaßt werden sollen. Durch die Worte „wer einen Menschen vorsätzlich tötet“ in § 212 StGB wird der Fall des Totschlages ebenso erfaßt wie die Tötung des Feindes in Notwehr (also verbotenes wie unverbotenes Verhalten); in genau der gleichen Weise beschreibt etwa der „offene“ Tatbestand des § 153 StGB falsche Aussagen vor zuständigen und unzuständigen Behörden, d. h. alle rechtswidrigen und darüber hinaus auch noch nicht rechtswidrige Falschaussagen; § 113 StGB schil-

[8] LB (6), S. 73, Neues Bild, 3. Aufl., S. 23.
[9] LB S. 72 (6).

dert rechtmäßige und nicht rechtmäßige Widerstandleistungen, und so ist es auch in allen anderen Fällen. Man könnte Welzels offene und geschlossene Tatbestände mit einem ihre Gemeinsamkeit zusammenfassenden Ausdruck als „übergreifende Tatbestände" bezeichnen, weil sie nicht nur jegliches verbotene Verhalten erfassen, sondern außerdem noch in den Bereich des Unverbotenen übergreifen.

Daraus folgt: Immer, ob der Tatbestand „offen" oder „geschlossen" ist, muß der Richter bei der Rechtswidrigkeitsprüfung feststellen, daß ein Fall rechtmäßiger Tatbestandsverwirklichung nicht vorliegt, d. h. er muß ein negatives Verfahren anwenden. Auch bei den offenen Tatbeständen muß er nicht durch Hinzufügung weiterer Merkmale etwas positiv ermitteln, sondern er muß die Überzahl der dem Tatbestand subsumierbaren Fälle durch Ausscheidung der rechtmäßigen — im Wege der Konstatierung ihres Nichtvorliegens — verringern, um die Rechtswidrigkeit feststellen zu können.

Der Eindruck, als werde die Rechtswidrigkeit hier in anderer Weise als bei den geschlossenen Tatbeständen ermittelt, entsteht durch eine bloße Blickverschiebung vom Handlungssubjekt (dem Täter) auf das Handlungsobjekt. Bei den geschlossenen Tatbeständen blickt man, wenn man die Rechtswidrigkeit ermitteln will, auf den Täter und stellt negativ fest: Ein Rechtfertigungsgrund für ihn liegt nicht vor. Bei den offenen Tatbeständen dagegen blickt man auf das Handlungsobjekt, das Gesetz (§ 110), den Beamten (§ 113), das Gericht (§ 153), und sagt positiv: Das Gesetz ist rechtsgültig, der Beamte handelt rechtmäßig, das Gericht ist zuständig. Würde man hier die gleiche Methode anwenden und auf den Täter sehen, so müßte man wie bei den geschlossenen Tatbeständen eine negative Feststellung treffen: Der Auffordernde hatte keine Berechtigung zu seinem Tun, der Widerstandleistende war nicht durch Notwehr gerechtfertigt, der Zeuge durfte nicht falsch aussagen.

Positive und negative Urteile sind also je nach der Blickrichtung des Beurteilenden beliebig austauschbar. Ob der Richter im Falle des § 113 nach Ermittlung der Tatbestandsmäßigkeit feststellt, daß der Beamte rechtmäßig handelte (positiv) oder daß für den Widerstandleistenden ein Rechtfertigungsgrund nicht gegeben war (negativ), ist vollkommen gleichgültig.

Daraus folgt: Wenn man den Täter zum Subjekt des die Rechtswidrigkeit feststellenden Satzes macht, wird man bei offenen wie geschlossenen Tatbeständen immer ein negatives Urteil abgeben. Macht man aber das Handlungsobjekt (das Gesetz, den Beamten, das Gericht) zum Subjekt dieses Satzes, so erhält man stets ein positives Urteil. Die Art der Rechtswidrigkeitsermittlung ist somit auch vom Standpunkt der Lehre Welzels aus bei allen Tatbeständen prinzipiell die gleiche. Daher läßt sich mit ihrer Hilfe ein Kriterium für die Abgrenzung offener und geschlossener Tatbestände nicht gewinnen.

III. Die Rechtspflichtmerkmale zeigen nur die Rechtspflicht des Täters an. Sie dienen nicht der Tatbeschreibung und können darum meist auch weggelassen werden

1. Zeigen die Rechtspflichtmerkmale nur die Rechtspflicht des Täters an?

Über diese Frage hat schon der Bundesgerichtshof in einem Urteil, das sich an Hand des Merkmals „zuständig" in § 154 StGB mit der Konstruktion der Rechtswidrigkeitmomente auseinandersetzt, beachtliche Ausführungen gemacht[10]. Es sei zwar richtig, heißt es dort, daß die Zuständigkeit der Behörde für den Vernommenen die Pflicht begründe, unter Eid die Wahrheit zu sagen. „Aber welches Verhalten rechtlich geboten oder verboten ist, ergibt sich — sofern nicht besondere Rechtfertigungsgründe vorliegen — grundsätzlich eben aus den Merkmalen, die in den einzelnen Strafgesetzen aufgeführt sind. Diese Merkmale sind im Sinne des § 59 StGB die zum gesetzlichen Tatbestand gehörigen Tatumstände, und es macht dabei keinen Unterschied, ob sie rein tatsächlicher oder wie hier rechtlicher Art sind." Man könnte das kürzer so ausdrücken: Alle Tatumstände begründen die Rechtspflicht. Aber deshalb müssen sie trotzdem vom Vorsatz umfaßt sein. Oder, um kurz und schlagwortartig mit von Weber[11] zu sprechen: „Jedes Tatbestandsmerkmal ist zugleich ein Rechtspflichtmerkmal."

Das läßt sich an jedem beliebigen Tatbestand demonstrieren. § 212 z. B. verbietet das Töten eines Menschen. Man könnte nun so argumentieren: § 212 verbietet das Töten. Der Täter hat aber nach dieser Bestimmung nur die Rechtspflicht, das Töten zu unterlassen, wenn es sich um einen Menschen handelt. Also ist der Begriff „Mensch" in § 212 ein Rechtspflichtmerkmal. Also kann der Täter wegen vorsätzlicher Tötung bestraft werden, auch wenn er nicht wußte, daß er einen Menschen töten werde.

Dieses absurde Ergebnis zeigt deutlich: Die Tatsache, daß ein Merkmal die Rechtspflicht des Täters begründet, schließt nicht aus, daß es die Tathandlung oder das Tatobjekt sachlich gegenständlich beschreibt und damit zum Tatbestand im Sinne Welzels gehört.

Eine andere Lösung könnte nur dann gelingen, wenn sich nachweisen ließe, daß die angeführten Merkmale nur der Begründung der Rechtspflicht dienen und nicht außerdem noch eine tatbeschreibende Funktion haben. Damit stehen wir vor der zweiten Frage.

2. Beschreiben die Rechtspflichtmerkmale nicht die Tat und kann man sie deshalb meist weglassen?

Welzels These wäre ohne weiteres einleuchtend, wenn er ein Vertreter der Auffassung wäre, daß der Tatbestand sich nur aus

---

[10] BGHSt 3, S. 253/254.
[11] Mezger-Festschrift, S. 188.

deskriptiven, sinnlich wahrnehmbaren Umständen zusammensetze. Denn die Zuständigkeit einer Behörde oder die Rechtmäßigkeit einer Amtsausübung lassen sich selbstverständlich nicht sinnlich wahrnehmen, sondern nur in einem Akt geistigen Verstehens erfassen. Etwas mit den Sinnen Greifbares beschreiben diese Merkmale nicht.

Die Annahme, daß die im Tatbestand beschriebenen Umstände und Vorgänge dem sinnindifferenten Sein der Naturwissenschaft angehörten, wird aber von Welzel gerade energisch bekämpft[12]. Nach seiner Ansicht sind die nur geistig verstehbaren Umstände ebenso real wie die sinnlich wahrnehmbaren. Sie müssen daher genau so wie diese vom Vorsatz umfaßt sein und gehören zum Tatbestand. Das gilt für alle normativen Elemente, auch soweit sie rechtlichen Inhalts sind. Dieser Umstand verdient besondere Hervorhebung, weil die Konstruktion der offenen Tatbestände bisweilen so verstanden wird, als seien damit Strafbestimmungen gemeint, die infolge der Verwendung wertausfüllungsbedürftiger Begriffe das verbotene Verhalten nicht selbst deskriptiv kennzeichnen, sondern sich mit einer Verweisung auf außergesetzliche, in der Sittenordnung oder im Volksbewußtsein wurzelnde Wertungen begnügen[13]. Diese Interpretation wird aber den Intentionen Welzels nicht ganz gerecht; denn Bestimmungen wie die §§ 183 oder 360 Ziff. 11 StGB, die gewisse „unzüchtige Handlungen“ und den „groben Unfug“ unter Strafe stellen, sind nach seiner Lehre keine offenen Tatbestände, obwohl es sich hier unbestrittenermaßen um wertausfüllungsbedürftige Begriffe handelt. Die offenen Tatbestände bedeuten eben, wie schon ausführlich dargelegt wurde, keine Rückkehr zu einem deskriptiv-wertfreien Tatbestand in diesem Sinne[12].

Wenn es aber so ist, daß ein Umstand nicht schon um seiner Normativität und Wertausfüllungsbedürftigkeit willen zu einem Rechtswidrigkeitsmerkmal wird, dann ist schwer einzusehen, warum die „Zuständigkeit“, die „Rechtmäßigkeit der Amtsausübung“ oder auch die „Verwerflichkeit“ keine Tatumstände sein sollen. Es ist doch schlechterdings nicht zu leugnen, daß es für die gerade von Welzel so klar erschaute „von Sinnbezügen durchzogene, bedeutungshaltige Wirklichkeit“[14] einen Unterschied ausmacht, ob der Täter seine falsche Aussage vor einer zuständigen oder einer unzuständigen Behörde abgibt. Wenn Welzel meint, die Bedeutung des Wortes „zuständig“ erschöpfe sich darin, „daß die betreffende Behörde zu einer Handlung berechtigt und ... der Betroffene ... zur Duldung der Handlung verpflichtet“[15] sei, so ist dem nicht zuzustimmen. Dieses Merkmal enthält etwa in § 154 StGB nicht nur die Verpflichtung zur wahrheitsgemäßen Aussage, sondern es kennzeichnet darüber hinaus

[12] Dazu eingehend oben S. 47—50, 51.
[13] Vgl. etwa Hellmuth Mayer, Gutachten, S. 271, 276, 277.
[14] LB S. 65 (6); JZ 1953, S. 119.
[15] JZ 1953, S. 120/21.

eine ganze Fülle verschiedener zur Eidesabnahme berechtigter Stellen und dient damit der sachlich-gegenständlichen Beschreibung der Verbotsmaterie. Diese Beschreibung ist zwar nicht derart, daß man ohne Rückgriff auf die die Behördenorganisation regelnden Rechtsnormen wüßte, welche Behörden damit gemeint sind, aber eine solche Beziehung auf außerhalb des Strafgesetzes liegende rechtliche Normen oder kulturelle Wertungen ist eine Eigenheit sämtlicher normativer Merkmale und nicht etwa ein Wesenszug nur der Rechtspflichtmerkmale. Der Begriff der Zuständigkeit beschreibt daher das Handlungsobjekt nicht mehr und nicht weniger als alle anderen normativen Tatbestandsmerkmale. Ebenso enthält das Wort „verwerflich" in § 240 II StGB eine Beschreibung der Nötigungshandlung, auch wenn sein sachlicher Gehalt sich erst aus den ungeschriebenen Regeln der Volksmoral ergeben mag. Die Worte „in der rechtmäßigen Ausübung seines Amtes" in § 113 ziehen sämtliche Situationen, in denen ein Beamter nach öffentlich-rechtlichen Bestimmungen zum Einschreiten berechtigt ist, in die Tatbeschreibung hinein, nicht anders wie etwa der Begriff der „unzüchtigen Handlung" eine unübersehbare Fülle verschiedener Verhaltensweisen in die Tatbeschreibung einführt. Wenn man also den Begriff der Beschreibung nicht auf deskriptive Umstände beschränkt, ist der beschreibende Charakter der Rechtspflichtmerkmale nicht wohl zu bestreiten.

Dieses Ergebnis wird sogar durch Welzels eigene Aussagen über das Wesen seiner „offenen" Tatbestände nahegelegt. Wenn er schreibt, daß bei ihnen durch den Tatbestand die Verbotsmaterie „nicht erschöpfend" beschrieben sei[16], so müßte man erwarten, daß auch nach seiner Meinung diese Beschreibung nun im Rahmen der Rechtswidrigkeit durch die Rechtspflichtmerkmale vervollständigt werde. Und so ist es auch in der Tat: Welzel nimmt aus dem Tatbestand einige beschreibende Merkmale heraus; das verbleibende Gebilde kann dann natürlich das verbotene Verhalten nicht mehr erschöpfend beschreiben, sondern man muß das Rechtspflichtmerkmal hinzunehmen, um die vollständige Beschreibung zu erhalten. Wenn man aber mit Welzel annähme, daß die Rechtspflichtmerkmale der unrechtsbeschreibenden Funktion völlig entbehrten, so käme man zu dem sonderbaren Ergebnis, daß das verbotene Verhalten überhaupt nirgends vollständig beschrieben wäre, was unter rechtsstaatlichen Gesichtspunkten zu den schwersten Bedenken Anlaß böte, für Bestimmungen wie die §§ 110, 113, 117, 154 StGB aber gewiß nicht richtig ist. Etwas anders liegt es bei § 240 StGB[17]; hier jedoch rühren die verfassungsrechtlichen Bedenken daher, daß der vage Begriff der Verwerflichkeit eine feste Konkretisierung durch den Richter kaum

[16] LB S. 72 (6).

[17] Vgl. dazu H. Mayer, Strafrecht, S. 86; Henkel, Recht und Individualität, S. 38/39.

zuläßt — ein Problem, das unabhängig davon besteht, ob man ihn dem Tatbestand oder der Rechtswidrigkeit zuzählt.

Der These, daß allen Rechtspflichtmerkmalen der tatbeschreibende Charakter fehle, kann somit nicht zugestimmt werden. Daraus folgt, daß man die Rechtspflichtmerkmale bei der Kennzeichnung der Verbotsmaterie genau so wenig weglassen kann wie andere tatbeschreibende Umstände. Fehlen könnte ein Rechtspflichtmerkmal nur dann, wenn, wie bei der Rechtmäßigkeit der Amtsausübung[18], sein gesamter Inhalt bereits durch einen anderen Begriff (etwa den der Notwehr) gedeckt ist. Der Grund für die Überflüssigkeit des Merkmals liegt dann aber nicht darin, daß ihm die Beschreibungsfunktion fehlt; nur hat der andere Begriff diese Aufgabe bereits erfüllt.

IV. Zusammenfassung

Zusammenfassend läßt sich festhalten: Wir haben aus der bisherigen Untersuchung die Erkenntnis gewonnen, daß die von Welzel vorgenommenen Abgrenzungen eine klare Unterscheidung von Tatbestandsmerkmalen, Rechtswidrigkeitsmomenten und Rechtfertigungsgründen nicht ermöglichen.

1. Die Wesensverschiedenheit von offenen und geschlossenen Tatbeständen sollte darin liegen, daß die geschlossenen Tatbestände die Rechtswidrigkeit indizieren, die offenen dagegen nicht. Die Untersuchung hat uns gelehrt, daß das in dieser Allgemeinheit nicht zutrifft. Manche „offenen“ Tatbestände indizieren die Rechtswidrigkeit in nicht geringerem Maße als die geschlossenen.

2. Bei den offenen Tatbeständen sollte zur Rechtswidrigkeitsermittlung ein positives, bei den geschlossenen ein negatives richterliches Urteil erforderlich sein. Es hat sich herausgestellt, daß damit — soweit es überhaupt auf die offenen Tatbestände zutrifft — ein Wesensunterschied nicht getroffen wird und daß dieses Ergebnis nur darauf beruht, daß im einen Falle der Täter, im anderen das Handlungsobjekt zum Subjekt des Urteilssatzes gemacht wird. Damit wird nicht nur die Unterscheidung von offenen und geschlossenen Tatbeständen, sondern auch die Abgrenzung von Rechtspflichtmerkmalen und Rechtfertigungsgründen in Frage gestellt.

3. Der Unterschied von Tatbestands- und Rechtspflichtmerkmalen sollte darin liegen, daß die Rechtspflichtmerkmale nicht der Tatbeschreibung dienen. Wir haben dargelegt, daß das nicht zutrifft. Die Rechtspflichtmerkmale bestimmen nicht lediglich die Rechtspflicht, und man kann sie auch nicht aus der Tatbeschreibung herausnehmen.

---

[18] Vgl. dazu oben S. 55.

B. ARMIN KAUFMANNS THEORIE DER RECHTSPFLICHTMERKMALE

I. Die „Amtsbefehle"[19]

Wir hatten gesehen: Bei den Bestimmungen, die Merkmale wie das der „Rechtmäßigkeit der Amtsausübung" oder der „Zuständigkeit" enthalten, nimmt Kaufmann an, daß nicht schon das Gesetz, sondern erst der amtliche Befehl die Norm enthalte. Daraus folgt für die Irrtumsregelung: So wie sonst der Irrtum über die Gültigkeit eines Gesetzes ist hier der Irrtum über die Gültigkeit des von einem Beamten oder von einer Behörde ausgehenden Gebotes ein Verbotsirrtum. Da Irrtümer über die „Zuständigkeit" oder die „Rechtmäßigkeit der Amtsausübung" stets die Gültigkeit des ausgesprochenen Befehls betreffen, sind sie auch stets Verbotsirrtümer.

a) Ein erster Einwand gegen diese Lehre könnte dahin gehen, daß jeder Tatumstand Gültigkeitsvoraussetzung einer Norm sei und daß jeder Befehl zurücktrete, wenn seine Voraussetzungen nicht vorlägen. Wenn die Verletzung keinen Menschen betreffe, so greife auch § 223 StGB nicht ein, und so sei es bei jedem anderen Tatbestandsmerkmal. Daher sei mit der Bezeichnung dieser Merkmale als Gültigkeitsvoraussetzungen kein Kriterium der Abgrenzung gefunden.

Dieser Einwand wäre jedoch nicht stichhaltig. Wenn ein Tatbestandsmerkmal nicht vorliegt, so ändert das an der Gültigkeit der Norm nichts. Wenn eine Körperverletzung nicht feststellbar ist, bleibt sie trotzdem verboten, nur greift die Strafbestimmung im gegebenen Falle nicht ein. Wenn dagegen der mir gegenüberstehende Beamte nicht zuständig ist, von mir zu verlangen, was er befohlen hat, so ist die ganze Anordnung ungültig.

Insoweit hat es also mit der von Kaufmann aufgestellten Unterscheidung seine Richtigkeit.

b) Ein zweiter, gewichtigerer Einwand richtet sich gegen den Normcharakter der Amtsbefehle. Es liegt im Wesen der Norm, daß sie eine „allgemeine Richtschnur"[20] darstellt und nicht nur für den Einzelfall gilt. „Unnormal" oder „abnorm" ist nicht schon jedes Verhalten, das von der Handlungsweise eines anderen abweicht, sondern nur ein solches, das sich von den allgemein üblichen und anerkannten Verhaltensregeln entfernt. Etwas normieren heißt eine Richtlinie für eine Vielzahl von Fällen aufstellen. In allen ihren Abwandlungen stellen die Begriffe der Norm, des Normalen oder des Normierten etwas über den Individualfall Hinausreichendes, allgemein Gültiges dar, während die Verknüpfung mit dem Gedanken des gehorsamheischenden Befehls wesentlich lockerer ist und keineswegs in allen Wortbedeutungen auftaucht. Wenn man also die Norm als „allge-

---

[19] S. o. S. 12/13.

[20] Vgl. nur Metzke, Handlexikon der Philosophie, 1949; Henkel, Recht und Individualität, S. 5, bes. Anm. 4.

meine Vorschrift" charakterisiert, so liegt das Wesen des Normbegriffes mehr in dem „Allgemeinen" als in der „Vorschrift", dem Befehl. Man wird daher einen Befehl, dem diese Beziehung auf die Allgemeingültigkeit fehlt, nicht mehr als Norm bezeichnen können.

Diesem in der Natur der Sache liegenden Umstand wird Kaufmann nicht gerecht. Bei ihm existiert die Norm in den zur Rede stehenden Vorschriften erst „durch den Verwaltungsakt"[21]. Da der Verwaltungsakt definitionsgemäß eine „Regelung für den Einzelfall" trifft[22], stellt er insofern den geraden Gegensatz zur Gesetzesnorm dar. Schon aus diesem Grunde muß die Ansicht, daß in den §§ 113, 153 ff. usw. ein Amtsbefehl anstelle des Gesetzes die Rolle der Norm übernehme, als bedenklich bezeichnet werden.

c) Mag man immerhin gegen die vorangegangenen Erörterungen einwenden, daß man den Normbegriff nicht in der geschehenen Weise festlegen könne und daß er in seinem Inhalt nach den Erfordernissen des Strafrechts beliebig umgeformt werden dürfe, so muß doch gerade die Besinnung auf die gesetzlichen Erfordernisse der Strafrechtsnorm die Unrichtigkeit der Kaufmannschen Auffassung endgültig erweisen. Art. 103 II GG und § 2 I StGB sprechen den Grundsatz der gesetzlichen Bestimmtheit der Strafbarkeit und damit auch des Strafgesetzes und der ihm begrifflich vorgelagerten Norm aus. Dessenungeachtet weist Kaufmann zur Begründung des Normcharakters der Amtsbefehle ausdrücklich darauf hin, daß Art und Inhalt des Amtsbefehles sich nicht genau festlegen ließen, weil die Exekutive wegen der von Stunde zu Stunde wechselnden Bedürfnisse des Verwaltungslebens einen Ermessensspielraum haben müsse[23]. Diese Feststellung ist an sich vollkommen richtig, aber sie spricht nicht für, sondern gegen die Kennzeichnung des Amtsbefehls als Norm. Da die Strafbarkeit vor Tatbegehung g e s e t z l i c h bestimmt sein muß, kann es nicht zutreffen, daß bei diesen Strafbestimmungen erst „der zuständige Beamte ... das Werturteil fällt, das Motiv der Norm wird"[24] und daß erst sein Befehl die Norm zur Existenz bringt.

Auch Binding, von dem Kaufmann die Begriffe „Norm" und „Amtsbefehl" übernommen hat, ist nicht auf den Gedanken gekommen, den Amtsbefehl als Norm anzusehen[25].

d) Der Amtsbefehl ist also keine Norm im strafrechtlichen Sinne. Wir müssen daher zum Gesetz selbst zurückkehren und aus ihm die Norm zu gewinnen suchen. Da Begriffe wie „zuständig" und „rechtmäßige Amtsausübung" zahlreiche Einzelfälle zusammenfassen[26], wollen wir sie auseinanderfalten, damit die Pflicht im kon-

---

[21] Lebendiges und Totes in Bindings Normentheorie, S. 100.
[22] Vgl. § 25 VO 165.
[23] a. a. O., S. 100.
[24] a. a. O., S. 100.
[25] Vgl. Kaufmann selbst a. a. O., S. 98 und Binding, Lehrb. II, S. 847.
[26] Vgl. oben S. 59/60.

kreten Fall erkennbar werde. Kaufmann selbst hat für den § 360 Ziff. 8 StGB eine solche aus dem Gesetz abgeleitete Norm einmal hypothetisch formuliert. Sie lautet[27]: „Wenn befugte Vertreter der Behörden A, B, O und W beim Vorliegen der Voraussetzungen c, d, f, u und z anordnen, die Personalpapiere vorzuzeigen, so sollt ihr dies tun!"

Damit haben wir eine Norm, wie sie sich auch bei anderen Bestimmungen in entsprechender Weise aus dem Gesetz ergibt. Kaufmann führt für seine These, daß darin eine strafrechtliche wirksame Norm nicht gesehen werden könne, mehrere Argumente ins Feld.

aa) Eine Norm wie die oben formulierte könne aus sich heraus keine Wirkung entfalten. Die Gehorsamspflicht trete erst mit der Aufforderung des zuständigen Beamten ein. Vorher liege höchstens ein durch den Amtsbefehl — die eigentliche Norm — aufschiebend bedingtes Gebot vor[28].

Dazu ist zu sagen: Selbstverständlich wird das Verbot erst bei einer Aufforderung durch die zuständige Stelle aktuell, aber damit wird die Norm nicht bedingter als jede andere. Kaufmann sagt an anderer Stelle[29] selbst: „Jede Handlung hat ihre Voraussetzungen, unter denen allein sie verwirklicht werden kann. Dies gilt ganz unterschiedslos . . ." und zur Illustration: „Auch das Töten von Menschen ist nur unter der Voraussetzung möglich, daß — unter anderem — der in Frage kommende Täter auf einen anderen Menschen trifft". Es ist — besonders nach diesen eigenen Worten Kaufmanns — nicht recht einzusehen, warum der unmittelbar aus dem Gesetzestext zu gewinnenden Vorschrift der Normcharakter gerade dann abgesprochen werden soll, wenn die Voraussetzungen der normwidrigen Handlung im Vorliegen eines gültigen Amtsbefehls bestehen. Ebenso gut könnte man die Norm „Du sollst andere nicht töten" als nicht unmittelbar wirksam bezeichnen, weil ihr Eingreifen durch das Vorliegen einer Tötungsmöglichkeit (Anwesenheit des Opfers, Vorhandensein einer geeigneten Waffe) aufschiebend bedingt sei.

Mit diesem Argument ist also der Normcharakter eines aus dem Gesetz hergeleiteten Gebots nicht zu erschüttern.

bb) Der wesentlichste Grund für die Annahme Kaufmanns liegt aber anscheinend darin, daß er im Gegensatz zu allen anderen Vorschriften in den hier zur Erörterung stehenden Fällen eine Gesetzesnorm für inhaltlich unbestimmt und daher als Richtschnur unbrauchbar hält. Der Gesetzgeber sei weder in der Lage, alle Umstände, die — um im Beispielsfall zu bleiben — die Angabe der Personalien nötig machten, in einer Gesetzesnorm zu umschreiben, noch sei es überhaupt möglich, sie von vornherein erschöpfend festzulegen. Eben deshalb sei der schon erwähnte Ermessensspielraum erforderlich[30]

---

[27] a. a. O., S. 99.
[28] a. a. O., S. 100.
[29] a. a. O., S. 92.
[30] a. a. O., S. 99.

Tatsächlich liegt die von Kaufmann gezogene Konsequenz nahe. Wenn es dem Ermessen des Beamten überlassen bleibt, ob er eine Namensangabe verlangt, wenn es dem Richter in vielen Fällen freisteht, die Vereidigung eines Zeugen vorzunehmen oder zu unterlassen (vgl. § 61 StPO), wenn ein Polizist oft nur dann einzuschreiten braucht, wenn er es für opportun hält, dann scheint es wirklich so, als sei die Gesetzesnorm unbestimmt und als entstehe die Verpflichtung erst auf Grund eines vom Beamten oder einer Behörde gefällten Werturteils.

Es ist auch zuzugeben, daß eine hinreichende Bestimmtheit zum Wesen der Strafrechtsnorm gehört, denn eine Vorschrift kann ihren Zweck nur erfüllen, wenn ihr Adressat weiß, was ihm vorgeschrieben wird. Wenn also das Bedenken Kaufmanns durchgriffe, stünden wir vor dem doppelten Dilemma, überhaupt keine geeignete Norm finden zu können, weil sie sich aus dem Gesetz wegen fehlender Bestimmtheit und aus dem Amtsbefehl wegen mangelnder Allgemeingültigkeit und fehlender gesetzlicher Fixierung nicht entnehmen ließe.

Eine nähere Prüfung zeigt jedoch, daß die Feststellungen Kaufmanns zwar zutreffen, daß aber die Bestimmtheit der Gesetzesnorm darunter nicht leidet. Gewiß hat der Beamte einen Ermessensspielraum, aber das ist nicht entscheidend. Denn bei allen in diesem Rahmen vorgenommenen Anordnungen ist er „zuständig" und handelt in „rechtmäßiger Ausübung seines Amtes". Der Staatsbürger kann zwar vorher nicht genau wissen: Wird der Beamte einschreiten, wird er dies von mir verlangen oder wird er eine andere Maßnahme für zweckmäßiger halten? Er braucht das aber auch gar nicht im einzelnen voraussehen zu können und hat dennoch volle Rechtsgewißheit, wenn er sich nur über eines klar ist: Was immer im Rahmen des Ermessensspielraums von mir verlangt wird, bin ich zu tun verpflichtet. Die Ermessensgrenzen sind nämlich keineswegs unbestimmt, sondern liegen fest und sind gerichtlich nachprüfbar. Deshalb ist auch die Gesetzesnorm nicht unbestimmt. Sie sagt nur: Wenn dieses oder jenes ermessensgemäß von euch verlangt wird, so sollt ihr es tun! Wann eine solche Forderung an den Normadressaten herantritt und was im einzelnen von ihm verlangt werden wird, ist zwar ex ante ungewiß. Sicher und zweifelsfrei aber ist es, daß er solchen Geboten, soweit der Ermessensspielraum nicht überschritten wird und nicht gesetzlich genau festgelegte Rechte (wie das zur Aussageverweigerung) eingreifen, nachkommen muß, und darauf allein kommt es an. Vom ermessensgemäßen Urteil des Beamten in § 113 StGB hängt es lediglich ab, ob er einschreiten will — und auch diese Freiheit hat er bei weitem nicht in allen Fällen —: Daß der Staatsbürger verpflichtet ist, dem ermessensmäßigen Gebot Folge zu leisten, ergibt sich nicht aus dem Willen des Beamten, sondern geht klar und unzweideutig aus der Gesetzesnorm des § 113 StGB hervor!

Wir kommen somit zu dem Ergebnis, daß die aus dem Gesetz unmittelbar zu gewinnende Vorschrift eine echte Norm ist, während der Amtsbefehl nicht als Norm in diesem Sinne angesehen werden kann, weil ihm die Allgemeingültigkeit und die Form des Gesetzes fehlen. Dieses die Thesen Kaufmanns umdrehende Resultat bringt auch die von ihm gezogenen Konsequenzen für die Irrtumslehre zu Fall. Seine Darlegungen beweisen nicht, daß derjenige, der einem Beamten Widerstand leistet, der sich nach seiner unzutreffenden Auffassung nicht in rechtmäßiger Ausübung seines Amtes befindet, damit über die Gültigkeit der Norm irrt. Daher ist auch seine Folgerung, daß diese Fehlvorstellung als Verbotsirrtum anzusehen sei, nicht stichhaltig.

e) Abschließend sei bemerkt, daß selbst dann, wenn die Aussagen Kaufmanns über den Normcharakter der Amtsbefehle zuträfen, die von ihm vorgezeichnete Lösung der Irrtumsprobleme dem Rechtsgefühl nicht unbedingt einleuchtete. Es muß bestritten werden, daß es für die praktische Betrachtung keinen Unterschied bedeuten könne, ob jemand über die Gültigkeit einer Gesetzesnorm oder eines Amtsbefehls irre. Denn die Möglichkeit, daß ein Beamter mit einer Einzelanordnung den Rahmen seiner Befugnisse überschreitet, ist unvergleichlich viel größer als die Wahrscheinlichkeit, daß ein auf parlamentarisch-demokratischem Wege zustandegekommenes Gesetz wegen Verstoßes gegen höhere Normen nichtig ist. Darum ist auch der erste Irrtum — wenigstens in vielen Fällen — verzeihlicher als der zweite.

II. Die Tätermerkmale[31]

a) Die logische Notwendigkeit der Sonderbehandlung

Es hatte sich gezeigt, daß die Täterqualifikation bei den besonderen Normen eine Voraussetzung der Pflichtentstehung ist. Kaufmann meint nun: „Für die Konkretisierung genügt es, daß der Einzelne tatsächlich durch die Merkmale, die das Normsubjekt beschreiben, gekennzeichnet wird; sein aktuelles oder aktualisierbares Bewußtsein vom Vorliegen dieser Umstände ist für die Frage der Konkretisierung der Norm zur Pflicht völlig gleichgültig. Andernfalls würde ja auch die Kenntnis der Pflicht zur Voraussetzung der Pflicht gemacht — eine logische Unmöglichkeit"[32].

Dieser Gedankengang beweist, selbst wenn man seine uneingeschränkte Richtigkeit einmal unterstellt, nicht, was er anscheinend beweisen soll — daß nämlich die Tätermerkmale nicht Bestandteile des vom Vorsatz zu umfassenden Tatbestandes sein können[33]. Denn auch wenn man zugibt, daß die Kenntnis der Tätermerkmale mit

[31] s. oben S. 13—15, S. 26—28.
[32] a. a. O., S. 142.
[33] vgl. a. a. O., S. 152—153.

der Kenntnis der erhöhten Pflicht identisch sei und daß die Pflichtentstehung nicht davon abhängig gemacht werden könne, daß der Täter sich ihrer bewußt sei, braucht das, was für die Pflichtentstehung gilt, nicht notwendig auch für den Vorsatz zu gelten. Ein Beamter, der sich seiner Beamteneigenschaft nicht bewußt ist, mag trotzdem pflichtwidrig handeln — damit ist aber noch nicht gesagt, daß er auch vorsätzlich gehandelt haben muß; denn es könnte sehr wohl sein, daß der Gesetzgeber nur den bewußten Verstoß gegen die in den Beamtendelikten verzeichneten Pflichten hätte unter Strafe stellen wollen. Eine solche Annahme wäre freilich nur vom Standpunkt der Vorsatztheorie aus konsequent. Deshalb bleibt zu untersuchen, inwieweit das Argument Kaufmanns für die Schuldtheorie Gültigkeit hat.

Hier muß sein Satz, daß derjenige, der die Kenntnis der Tätermerkmale als Erfordernis des subjektiven Tatbestandes ansieht, damit die Kenntnis der Pflicht zur Voraussetzung der Pflicht mache, bestritten werden.

Für die staatsrechtlichen Beamten trifft die Feststellung Kaufmanns von vornherein nicht zu. Wenn man fordert, daß ein staatsrechtlicher Beamter, um tatbestandsmäßig-rechtswidrig zu handeln, wissen müsse, daß er als Beamter eingestellt sei, bedeutet das keineswegs, daß die Pflichtkenntnis zur Pflichtvoraussetzung gemacht würde; denn für das Bewußtsein der Beamteneigenschaft ist weiter nichts erforderlich, als daß der Täter weiß, er sei durch Aushändigung einer Ernennungsurkunde in den Staatsdienst als Beamter aufgenommen worden. Die Kenntnis irgendwelcher besonderer Pflichten ist dazu nicht vonnöten.

Etwas anders liegt es bei jenen Staatsbediensteten, die nicht Beamte im staatsrechtlichen Sinne sind, die aber doch unter den Beamtenbegriff des Strafrechts fallen. Bei ihnen ist die Beamteneigenschaft kein fester Status, sondern ein Attribut, das ihnen je nach der Art der übertragenen Aufgabe bald zukommt, bald fehlt. Ob man diesen Beamtenbegriff wie Welzel auf hoheitliche Betätigungen beschränkt[34] oder ihn mit der Rechtsprechung auf alle zum Wesen der betreffenden Dienststelle gehörigen Handlungen ausdehnt, ist dabei für die Lösung der hier gestellten Probleme prinzipiell gleichgültig.

Wenn man von einem solchen Mann die Kenntnis der Beamteneigenschaft in ihrem vollen Bedeutungsgehalt verlangt, so kann das nur bedeuten: Er muß wissen, daß ihn bei der betreffenden Dienstverrichtung eine über das gewöhnliche Maß hinausgehende Treupflicht trifft. Denn sie allein macht in solchen Fällen das Wesen der Beamteneigenschaft aus. Ihre Kenntnis entspricht auf der Täterebene der vom Juristen vorgenommenen Zuweisung zum Beamtenbegriff. Daraus folgt: Wer sich nicht mit der laienhaften Kenntnis

---

[34] Vgl. dazu oben S. 26, Anm. 138.

des hoheitlichen Charakters der Amtshandlung begnügt[35], sondern außerdem noch verlangt, daß der Täter daraus den Schluß auf seine erhöhte Treupflicht ziehe, macht in der Tat die Kenntnis der (Treu-) Pflicht zur Voraussetzung tatbestandsmäßig-rechtswidrigen Handelns.

Diese Feststellung kann allerdings auch bei den Beamten im rein strafrechtlichen Sinn die Richtigkeit der Kaufmannschen Thesen nicht erweisen. Denn die allgemein gesteigerte Dienstpflicht, deren Kenntnis nach der von Kaufmann bekämpften Lehre zur Erfüllung des subjektiven Tatbestandes erforderlich ist, muß unterschieden werden von den aus der konkreten Situation entspringenden Pflichten. Nur diese letzte Pflicht, „die einem ganz bestimmten einzelnen ein ganz konkretes Verhalten vorschreibt", ist eine „Pflicht" im Sinne Kaufmanns. Die Kenntnis dieser Pflicht aber braucht der Täter auch dann nicht zu haben, wenn er sich über seine Beamteneigenschaft, d. h. seine allgemein gesteigerte Treupflicht, im klaren ist. Auch der Staatsangestellte, der weiß, daß ihn bei seiner Tätigkeit die erhöhte Rechtspflicht der Beamten trifft, braucht nicht notwendig Kenntnis davon zu haben, daß er ein freundschaftliches Geschenk nicht annehmen (§ 331), in ein fremdes Haus nicht eindringen (§ 342) oder ein Paket nicht öffnen darf (§ 354). Hier gilt also: Wer die Beamteneigenschaft in ihrer vollen Bedeutung als Tatbestandsmerkmal ansieht, macht zwar die Kenntnis eines allgemein gesteigerten Pflichtverhältnisses, nicht aber die Kenntnis der Rechtspflicht im konkreten Fall (der Pflicht im Sinne Kaufmanns) zur Voraussetzung der Tatbestandserfüllung.

Wir kommen somit zu dem Ergebnis: Wer den Vorsatz von der Kenntnis der Beamteneigenschaft abhängig macht, macht nicht die Kenntnis der Rechtspflicht im konkreten Fall zur Voraussetzung der Pflichtentstehung. Er macht lediglich bei denjenigen Beamten im Sinne des StGB, die nicht auch staatsrechtlich Beamte sind, die Kenntnis einer allgemein erhöhten Pflichtenstellung zur Voraussetzung tatbestandsmäßig-rechtswidrigen Handelns. Anscheinend hat Kaufmann diese beiden Pflichtbegriffe verwechselt. Nur der erste wird seinen eigenen Prämissen gerecht, und gerade für ihn sind seine Thesen nicht beweiskräftig.

b) Die ontologische Notwendigkeit der Sonderbehandlung

Wenn ich Kaufmanns knappe, mehr andeutende als entwickelnde Ausführungen recht verstehe, so meint er folgendes:

Die Tätermerkmale kennzeichnen die Person des Handelnden. Wenn sie vom Vorsatz umfaßt sein müssen, so kann man konsequenterweise nicht umhin, den allgemeinen Satz aufzustellen: „Der Vorsatz hat auch die Person des Handelnden in jeder Hinsicht zu um-

[35] Welzel, JZ 1952, S. 209, letzter Absatz, und Kaufmann wollen allerdings auch darauf verzichten; ebenso BGHSt 8, 323 f.

fassen"[36]. Der Vorsatz muß sich dann nicht nur auf die Eigenschaft als Beamter, Soldat usw., sondern auch auf die Handlungsfähigkeit im Sinne Kaufmanns[37] erstrecken, die man im Rahmen des Unrechtstatbestandes „Tatherrschaft" nennt[38].

Ein auf die eigene Tatherrschaft gerichteter Vorsatz aber ist nichts anderes als der bekannte „animus auctoris"[38]. Nach dieser Lehre ist man nicht schon dann Täter, wenn man die Tatherrschaft hat, sondern man muß die Tat außerdem noch „als eigene wollen". Es zeigt sich daran, daß die Auffassung, die Tätermerkmale seien vom Vorsatz zu umfassende Tatumstände, und die Lehre vom animus auctoris innerlich zusammengehören. Der animus auctoris ist nur „die Annahme eines Tatbestandsmerkmals, nämlich die Annahme des Vorliegens der Tatherrschaft"[38].

Daraus ergibt sich: Wer die Tätermerkmale zum Tatbestand rechnet, muß folgerichtig ein Anhänger der „animus"-Lehre sein. Damit aber hat er nach Ansicht Kaufmanns seine Meinung ad absurdum geführt, denn

aa) die Lehre vom animus auctoris ist falsch. Wer die Tatherrschaft hat, ist Täter, ganz gleich, ob er die Tat „als eigene" oder „als fremde" will. Kaufmann begründet diese Auffassung nicht näher, sondern verweist nur darauf, daß die Lehre vom animus auctoris durch Welzel[39] und Bockelmann[40] „mit ontologischen, der Handlungslehre entnommenen Gründen" widerlegt worden sei[41]. — Wenn aber die animus-Formel unrichtig ist und der Vorsatz sich demzufolge nicht auf das Vorliegen der Tatherrschaft zu erstrecken braucht, so braucht er auch die den Täter kennzeichnenden Merkmale nicht zu umfassen.

bb) Wenn die Tatherrschaft ein vom Vorsatz zu umfassendes Tatbestandsmerkmal wäre, so „müßte man den Teilnehmer mit animus auctoris als (putativen) Täter eines untauglichen Versuches ansehen, und zwar des (Haupttat-) Versuches eines mangels Tatherrschaft untauglichen Subjekts"[38]. Ebenso müßte man denjenigen, der irrigerweise eine nicht vorhandene Täterqualifikation annimmt, wegen untauglichen Versuches bestrafen.

Die überwiegende Meinung will hier jedoch keine Versuchsbestrafung erfolgen lassen[42]. „Ist beides richtig — und es läßt sich nichts dagegen erinnern — so ist damit auch die These über die Vorsatzerstreckung auf den Täter widerlegt, da aus dieser notwendig die widerlegten Konsequenzen folgen[43]."

[36] a. a. O., S. 151.
[37] siehe oben S. 14.
[38] a. a. O., S. 151.
[39] LB S. 93—96 (6).
[40] Täterschaft S. 18.
[41] a. a. O., S.151—152.
[42] Vgl. die Nachweise a. a. O., S. 152.
[43] a. a. O., S. 152

Die beiden Argumente Kaufmanns sollen nacheinander geprüft werden:

aa) Die Notwendigkeit einer Sonderbehandlung der Tätermerkmale soll sich aus der Unrichtigkeit der animus-Lehre ergeben. Bei der kritischen Beurteilung dieses Gedankenganges wollen wir, um nicht zu weit in das Gebiet der Teilnahmelehre zu geraten, die Ausgangsthese Kaufmanns, daß die animus-Theorie falsch sei, ohne weitere Prüfung annehmen. Folgen aber daraus die von Kaufmann gezogenen Konsequenzen?

Nach seiner Darstellung sieht es so aus, als sei es eine notwendige, aber durchaus unrichtige Folgerung aus der Lehre vom animus auctoris, daß der Täter sich seiner Tatherrschaft bewußt sein müsse. In Wirklichkeit ist diese Folgerung weder aus der animus-Lehre abzuleiten, noch wäre sie, wenn man sie daraus ableiten könnte, unrichtig. Vielmehr hat das ganze Problem des Bewußtseins der Tatherrschaft mit der animus-Lehre überhaupt nicht zu tun.

Das sei am Beispiel der Lehre Welzels gezeigt. Danach[44] hat die Tatherrschaft „nur derjenige, welcher durch zweckbewußte Lenkung des Kausalgeschehens auf den Erfolg hin Herr über die Erfolgsherbeiführung ist". Ist es nun wirklich — wie man nach Kaufmann annehmen müßte — für diese Lehre gleichgültig, ob dem Täter seine Tatherrschaft bekannt ist oder nicht?

Nehmen wir den Fall[45], daß A und B zur Jagd ausgerüstet im Walde spazierengehen. Plötzlich sieht A in einsamer Gegend und an versteckter Stelle den C, der mit B auf den Tod verfeindet ist. A erinnert sich, daß B ihm schon früher erklärt hat, es werde dem C übel ergehen, wenn er ihm einmal alleine mit der Waffe begegne. Er werde ihn dann einfach „umlegen". Auch A ist dem C nicht wohlgesonnen, würde es aber niemals wagen, einen Mord zu begehen. Deshalb schießt er jetzt nicht selbst auf C, leiht aber dem B auf dessen Bitte gern sein Gewehr zum Schuß. Er setzt dabei als selbstverständlich voraus, daß B den C sieht und erkennt und will es ganz dem B überlassen, ob er schießt oder nicht. B dagegen erkennt in der Hast des Augenblickes nicht, daß es sich um einen Menschen handelt. Er ist mit seinen Gedanken nur bei der Jagd und meint, die dunkle Gestalt, die ihm A in der Ferne gezeigt hat, sei ein Rehbock. Er schießt, und der C bricht tot zusammen.

In diesem Falle hatte A objektiv die Tatherrschaft. Er allein überschaute die Sachlage und dirigierte den Geschehensablauf, während B nur blindes Werkzeug war. Nun war aber der Vorsatz des A nicht auf die Tatherrschaft gerichtet. Wenn der Vorfall sich so abgespielt hätte, wie A es sich vorgestellt hatte, so wäre er nur Gehilfe eines Mordes gewesen, denn er hätte die Tatherrschaft nicht gehabt. Wird er nun, obwohl er von seiner Tatherrschaft keine Kenntnis hatte, als Täter eines Mordes bestraft? Welzel selbst hat diese Frage

---

[44] LB S. 87 (6).

[45] Der Fall ist gebildet in Anlehnung an Bockelmann, GA 54, 200 und Welzel, LB S. 105/106 (6).

verneint[46]. Er meint vielmehr, wenn jemand die finale Tatherrschaft habe, ohne es zu wissen, so sei es falsch, ihn unabhängig von seinem Bewußtsein nur deshalb zu bestrafen, „weil er die wirkliche Tatherrschaft hatte", denn dadurch mache man den Gehilfen „ungerechterweise zum Täter". Dem ist zuzustimmen. Welzel nimmt infolgedessen versuchte Beihilfe zum Mord an, die heute straflos ist, und bestraft wegen fahrlässiger Tötung.

Aus alledem ergibt sich: Damit einer als Täter bestraft werden kann, muß er wissen, daß er die Tatherrschaft hat. Das wird auch von Welzel angenommen, der doch die Lehre vom animus auctoris scharf bekämpft. Folglich kann es nicht richtig sein, daß der animus auctoris nichts weiter sei als „die Annahme des Vorliegens der Tatherrschaft"[47], denn dann wäre die Lehre richtig, die den animus auctoris zur Verhängung der Täterstrafe fordert.

In Wahrheit bedeutet die animus-Formel etwas anderes. In dem bekannten „Badewannenfall"[48] z. B. hatte die Täterin objektiv und subjektiv die Tatherrschaft. Leben oder Tod des Kindes lagen allein in ihrer Hand, und sie wußte das auch. Damit hatte sie das Bewußtsein der Tatherrschaft, denn selbstverständlich ist hier wie überall die Kenntnis des juristischen Begriffes nicht erforderlich, wenn nur der Täter die Sachlage in seiner Laiensphäre gleich bewertet. Das Reichsgericht verlangte aber zur Annahme der Täterschaft noch mehr: der Täter müsse auch die Tat „als eigene wollen". Das bedeutet: Es genügt nicht, daß der Täter weiß, daß er die Tatherrschaft hat. Er muß sie auch haben wollen. Diese zu weitgehende Subjektivierung ist abzulehnen. Auch diejenigen, die die Beamteneigenschaft als Tatbestandsmerkmal ansehen, begnügen sich damit, daß der Täter weiß, er sei Beamter und habe eine erhöhte Treupflicht. Ob er sie auch haben will, ist gleichgültig. Genau so ist es mit der Tatherrschaft. Man kann — wie Welzel mit Recht sagt —[49] nicht einfach die Tat „als fremde von sich abschieben", wenn man sich seiner Tatherrschaft bewußt ist. Wenn das Reichsgericht in vielen Entscheidungen annahm, der animus auctoris liege vor, falls der Täter ein eigenes Interesse am Erfolg hatte, so ist das gleichfalls eine Forderung, die über die bloße Kenntnis der Tatherrschaft hinausgeht.

Es zeigt sich also, daß man das Bewußtsein der Tatherrschaft haben kann, ohne den animus auctoris zu besitzen. Kaufmanns These, daß der animus auctoris nur die Annahme des Vorliegens der Tatherrschaft bedeute, ist also unrichtig.

Diese Überlegungen lassen den Fehler in Kaufmanns Beweisführung ganz deutlich werden. Seinen Darlegungen liegt implicite folgender Syllogismus zugrunde:

---

[46] LB, 1. Aufl., S. 70; im Ergebnis auch noch: LB (6), S. 106.
[47] Lebendiges und Totes, S. 151.
[48] RGSt 74, 84—86; vgl. zuletzt Hartung, JZ 54, S. 430/31.
[49] LB S. 94 (6).

Obersatz: Der animus auctoris ist die Annahme des Vorliegens der Tatherrschaft.

Untersatz: Die animus-Theorie ist falsch.

1. Schluß: Also braucht der Täter seine Tatherrschaft nicht zu kennen.
2. Schluß: Also braucht er auch die übrigen den Täter kennzeichnenden Umstände, die Tätermerkmale, nicht zu kennen.

Der Obersatz dieser Beweiskette ist falsch. Daher lassen sich aus der Unrichtigkeit der animus-Theorie keine Schlüsse für die Behandlung der Tätermerkmale ziehen.

bb) Ein zweites Argument entnimmt Kaufmann der Versuchslehre[50]. Hier ist seiner Ausgangsposition zuzustimmen. Wenn man an der herkömmlichen Abgrenzung von Versuch und Wahndelikt festhalten will, wird man die irrtümliche Annahme des Vorliegens sämtlicher Tatbestandsmerkmale als Versuch ansehen müssen. Ist also die Beamteneigenschaft ein Tatbestandsmerkmal, so muß — wenigstens nach den allgemeinen Grundsätzen der Irrtumslehre — ihre irrtümliche Annahme beim Vorhandensein aller anderen Deliktsvoraussetzungen zur Versuchsbestrafung führen[51]. Es fragt sich nur, ob das ein so untragbares Ergebnis ist, daß man deshalb zur Annahme eines Rechtspflichtmerkmals kommen müßte. Es wird unten noch zu zeigen sein, daß daraus keine großen Schwierigkeiten entstehen[52]. Auch nötigt die Lehre, daß der Vorsatz sich auf die Tatherrschaft erstrecken müsse, nicht zu der Folgerung, daß der Teilnehmer mit animus auctoris wegen Haupttatversuches zu bestrafen sei; denn das Bewußtsein der Tatherrschaft und der animus auctoris sind, wie wir sahen, zweierlei.

c) Die psychologische Notwendigkeit der Sonderbehandlung

Ein drittes Argument für die Sonderstellung der Tätermerkmale versucht Kaufmann aus dem Wesen des Vorsatzes zu gewinnen[53]. Sein Gedankengang ist, in eine klare und knappe Form gebracht, folgender:

aa) Der Vorsatz ist Verwirklichungswille.
bb) Der Verwirklichungswille kann sich nur auf das richten, was verwirklicht werden soll.
cc) Die Tätermerkmale können nicht verwirklicht werden. Man kann nicht „verwirklichen wollen", bei der Tat ein Beamter zu sein. Man ist es, oder man ist es nicht.

---

[50] Siehe oben S. 69.

[51] So jetzt auch Maurach, Bes. Teil, 2. Aufl., S. 617. Zum ganzen: Bruns, Der untaugliche Täter im Strafrecht. Es ist freilich nicht ausgeschlossen, aus dem Wesen der Täterschaft ein anderes Ergebnis herzuleiten, vgl. noch unten S. 166.

[52] Vgl. unten S. 156/57, 166.

[53] Alles folgende a. a. O., S. 152.

dd) Folglich ist es ein psychologisch unmögliches Verlangen, daß der Vorsatz sich auf die Tätermerkmale erstrecken müsse.

ee) Daher können die Tätermerkmale nicht zum Tatbestand gehören, denn es gehört zum Wesen der Tatbestandsmerkmale, daß sich der Vorsatz auf sie erstrecken muß.

Die Schlüssigkeit der ganzen Beweiskette hängt ab von der Richtigkeit des axiomatischen Ausgangssatzes, daß der Vorsatz nichts weiter sei als Verwirklichungswille. Diese These muß bestritten werden. Es gibt, auch abgesehen von den Tätermerkmalen, zahlreiche Tatumstände, die anerkanntermaßen vom Vorsatz umfaßt sein müssen, ohne daß sie deshalb vom Täter verwirklicht werden können. Ein Dieb z. B. muß wissen, daß die Sache, die er wegnimmt, „fremd" ist. Deshalb will er aber doch nicht die Fremdheit „verwirklichen". Wer sich wegen Verführung strafbar macht, muß sich dabei vorstellen, daß das Mädchen noch nicht 16 Jahre alt ist. Es ist ihm aber unmöglich, das Alter des Mädchens zu „verwirklichen".

Es ist das Kennzeichen all dieser Umstände, daß sie mit der Willensbetätigung nicht in Kausalzusammenhang stehen. M. E. Meyer meinte, es handele sich hier um eine Eigenheit, die nur den von ihm entdeckten normativen Tatbestandsmerkmalen zukomme[54]. Er glaubte sogar, man könne die normativen Merkmale am leichtesten daran erkennen, daß bei ihnen der Kausalzusammenhang zwischen Willensbetätigung und Erfolg fehle.

Das ist jedoch ein Irrtum. Auch bei offenkundig deskriptiven Merkmalen tritt diese Erscheinung auf. Der Dieb kann nicht nur die Fremdheit, sondern auch die Beweglichkeit der gestohlenen Sache nicht verwirklichen wollen; ja, er hat nicht einmal Einfluß darauf, daß der von ihm weggenommene Gegenstand eine Sache ist.

Man kann dem nicht entgegenhalten, der Täter wolle doch „eine fremde bewegliche Sache wegnehmen" und daher alle diese Umstände verwirklichen. Seinem Willen unterliegt nur die Wegnahme; das gestohlene Fahrrad war schon eine für Außenstehende fremde bewegliche Sache, lange bevor der Dieb auf den Plan trat.

In Wahrheit ist es so, daß alle Tatumstände außer der Tathandlung selbst unter Einschluß des erstrebten Erfolges kein Gegenstand der Verwirklichung sein können. Töten, verletzen, mißhandeln, wegnehmen, sich zueignen — das sind Vorgänge, deren Verwirklichung von meinem Willen abhängt. Alles andere ist durch die Situation vorgegeben, ist ein Sachverhalt, der nicht verwirklicht wird, sondern in dem sich mein Wille verwirklicht.

Die von Kaufmann herausgestellte Besonderheit gilt also nicht für die Tätermerkmale, sondern auch für alle anderen Tatumstände mit Ausnahme derer, die die Tathandlung umschreiben. Daher nehmen die Tätermerkmale auch insofern keine Sonderstellung ein.

---

[54] Allgemeiner Teil S. 183.

Wenn man einmal unterscheidet zwischen „Tathandlungsumständen", die verwirklicht werden können, und „Sachverhaltsumständen", die vom Willen des Täters unabhängig sind, so läßt sich über den Vorsatz sagen: Er bedeutet den Willen zur Verwirklichung der Tathandlung bei Kenntnis aller Sachverhaltsumstände.

An der Reduzierung des Vorsatzinhaltes auf den Verwirklichungswillen muß die Beweisführung Kaufmanns scheitern.

d) Die dogmatische Notwendigkeit der Sonderbehandlung[55]

Kaufmann versucht schließlich noch, mit Hilfe des von Welzel entwickelten sog. personalen Unrechtsbegriffes die Zugehörigkeit der Tätermerkmale zur Rechtswidrigkeit zu erweisen[56]. Eine nähere Auseinandersetzung damit kann hier nicht erfolgen, weil es mir nicht gelungen ist, bei Kaufmann eine Begründung für die vorgetragene Ansicht zu finden. Er schreibt an der entscheidenden Stelle:[57]

> „Handlungsmerkmale und Tätermerkmale dienen ... dem gleichen Ziele: der Kennzeichnung dieses personalen Unrechts; ihr Vorliegen oder ihr Mangel hat die gleiche konstitutive Wirkung. Die Funktionsweise und die Struktur aber sind bei beiden grundverschieden. Hier stehen sich Handlungsmerkmale und Tätermerkmale als geschlossene Gruppen gegenüber. Rechtswidrig ist der die Handlungsmerkmale erfüllende Akt jedes Täters, der qualifiziert ist, d. h. der die Tätermerkmale effektiv aufweist. Auf das Bewußtsein des Täters hiervon kommt es also für die Wertung nicht an."

Hier ist zwar die „Grundverschiedenheit" der beiden unrechtsbegründenden Merkmalsarten unmißverständlich behauptet. Eine Begründung, die das im letzten Satz enthaltene „also" rechtfertigen könnte, vermag ich jedoch nicht zu erkennen.

Aus diesem Grunde unterbleibt hier eine Prüfung des Verhältnisses von Tätermerkmalen und personalem Unrechtsbegriff. Das darf um so eher geschehen, als diese Frage unten[58] noch im Hinblick auf sämtliche Rechtspflichtmerkmale eingehend untersucht werden wird.

e) Zusammenfassung

Es hat sich gezeigt, daß sämtliche von Kaufmann beigebrachten Gründe die Sonderstellung der Tätermerkmale gegenüber den sonstigen Tatbestandsmerkmalen nicht zwingend erweisen.

aa) Wir haben gesehen, daß die Auffassung der Beamteneigenschaft als Tatbestandsmerkmal die Pflichtkenntnis nicht zur Pflichtvoraussetzung macht (S. 66—68).

---

[55] Die von mir gewählten Bezeichnungen „logische, ontologische, psychologische, dogmatische Notwendigkeit" dienen mehr der Zusammenfassung als der Charakterisierung. Sie könnten mißverständlich sein, wenn sich nicht das Gemeinte aus der Darstellung mit hinreichender Klarheit ergäbe.

[56] a. a. O., S. 153—154.

[57] a. a. O., S. 154.

[58] im zweiten Kapitel des zweiten Teiles, S. 86—91.

bb) Auch die Widerlegung der Theorie vom animus auctoris und die Grundsätze der Versuchslehre beweisen die Zugehörigkeit der Tätermerkmale zur Rechtswidrigkeit nicht (S. 68—72).

cc) Aus dem Wesen des Vorsatzes ist ein Unterschied zu anderen Tatbestandsmerkmalen nicht abzuleiten (S. 72—74).

dd) Der personale Unrechtsbegriff läßt keinen Grund für eine Sonderbehandlung der Tätermerkmale erkennen (S. 74).

Daraus folgt: Wenn der Begriff der Rechtspflichtmerkmale fruchtbar sein soll, so muß er auf andere Weise abgegrenzt werden als es bisher geschehen ist. Das soll und muß im folgenden versucht werden. Denn wenn es nicht möglich sein sollte, so müßte die Untersuchung dieses Problemkreises hier — und zwar mit durchaus negativem Ergebnis — abgeschlossen werden.

C. DIE WAHRE NATUR DER RECHTSPFLICHTMERKMALE

Nach dem bisherigen Verlauf unserer Untersuchung hat es den Anschein, als handele es sich bei den Rechtspflichtmerkmalen Welzels und Kaufmanns um ein buntes Gemenge recht verschiedenartiger, etwas zufällig zusammengestellter Elemente, die von den übrigen Tatbestandsmerkmalen nicht klar zu unterscheiden seien. Wir wollen versuchen, dennoch eine innere Zusammengehörigkeit dieser Gruppe nachzuweisen.

I. Normative Merkmale

Eines ist ohne weiteres erkennbar: Alle „reinen Rechtswidrigkeitselemente" im Sinne Welzels sind normativer Art. Sie alle werden nicht in der Außenwelt verwirklicht, erfordern zu ihrer Ermittlung ein richterliches Werturteil, sind nur geistig verstehbar und genügen auch sonst allen aufgestellten Begriffsbestimmungen der normativen Merkmale[59].

Damit ist freilich noch nicht viel gewonnen. Selbst wenn man mit Engisch[60] den lediglich „wertbezogenen" Begriffen das Prädikat „normativ" versagt, um nicht wie Erik Wolf[61] alle Tatumstände als normative Tatbestandsmerkmale ansehen zu müssen, bleibt eine so große Anzahl normativer Elemente übrig, daß die Rechtspflichtmerkmale durch die Normativität allein nicht hinreichend gekennzeichnet sind.

II. Normative Elemente rechtlicher Art

Fast alle von Welzel angeführten Rechtspflichtmerkmale sind rein rechtlicher Art. „Rechtmäßigkeit der Amtsausübung", „Zuständigkeit", „Rechtsgültigkeit", „Befugnis", „polizeiliche Erlaubnis",

---

59 Vgl. dazu eingehend Engisch, Mezger-Festschrift, S. 145—151.
60 Mezger-Festschrift, S. 142—143.

„Beamter", „Rechtspflicht zur Erfolgsabwendung", „rechtlich gebotene Sorgfalt": Alle diese Begriffe gehören ausschließlich der Rechtssphäre an. Es handelt sich um „normative Begriffe spezifisch juristischer Art" im Sinne Grünhuts, um „rechtliche Wertungsdelikte" im Sinne Mezgers[61].

Eine Ausnahme bilden lediglich die §§ 240 II und 253 II, die die Rechtswidrigkeit von dem juristisch nicht umgrenzten Begriff der Verwerflichkeit abhängig machen. Ob diese Bestimmungen deshalb eine von den übrigen Rechtspflichtmerkmalen gesonderte Behandlung verdienen, wird später zu prüfen sein.

Kehren wir zurück zu der Kennzeichnung der Rechtspflichtmerkmale als normativer Elemente rechtlicher Art, so zeigt sich, daß wir zwar den Kreis der unter diesen Begriff fallenden Umstände wesentlich verengt haben, daß aber die Rechtspflichtmerkmale immer noch nicht als geschlossene Gruppe hervortreten. Auch Begriffe wie „Urkunde" (§ 267), „Ehe" (§§ 171, 172), „Darlehen (§ 302 a) und manche andere sind Rechtsbegriffe; sie sind aber keine Rechtspflichtmerkmale oder werden jedenfalls von Welzel nicht als solche angesehen.

III. Rechtswidrigkeitsumschließende Merkmale

1. Abgrenzung gegenüber den normativen Elementen rechtlicher Art

Der Umstand, der die Rechtspflichtmerkmale auch aus der Vielzahl der normativen Elemente rechtlicher Art heraushebt, ist ihre Beziehung zur Rechtswidrigkeit.

Im Regelfall ist mit der Kenntnis eines Tatbestandsmerkmales, auch wenn es rechtlich-normativer Art ist, noch nicht notwendig die Kenntnis der Rechtswidrigkeit verbunden. So kann jemand beispielsweise genau wissen, daß seine Geliebte verheiratet ist und sich auch über die soziale Bewertung des Ehebruchs im klaren sein, ohne doch das Bewußtsein der Rechtswidrigkeit zu haben. Ebenso kann — um ein Beispiel aus der neuesten Rechtsprechung zu bringen — der Täter in seiner Laiensphäre die Bedeutung des Rechtsbegriffes „Kreditinstitut" sehr wohl erfassen, ohne dabei auf den Gedanken zu kommen, daß das Betreiben eines solchen Institutes ohne ausdrückliche Erlaubnis verboten sei[62]. Dasselbe gilt für die meisten anderen rechtlich-normativen Begriffe: Ihre Erfassung bedeutet zwar einen Akt geistigen Verstehens, nicht aber die Erkenntnis der Rechtspflicht.

Eine Ausnahme bildet jedoch die Mehrheit der von Welzel als „Rechtswidrigkeitsmomente" angesehenen Merkmale. Das läßt eine Durchmusterung dieser Umstände unschwer erkennen.

a) Die Rechtmäßigkeit der Amtsausübung: Wenn der Täter weiß, daß der Beamte, dem er Widerstand leistet, sich „in der recht-

[61] Siehe oben S. 40.

mäßigen Ausübung seines Amtes" befindet, so ist es schlechterdings nicht möglich, daß er im Verbotsirrtum handelt. Die Kenntnis von der Rechtmäßigkeit der Beamtenhandlung schließt das Bewußtsein der Rechtswidrigkeit notwendig in sich. Dieses Urteil beruht nicht auf statistischer Wahrscheinlichkeit, sondern auf logischer Gewißheit. Daß der Widerstand gegen eine bekanntermaßen rechtmäßige Amtshandlung „wider das Recht" gerichtet und damit rechtswidrig ist, liegt im Wesen der Sache. Wenn ich weiß: diesem Beamten hat die Rechtsordnung die Befugnis verliehen, gegen mich vorzugehen, so kann ich nicht zugleich annehmen, ich hätte die rechtliche Befugnis, mich dagegen mit Gewalt zur Wehr zu setzen.

Das gilt bei diesem Merkmal sogar für den Fall des übergesetzlichen Notstandes. Liegt eine Ausnahmesituation vor, auf Grund deren jemand das Handeln eines Beamten, das sonst rechtmäßig wäre, im konkreten Fall nicht zu dulden braucht, so befindet sich der Beamte, wenn er trotzdem weiter vorgeht, nicht mehr in rechtmäßiger Amtsausübung. Das leuchtet unmittelbar ein, wenn der Beamte die Notstandssituation kennt, in der sich der Widerstandleistende befindet. Es kann aber nicht anders sein, wenn ihm dieser Umstand unbekannt ist; denn wenn die Rechtsordnung dem Betroffenen gestattet, sich gegen ein behördliches Eingreifen zu wehren, kann sie nicht zugleich dem Beamten ein weiteres Einschreiten erlauben; nur liegt dann eine unbewußt (und meist schuldlos) rechtswidrige Amtsausübung vor. Es ist kennzeichnend für die Schwierigkeiten, die das Merkmal der „Rechtmäßigkeit der Amtsausübung" einem auf klare Trennung von Tatbestand und Rechtswidrigkeit bedachten System bereitet, daß schon Beling sich mit diesem Problem auseinandergesetzt hat. Er sieht die „Rechtmäßigkeit der Amtsausübung" als Tatbestandsmerkmal an, kann aber bei seiner dogmatischen Ausgangsstellung nicht zugeben, daß in diesem Fall das Bewußtsein der Tatbestandserfüllung und das Bewußtsein der Rechtswidrigkeit zusammenfallen. Darum schreibt er:[63]

> Wird festgestellt, daß der Beamte in rechtmäßiger Amtsausübung war, so ist die Verurteilung des Widerstandleistenden noch keineswegs besiegelt: es harrt noch die Rechtswidrigkeitsfrage der Erledigung. Zwar kann dieses Problem nicht mehr voll aufgerollt werden, ein Stück von ihm ist schon abgetan: indem dem Beamten rechtmäßige Amtsausübung zugeschrieben wurde, ist gleichzeitig gesagt, daß er keinen „rechtswidrigen Angriff" vornahm; folglich kommt Notwehr nicht mehr in Frage. Aber daraus ergibt sich noch nicht die Rechtswidrigkeit der Tat: es kann vielmehr immer noch sein, daß der Täter ... nicht rechtswidrig handelte. Es will etwa ein Gerichtsvollzieher ein Urteil auf Herausgabe eines Anzugs vollstrecken, und ein Kriminalbeamter verhindert ihn daran, indem er den Anzug für einen Strafprozeß beschlagnahmt und dem Gerichtsvollzieher, der ihn nicht lassen will, gewaltsam entreißt. Möglich, daß man hier auf Seiten des Gerichtsvollziehers von dem Augenblick ab, in dem die Beschlagnahme erklärt ist, keine rechtmäßige Amts-

---

[62] Vgl. BGHSt 4, 352; dazu Welzel, JZ 1954, S. 279, Anm. 23.
[63] L. v. V., S. 157/58.

ausübung mehr annimmt. Nimmt man sie aber an — und das läßt sich jedenfalls auch vertreten — so kann doch der Polizeibeamte nicht gestraft werden: er hat typisch, aber, geschützt durch sein eigenes Amt, nicht rechtswidrig gehandelt.

Welch sonderbare Vorstellung, daß ein Beamter, der sich einer ihm mitgeteilten rechtswirksamen Beschlagnahmeanordnung widersetzt, in rechtmäßiger Ausübung seines Amtes handeln soll! Nach Beling ist offenbar das Vorgehen beider vollkommen rechtmäßig. Das führt zu untragbaren Ergebnissen, wenn sich etwa beide schwere Körperverletzungen zufügen. Wer soll sich gegen wen wehren dürfen, wenn beide im Recht sind? Beling hat, wie seine vorsichtige Ausdrucksweise zeigt, anscheinend selbst nicht recht an die Stichhaltigkeit seiner Argumentation geglaubt, sondern ist zu diesem Ergebnis nur zur Rettung seines „wertfreien" Tatbestandes gelangt. Aber selbst die behutsame Formulierung, man könne seine Lösung „jedenfalls auch vertreten", kann nicht anerkannt werden; denn die Lösung ist kaum haltbar.

Für § 113 gilt also: Das Bewußtsein, daß der Beamte in rechtmäßiger Amtsausübung handele, ist mit logischer Gewißheit in allen Fällen vom Bewußtsein der Rechtswidrigkeit des Widerstandes begleitet. Ebenso liegt es bei der Wendung „in der rechtmäßigen Ausübung seines Amtes oder Rechtes" in § 117. Das ist eine Eigenheit, die diese Merkmale vor den gewöhnlichen Tatumständen (auch rechtlich-normativer Art) auszeichnet.

b) Das gleiche Bild bietet sich bei den Unterlassungsdelikten. Wenn man die Handlungs- oder Erfolgsabwendungspflicht als Tatbestandsmerkmal ansieht, ist mit der Kenntnis dieses Umstandes das Bewußtsein der Rechtswidrigkeit der Unterlassung untrennbar verbunden. Wer sich darüber im klaren ist, daß ihm eine Handlungs- oder Erfolgsabwendungspflicht trifft, handelt, wenn er bewußt gegen die vom Recht auferlegte Pflicht verstößt, stets auch bewußt rechtswidrig.

Eine etwas abweichende Auffassung vertritt allerdings Welzel[64]. Er ist der Meinung, daß trotz Verletzung einer Garantenpflicht die Rechtswidrigkeit noch durch Rechtfertigungsgründe ausgeschlossen sein könne. Wenn etwa ein an sich Schutzberechtigter in rechtswirksamer Weise auf den Beistand eines anderen verzichtet hat und dieser infolgedessen ein erfolgsabwendendes Eingreifen unterläßt, so entfällt nach der hier vertretenen Ansicht die Bestrafung wegen einer Unterlassungstat schon deshalb, weil im konkreten Fall eine Erfolgsabwendungspflicht im Augenblick der Tat überhaupt nicht vorlag. Welzel dagegen argumentiert so: Der Täter hatte im Zeitpunkt des Unterlassens eine Garantenpflicht. Er hat sie durch sein Nichteingreifen verletzt. Die Pflichtverletzung wird aber durch den Rechtfertigungsgrund der Einwilligung gerechtfertigt[65]. — Vom Boden dieser

---

[64] LB S. 184, 464 (6).
[65] LB S. 464 (6).

Auffassung aus kann man allerdings sagen, daß auch der Täter, dem bekannt ist, daß er durch sein Untätigbleiben eine Rechtspflicht zur Erfolgsabwendung verletzt, das Bewußtsein der Rechtswidrigkeit noch nicht zu haben braucht, weil er an eine Rechtfertigung der Pflichtverletzung glauben kann.

Diese Ansicht kann aber schwerlich richtig sein. Für die Beurteilung der Verpflichtung des Täters kann es nur auf die konkrete Pflicht des Einzelfalles ankommen. Wenn die Handlung des Täters rechtmäßig (d. h. dem Recht gemäß) ist, so verletzt sie eben keine rechtliche Pflicht.

Die angedeuteten Zusammenhänge werden im allgemeinen nicht klar genug herausgestellt. Gerade bei den Unterlassungsdelikten werden sie aber jetzt mehr und mehr erkannt. So schreibt z. B. Gallas, der die Erfolgsabwendungspflicht bei den unechten Unterlassungsdelikten als Bestandteil des Tatbestandes ansieht:[66] „Das Problematische dieser Lösung liegt darin, daß der die Kenntnis der Handlungspflicht umfassende Vorsatz hier praktisch mit dem Bewußtsein, überhaupt Unrecht zu tun, zusammenfällt ...". Diese Erkenntnis, zu der Gallas ohne Zusammenhang mit der Lehre von den Rechtspflichtmerkmalen gelangt, ist in vollem Umfang zutreffend.

c) Wenn man den Begriff der „mangelnden Befugnis" nicht auf Fälle des Handelns gegen den Willen des Gestattungsberechtigten beschränkt, sondern in einem umfassenderen Sinne versteht, wonach etwa die Öffnung eines fremden Briefes zum Zwecke einer Lebensrettung nicht „unbefugterweise" erfolgt, so ist auch in diesem Falle das Bewußtsein, „unbefugt" zu handeln, immer gleichbedeutend mit dem Bewußtsein des Verbotenseins[67].

d) Ähnlich verhält es sich auch mit dem Begriff der „Zuständigkeit". Das zeigt am deutlichsten der Tatbestand des § 360 Ziff. 8 StGB. Danach ist es strafbar, „wer gegenüber einer zuständigen Behörde oder einem zuständigen Beamten über seinen Namen eine unrichtige Angabe macht". Schon in der Begründung zum Entwurf eines StGB für den Norddeutschen Bund wird jeder Beamte als „zuständig" angesehen, „dem ein Recht auf Erforschung des Namens zukommt"[68]. Auch in Rechtsprechung und Schrifttum hat sich später die Auffassung durchgesetzt, daß eine „Zuständigkeit" i. S. des § 360 Ziff. 8 nur vorliege, wenn der Beamte das hoheitliche Recht habe, nach dem Namen zu fragen[69]. Dem folgt auch die neueste Judikatur. So heißt es in einem Urteil des OLG Hamm[70]: „Zuständig i. S. der

---

[66] JZ 1952, S. 373.

[67] Ob man das tun will, ist freilich eine Frage des terminologischen Geschmacks, über die sich nicht streiten läßt. Will man den Begriff anders fassen, enthält er nur den Hinweis auf einzelne Rechtfertigungsgründe wie Einwilligung, Genehmigung, §§ 100 III, 98 StPO u. ä., während der Fall des übergesetzlichen Notstandes nicht mit umfaßt wird.

[68] zitiert nach RGSt 72, 30.

[69] Vgl. RGSt 72, 30/31.

[70] NJW 1954, S. 1212.

Vorschrift des § 360 I Ziff. 8 StGB ist ein Beamter, dem die ... Befugnis zusteht, nach den Personalien zu fragen ...". Legt man diese Auffassung zugrunde, so zeigt sich deutlich: Ein auf die Zuständigkeit gerichteter Vorsatz bedeutet nichts anderes als das Bewußtsein, daß der Beamte ein Fragerecht habe — und dieses Wissen ist, wenn der Gefragte trotzdem die Unwahrheit sagt, mit dem Bewußtsein der Rechtswidrigkeit notwendig verknüpft.

Grundsätzlich gleichartig liegt es auch bei den Eidesdelikten und den anderen Bestimmungen, in denen die „Zuständigkeit" eine Rolle spielt. Die rechtliche Befugnis einer „Stelle" zur Entgegennahme von Eiden, Zeugenaussagen usw. fließt nur aus ihrer Zuständigkeit, so daß auch hier grundsätzlich das Bewußtsein der Zuständigkeit mit dem Bewußtsein des behördlichen Rechts identisch ist. Das behördliche Recht aber korrespondiert mit der eigenen Verpflichtung: Wer von ihm weiß, kann normalerweise nicht dennoch glauben, daß die Sabotierung der rechtlich gebotenen Handlung durch falsche Aussagen (§§ 153 ff.), Verstrickungsbruch (§ 137) usw. vom Recht gestattet werde. Es zeichnet sich hier sogar eine ähnliche Entwicklung ab wie im Falle des § 113 StGB: Die Zuständigkeit wird in vielen Fällen nicht nach den aus der Behördenorganisation und den gesetzlichen Bestimmungen sich ergebenden Regeln, sondern von der Verpflichtung des Betroffenen her bestimmt; man stellt nicht darauf ab, ob sich im konkreten Fall ein gesetzliches Recht zur Eidesabnahme oder Beschlagnahme erweisen läßt, sondern begnügt sich mit einer „abstrakten" Zuständigkeit[71], weil man dem Staatsbürger ansinnt, auch ungerechtfertigte Akte, sofern sie nur nicht allzu grob fehlerhaft sind, zu respektieren. Es kann daher auch eine im Einzelfall „unzuständige" Behörde dennoch „zuständig" im Sinne der betreffenden Strafbestimmung sein, wenn nur der Staatsbürger die Wahrheit sagen muß (§ 154) oder die Verstrickung nicht eigenmächtig aufheben darf (§ 137). Daher ist der Schluß von der Zuständigkeit der Behörde auf die eigene Verpflichtung, aus der wiederum bei ihrer vorsätzlichen Verletzung das Bewußtsein der Rechtswidrigkeit folgt, im Regelfalle unabweisbar. Es ist deshalb für die meisten Fälle nicht ganz unzutreffend, wenn Welzel, der die „Zuständigkeit" definiert als „das Recht und die Pflicht einer Behörde, in bestimmter Sache tätig zu werden"[72], ausführt[73]: „Was kann der Bewußtseinsinhalt des Täters vom Merkmal ‚zuständig' anderes umfassen als die Vorstellung: ‚Dieser Behörde gegenüber bin ich verpflichtet, die Wahrheit zu sagen (§§ 153 ff.), meinen Namen richtig anzugeben (§ 360 Ziff. 8) usw.?' "[74].

---

[71] Vgl. nur Werner, LK, 8. Aufl., § 137, Anm. III, S. 771 u. Mezger, LK, 8. Aufl., § 154, Anm. 4, S. 14.

[72] JZ 1952, S. 135.

[73] JZ 1953, S. 120.

[74] Daß der Bewußtseinsinhalt nichts anderes umfassen kann, ist freilich sehr zweifelhaft: Er wird z. B. auch die Art der Behörde umgreifen; richtig ist aber, daß der Bewußtseinsinhalt wenigstens auch die eigene Verpflichtung umfaßt.

Es lassen sich freilich Ausnahmen denken, besonders im Falle des übergesetzlichen Notstandes. Wenn jemand unter Todesdrohung oder um das Leben eines anderen zu retten, einen Meineid schwört, wird man den Täter nicht für verpflichtet halten, die Wahrheit zu sagen. Trotzdem läßt sich schwerlich behaupten, daß die Behörde in einem solchen Fall zur Eidesabnahme „unzuständig" sei. Infolgedessen braucht auch bei einer derartigen Sachlage aus dem Bewußtsein der Zuständigkeit nicht das Wissen des falsch Schwörenden um die Rechtswidrigkeit seines Tuns zu folgen[75].

Solche Ausnahmen ändern aber nichts an dem Grundsatz, daß im normalen Fall auch bei diesem Merkmal sich seine Kenntnis von der Pflichtkenntnis nicht trennen läßt.

e) Das gleiche Charakteristikum zeigt auch der Begriff der „Rechtsgültigkeit" in § 110 StGB. Wem bekannt ist, daß eine Verordnung „rechtsgültig" ist, der kann nicht der Ansicht sein, daß es rechtlich gestattet sei, zum Ungehorsam dagegen aufzufordern[76]. Und umgekehrt: Wer zum Ungehorsam gegen eine — wie er weiß — rechtsgültige Verordnung aufruft, weiß zugleich, daß er damit rechtswidrig handelt.

f) Entsprechendes gilt für die „Verbindlichkeit" und die „Eigenmächtigkeit" im Wehrstrafrecht. Wenn jemand weiß, daß der Befehl, dem er zuwiderhandelt, „verbindlich" ist oder daß er die Truppe „eigenmächtig" (d. h.: ohne Berechtigung) verläßt, hat er zugleich das Bewußtsein der Rechtswidrigkeit.

2. Vorläufige Charakterisierung

Alle bisher aus dem Kreise der Welzelschen Rechtspflichtmerkmale beigebrachten Beispiele haben — wie sich herausgestellt hat — eines gemeinsam, das sie vor gewöhnlichen Tatumständen (auch rechtlich-normativer Art) auszeichnet: Die Kenntnis eines solchen Merkmals bringt dem Täter entweder immer (vgl. oben 1 a, b, f, evtl. c) oder doch wenigstens im Regelfall (oben 1 d, e) die formelle Rechtswidrigkeit seines Tuns mit logischer Notwendigkeit zum Bewußtsein, während sonst weder einzelne Tatumstände noch ihre Gesamtheit notwendig geeignet sind, dem Täter das Bewußtsein der Rechtswidrigkeit zu vermitteln. Wenn man den Ausdruck „Rechtspflichtmerkmal" (anders als Welzel) so versteht, daß damit alle Merkmale gemeint sind, die den Täter unmittelbar seine Rechtspflicht erkennen lassen, so ist diese Benennung in den erörterten Fällen durchaus zutreffend. Man könnte diese Merkmale auch, weil sie neben ihrer beschreibenden Funktion[77] im Normalfall die sonst dem Rechts-

[75] Eine ähnliche Ausnahmesituation lag auch in BGHSt 5, 118 vor; (ein Opfer des Nationalsozialismus glaubte, aus besonderen rechtlichen Gründen eine vorangegangene Verbindung zur NSDAP verneinen zu dürfen).

[76] Dabei muß von dem seltenen und hier schwer denkbaren Fall des übergesetzlichen Notstandes wieder abgesehen werden.

[77] Siehe dazu schon oben S. 58—61 und noch unten S. 132—139.

widrigkeitsurteil vorbehaltene Gesamtbewertung der Tat in sich schließen, als „gesamttatbewertende" oder „rechtswidrigkeitsumschließende" Umstände bezeichnen. Diese drei Ausdrücke werden im folgenden gleichbedeutend und — wenn nichts anderes vermerkt wird — im oben dargelegten Sinne gebraucht.

Wenn man die Rechtspflichtmerkmale in der umschriebenen Bedeutung als eine von den Tatumständen prinzipiell unterscheidbare Gruppe erfaßt, ergibt sich sogleich die Frage, ob sie trotz dieser Unterschiede wegen mancher Gemeinsamkeiten noch zum Tatbestand zu rechnen oder wegen ihrer Andersartigkeit zur Rechtswidrigkeit zu zählen sei. Eine abschließende Antwort ist an dieser Stelle noch nicht möglich; denn eine Lösung der durch die Rechtspflichtmerkmale aufgegebenen Probleme ist nur denkbar vom Boden einer sachgerechten Irrtums-, Versuchs- und Tatbestandslehre, deren Entwicklung später erfolgen wird. Im Augenblick geht es nur darum, wie die Rechtspflichtmerkmale s i n d, nicht, wie sie behandelt werden sollen.

Mit diesem Vorbehalt läßt sich folgendes sagen: Wenn man, wie Welzel es grundsätzlich tut, Merkmale tatbeschreibenden Charakters zum Tatbestande rechnet, so gehören die Rechtspflichtmerkmale, die sich insoweit nicht von den normativen Tatumständen unterscheiden[78], zum Tatbestande. Zählt man sie aber dazu und läßt sie vom Vorsatz umfaßt sein, so sind sie gegenüber allen anderen (selbst rechtlich-normativen) Tatumständen dadurch charakterisiert, daß ihre Kenntnis dem Täter in den meisten Fällen das Verbotene seines Tuns mit logischer Zwangsläufigkeit klar macht. Dieser Wesenszug der Rechtspflichtmerkmale, im Regelfall das rechtliche Unwerturteil über die Gesamttat in sich aufzunehmen, ist allerdings eine Eigenheit, die nach Welzels Lehre[79] und auch nach der sonst überwiegenden Meinung ihre Zugehörigkeit zur Rechtswidrigkeit begründen müßte. Die Rechtspflichtmerkmale haben also ein doppeltes Gesicht: Einerseits beschreiben sie die Tat, andererseits bergen sie zugleich das Rechtswidrigkeitsurteil in sich.

Es ist das große Verdienst von Welzel und Armin Kaufmann, ihren Sondercharakter zum ersten Mal ans Licht gehoben zu haben. Ihre Auffassung, daß es sich um reine Bestandteile der Rechtswidrigkeit handelt, vermögen wir jedoch schon nach den bisherigen Untersuchungen auch dann nicht zu teilen, wenn wir uns auf den Boden ihrer eigenen Begriffsbestimmungen stellen[80]. Es handelt sich vielmehr um Umstände, in denen beschreibende und die rechtliche Bewertung der Gesamttat enthaltende, d. h. nach Welzels eigenen Prä-

---

[78] Siehe oben S. 58—61.

[79] vgl. etwa LB S. 47 (6).

[80] Das zweite Kapitel dieses Teiles: „Intrasystematische Kritik" wird noch wesentlich mehr Material dafür aufbringen, daß diese Merkmale nach den Grundgedanken des finalistischen Systems — zumindest a u c h — zum Tatbestand gehören müssen.

missen: Elemente des Tatbestandes und der Rechtswidrigkeit, eng ineinander verschlungen sind[81]. Das ist weder von Welzel erkannt worden noch von jenen Kritikern seiner Lehre, die die „Rechtspflichtmerkmale" wegen ihrer Gemeinsamkeiten mit den Tatumständen als gewöhnliche Tatbestandsmerkmale ansehen. Nur Henkel hat jüngsthin, ohne freilich auf das Problem der Rechtspflichtmerkmale ausdrücklich einzugehen, diese Sachlage in dem Sonderfall der Erfolgsabwendungspflicht bei den unechten Unterlassungsdelikten klar durchschaut. Er schreibt[82]: Bei den unechten Unterlassungsdelikten fällt „die Feststellung der Tatbestandsmäßigkeit mit derjenigen der Rechtswidrigkeit zusammen. ... Die Pflichtverletzung begründet zugleich den Unrechtsgehalt des Verhaltens, so daß Tatbestandsmäßigkeit und Rechtswidrigkeit hier untrennbar miteinander verknüpft sind".

Das ist genau die Folgerung, zu der man über diesen Einzelfall hinaus auch bei den anderen erwähnten Rechtspflichtmerkmalen[83] kommen muß, wenn man dem Tatbestand eine individualisierende und dem Rechtswidrigkeitsurteil eine bewertende Funktion zuschreibt. Ob und inwieweit man das tun muß, wird freilich noch zu prüfen sein. Darum muß es hier mit dieser vorläufigen Charakterisierung sein Bewenden haben.

3. Abweichende und hinzukommende Fälle

Allerdings liegt die aufgewiesene Besonderheit nicht bei allen von Welzel als Rechtswidrigkeitselement bezeichneten Merkmalen vor. Aus dem Rahmen der als „Rechtspflichtmerkmale" in unserem Sinne anzusehenden Umstände fallen folgende Beispiele heraus:

a) Die Tatbestände, die bestimmte Handlungen unter Strafe stellen, wenn sie „ohne polizeiliche bzw. behördliche Erlaubnis oder Genehmigung" erfolgen[84]. Hier braucht jemand, der etwa Selbstgeschosse legt (§ 367, Ziff. 8) und dabei weiß, daß er keine polizeiliche Erlaubnis hat, nicht unbedingt das Bewußtsein der Rechtswidrigkeit zu haben, weil ihm unbekannt sein kann, daß eine solche Erlaubnis erforderlich ist. Um diese Tatbestände den rechtswidrigkeitsumschließenden artgleich zu machen, müßte man in allen Fällen stillschweigend das Wort „erforderlich" in die Tatbeschreibung einfügen, wie es der Gesetzgeber selbst etwa in § 367 Ziff. 4[85] und Ziff. 15[86] getan hat. Das Wissen, ohne eine erforderliche rechtliche Erlaubnis zu handeln, schließt das Bewußtsein der Rechtswidrigkeit in sich. Ob

---

81 Deshalb können wir auch die von Welzel neuerdings bevorzugte Bezeichnung dieser Umstände als „reine Rechtswidrigkeitsmomente" nicht übernehmen.
82 Mezger-Festschrift, S. 280.
83 Wobei allerdings, wie gezeigt wurde, in einigen Fällen von seltenen Ausnahmesituationen (übergesetzlicher Notstand!) abgesehen werden muß.
84 Vgl. oben S. 7.
85 „ohne die vorgeschriebene Erlaubnis".
86 „eine Ausbesserung, wozu die polizeiliche Genehmigung erforderlich ist".

man freilich den Tatbestand dieser Bestimmungen in allen Fällen so erweitern darf, ist eine Frage, die hier noch nicht zu klären ist. Solange man es nicht tut, steht die eben besprochene Gruppe, die dann nur einen Rechtfertigungsgrund im überlieferten Sinne enthält, etwas außerhalb der übrigen Rechtspflichtmerkmale.

b) Die schon oben[87] als atypisch erkannten §§ 240 II und 253 II StGB.

Sie vermitteln dem Täter nur das Bewußtsein der sozialen Verwerflichkeit (wenn man so will: der materiellen Rechtswidrigkeit) seiner Tat, sagen über das Verbotensein seiner Handlung aber nichts aus: Nicht alle sozial verwerflichen Handlungen sind vom Recht verboten. Das Merkmal des Verstoßes gegen eine Rechtspflicht ist in ihnen nicht enthalten. Sie gehören daher nicht zur Gruppe der von uns als Rechtspflichtmerkmale angesehenen Umstände.

Das gleiche gilt für die Fälle der sozialen Adäquanz, die Welzel allerdings selbst nicht ausdrücklich zu den Rechtspflichtmerkmalen zählt. Wer eine Handlung für sozial inadäquat hält, braucht nicht notwendig um ihr Verbotensein zu wissen.

c) Eine Ausnahme machen schließlich noch die von Welzel (anders als von Armin Kaufmann) jetzt auch nicht mehr als Rechtswidrigkeitsmomente angesehenen Tätermerkmale und die rechtliche Qualifizierung der Vortat bei der Begünstigung.

Wer seine Beamteneigenschaft kennt, braucht, selbst wenn man dazu das Bewußtsein einer gesteigerten Treupflicht verlangt, sich über seine Pflicht im konkreten Fall nicht klar zu sein. Das ist schon eingehend dargelegt worden[88]. Es gilt erst recht für die anderen Tätermerkmale.

Ein Sonderproblem bietet noch die Kenntnis der Vortat bei Begünstigung und Hehlerei. Diese Fälle werden auch von Welzel nicht bei den eigentlichen Rechtspflichtmerkmalen abgehandelt[89], sondern nur als „Höhenmarken der Rechtswidrigkeit" gekennzeichnet. Sie fallen auch aus dem Rahmen unserer rechtswidrigkeitsumschließenden Merkmale heraus: Wer das Verbotensein oder die Strafbarkeit der Vortat kennt, braucht sich nicht notwendig des Verbotenseins der Begünstigung bewußt zu sein — wenn auch diese Kenntnis praktisch meist vorliegen wird.

d) Auch die Fahrlässigkeitsdelikte sind durch unsere Charakterisierung verständlicherweise nicht zu erfassen, weil bei ihnen Vorsatz und Unrechtsbewußtsein fehlen und daher auch nicht zusammenfallen können.

Die aufgezählten Fälle lassen sich mit der durch gemeinsame Merkmale gekennzeichneten, vorher erörterten Gruppe der gesamttatbewertenden Umstände nicht unter einen gemeinsamen Begriff bringen. Andererseits lassen sich Umstände finden, die zwar von

---

87 Vgl. S. 76.
88 Oben S. 66—68.
89 Vgl. LB S. 73, 148/49 (6).

Welzel nicht als Rechtspflichtmerkmale angesehen werden, die aber trotzdem alle Kennzeichen der rechtswidrigkeitsumschließenden Merkmale aufweisen. Das sollen nur wenige Beispiele zeigen:

Einen echten rechtswidrigkeitsumschließenden Umstand stellen die Worte „unter Verletzung fremden Jagdrechts" in § 292 StGB dar. Wenn einer weiß, daß er ein „Recht" des anderen zur Aneignung des Wildes „verletzt", ist er sich des Verbotenseins der Tat bewußt. Nach Welzel soll allerdings bei vereinbarter Wildfolge oder bei wirksam erteilter Jagderlaubnis dennoch eine „Verletzung" fremden Jagdrechts vorliegen, die lediglich gerechtfertigt sei[90]. Dem kann aber nicht gefolgt werden: Wer eine Berechtigung zum Jagen in fremden Revieren hat, „verletzt" kein fremdes Jagdrecht. Es ist daher durchaus berechtigt, wenn dieser Fall immer wieder als Beispiel für die Vertauschbarkeit von Tatbestandsmäßigkeit und Rechtswidrigkeit genannt wird[91].

Ähnlich liegt es auch bei den subjektiven Tatbestandselementen, die — wenigstens wenn man der bisherigen Auffassung folgt — in ziemlich unverhüllter Weise das Bewußtsein der Rechtswidrigkeit zum Bestandteil des subjektiven Tatbestandes machen. So muß der Dieb die Absicht haben, sich die Sache „rechtswidrig zuzueignen" (§ 242); der Erpresser (§ 253) und der Betrüger (§ 263) müssen mit der Absicht handeln, „sich oder einen Dritten zu Unrecht zu bereichern" bzw. „sich oder einem Dritten einen rechtswidrigen Vermögensvorteil zu verschaffen". Wer diese im Gesetz erwähnten Absichten hat, kann sich auf sein fehlendes Unrechtsbewußtsein mit Sicherheit nicht berufen. Insofern gleichen diese Bestimmungen den von uns herausgestellten. Es ist daher nicht überraschend, wenn Welzel in allen drei Fällen den tatbestandlichen Charakter dieser Wendungen leugnet[92]. Der Unterschied zu den Rechtspflichtmerkmalen besteht allein darin, daß sie nicht der objektiven Tatbeschreibung eingefügt, sondern vom Gesetz ausdrücklich mit der Absicht des Täters verknüpft worden sind.

Zu den Rechtspflichtmerkmalen in unserem Sinn gehört auch der Begriff des Steueranspruchs, dessen Verkürzung nach der von der Praxis befolgten Auslegung den Tatbestand des § 396 RAbgO ausmacht[93]. Wenn einer weiß, daß der Staat einen konkreten Steueranspruch gegen ihn hat, kann er nicht der Meinung sein, die ihm bekannte Zahlungsverpflichtung nicht erfüllen zu müssen. Trotzdem sieht Welzel das Bestehen des Steueranspruchs nicht als Rechtswidrigkeitsmoment, sondern als Tatumstand an[94].

Diese — nicht erschöpfenden — Beispiele zeigen, daß Welzels Rechtspflichtmerkmale und unsere rechtswidrigkeitsumschließenden

---

[90] LB S. 295 (6).
[91] Vgl. zuletzt Schröder, MDR 1951, S. 388.
[92] LB S. 284, 305/306, 309 (6).
[93] Vgl. dazu Welzel, NJW 1953, S. 486—488.
[94] NJW 1953, S. 486, 487.

Umstände sich weder ihrer Kennzeichnung noch ihrem Umfange nach vollständig decken. Da aber Welzels Rechtswidrigkeitsmomente, wie unsere eingehende Prüfung ergeben hat, eine durchgehende gemeinsame Besonderheit gegenüber den anderen Tatumständen nicht aufweisen, müssen wir uns damit begnügen, wenigstens für den größeren und wichtigsten Teil seiner Rechtspflichtmerkmale ein sicheres Begriffskriterium gefunden zu haben, mit Hilfe dessen später eine Lösung der sich aus diesen Merkmalen ergebenden schwierigen Irrtums- und Versuchsprobleme entwickelt werden kann.

4. Zusammenfassung

Als Ergebnis können wir festhalten: Das Wesen der Rechtspflichtmerkmale liegt nicht in den von Welzel und Armin Kaufmann hervorgehobenen Eigenheiten — insofern müssen wir der Kritik recht geben, die von einer nur „angeblichen" Besonderheit dieser Merkmale spricht[95]. Es liegt vielmehr darin, daß die Kenntnis eines solchen Merkmals im Regelfall notwendig mit der Verbotskenntnis zusammenfällt. Die Rechtspflichtmerkmale umschließen — obwohl sie tatbeschreibenden Charakter haben — gleichzeitig die Rechtswidrigkeit. Bei dieser Kennzeichnung müssen allerdings einige von Welzel angeführte Rechtswidrigkeitsmomente aus dem Kreise der Rechtspflichtmerkmale in unserem Sinne ausscheiden, während einige andere Umstände hinzukommen.

Damit ist die Begriffskritik abgeschlossen. Der praktischen Behandlung der nunmehr klar gekennzeichneten Rechtspflichtmerkmale werden wir uns im dritten Kapitel widmen. Vorerst wenden wir uns der intrasystematischen Kritik und damit der Stellung der Rechtspflichtmerkmale im finalistischen System zu.

Zweites Kapitel

Intrasystematische Kritik

A. WIDERSPRÜCHE IM SYSTEM

I. Die offenen Tatbestände und der personale Unrechtsbegriff

Die Einbeziehung des Vorsatzes in den Handlungsbegriff und damit in den Tatbestand hat auch der Unrechtslehre eine neue Grundlage gegeben. Im Gegensatz zu der früher herrschenden Auffassung, wonach sich das Unrecht in der vom Willensinhalt des Täters völlig unabhängigen bloßen Rechtsgutsverletzung erschöpft, hat Welzel den sich aus den Grundansätzen der finalen Handlungslehre folgerichtig

---

[95] Mezger, LK, 8. Aufl., § 59 I, 3, S. 477.

ergebenden sog. personalen Unrechtsbegriff entwickelt[96]. Danach ist die vom Täter herbeigeführte Rechtsgutsverletzung, der Sachverhalts-(Erfolgs)unwert, zwar ein für die Bestimmung des Unrechts nicht unwesentlicher Faktor; er tritt aber an Bedeutung weit zurück hinter jenem Unwert, der in der auf die Rechtsgutsverletzung gerichteten inneren Einstellung des Täters liegt. Nicht in dem Erfolgs- oder Sachverhaltsunwert, der im Einzelfall auch fehlen kann (z. B. beim untauglichen Versuch), sondern in dem Akt- oder Handlungsunwert, der sich im „Abfall von den Grundwerten rechtlichen Handelns"[97] bekundet, besteht der Kern des Unrechts. „Rechtswidrig ist die Tat nur als Werk eines bestimmten Täters, der durch seinen Willensinhalt der Tat seinen Stempel aufdrückt"[98].

Diese Lehre ist mit der Konstruktion der offenen Tatbestände schwer zu vereinbaren, denn:

Die Unrechtsverwirklichung hängt nach der finalen Handlungslehre in den meisten Fällen von der inneren Einstellung des Täters nur insoweit ab, als ihm die auf der objektiven Tatseite gelegenen Tatumstände bekannt sein müssen. „Unrecht" ist nach der Auffassung Welzels ein das Objekt der Wertung und die Wertung zusammenfassendes Gebilde, „das rechtswidrige Verhalten selbst"[99]. Subjektive Momente gehen in den Begriff des Unrechts im allgemeinen nur dann ein, wenn sie bereits im Tatbestand, dem Objekt der Wertung, enthalten sind. Aus diesem Grunde könnte der personale Unrechtsbegriff sich an den offenen Tatbeständen nur bewähren, wenn sie so ausgestaltet wären, daß die Kenntnis der ihnen unterfallenden Tatumstände die zwecktätige Zielsetzung, die Einstellung des Täters hervortreten ließe. Das ist aber gerade bei den offenen Tatbeständen nicht der Fall. Da ihnen bestimmungsgemäß jede Beziehung zum Unrecht fehlt, kommt durch ihre bewußte Verwirklichung ein „gesinnungsmäßiger Aktunwert"[100] keineswegs zum Ausdruck.

Es darf allerdings nicht übersehen werden, daß wir es nicht mit einem personalen Tatbestandsbegriff, sondern mit einem personalen Unrechtsbegriff zu tun haben. Die Farblosigkeit des Tatbestandes wäre für den personalen Unrechtsbegriff unschädlich, wenn es gelänge, die Rechtswidrigkeit mit „gesinnungskennzeichnenden" subjektiven Elementen aufzufüllen. Nach der überwiegenden Lehre finden sich subjektive Unrechtselemente, die nicht zugleich subjektive Tatbestandselemente sind, nur in Ausnahmefällen[101]: man denke etwa an den Verteidigungswillen bei der Notwehr. Es ist jedoch

---

[96] Vgl. nur LB S. 56/57 (6) und neuestens die ungedruckte Göttinger Dissertation von Hermann Lampe: Über den personalen Unrechtsbegriff im Strafrecht, die einen guten dogmengeschichtlichen Überblick liefert, auf die hier behandelte Problematik aber nicht eingeht.

[97] LB S. 2/3 (6).

[98] LB S. 52 (5); ebenso, aber ohne den letzten Halbsatz, S. 56 (6).

[99] LB S. 48 (6).

[100] Niese, Finalität, Vorsatz und Fahrlässigkeit, S. 26.

[101] weshalb auch beide Ausdrücke oft als gleichbedeutend gebraucht werden.

kennzeichnend und für uns eigentlich nicht mehr überraschend, daß gerade Welzel in allerjüngster Zeit gewisse subjektive Rechtfertigungselemente einzuführen bestrebt ist: In § 240 II StGB soll die Rechtswidrigkeit von dem subjektiv erstrebten Zweck des Täters abhängen, der auf die Tatbestandserfüllung keinen Einfluß hat[102]; bei den Sonderdelikten war die Kenntnis des pflichtbegründenden Lebensverhältnisses Voraussetzung der Rechtswidrigkeit[103]; und bei den unechten Unterlassungsdelikten war die Handlung nur rechtswidrig, wenn der Täter seine Garantenstellung kannte[104]. In allen drei Fällen konnten subjektive Fehlvorstellungen des Täters, die die objektive und subjektive Tatbestandserfüllung unberührt ließen, die Rechtswidrigkeit ausschließen. Diese Konstruktion mochte ungewöhnlich und vielleicht unrichtig sein: Sie tat jedenfalls dem personalen Unrechtsbegriff genüge und schlichtete den Widerspruch zwischen ihm und der Konstruktion der offenen Tatbestände. Auf diese Weise wird — im Hinblick auf den personalen Unrechtsbegriff — dasselbe erreicht wie mit der neuesten Lehre Welzels, nach der die täterschaftlichen Merkmale und die eine Garantenpflicht begründenden Umstände sogar wieder zum Tatbestand gehören[105].

Das ändert freilich nichts daran, daß in der bei weitem größeren Zahl von Deliktsbestimmungen der (in Bezug auf das Unrecht) „wertfreie" offene Tatbestand der Ergänzung durch subjektive Rechtswidrigkeitselemente entbehrt. Bei ihnen gilt die oben getroffene Feststellung, daß der subjektive Gehalt des Unrechts sich in den subjektiven Tatbestandselementen erschöpfe, uneingeschränkt. In diesen Fällen tritt der Zwiespalt klar zutage: Es ist nicht ersichtlich, wieso sich aus der Feststellung des Unrechts ergeben soll, „welche Zielsetzung er (scil. der Täter) der objektiven Tat zwecktätig gegeben, aus welcher Einstellung heraus er sie begangen hat"[106]. So braucht z. B. nach der Lehre von den Rechtspflichtmerkmalen der Täter in § 368, Ziff. 9, um tatbestandlich-rechtswidrig (= unrecht) zu handeln, lediglich zu wissen, daß er über Gärten geht. Alle anderen das Unrecht begründenden Momente sind rein objektiver Natur und brauchen vom Vorsatz des Täters nicht umfaßt zu sein. Man fragt sich vergeblich, wieso der Täter, der weiter nichts weiß, als daß er über Gärten geht, durch diesen „Willensinhalt der Tat seinen Stempel aufdrückt"[106]. Genau so liegt es auch sonst bei den offenen Tatbeständen: Wer einem Beamten Widerstand leistet, weil er irrtümlich Umstände annimmt, die, wenn sie vorlägen, die Rechtswidrigkeit der Beamtenhandlung begründen würden; wer in der irrigen Annahme, eine polizeiliche Erlaubnis zu besitzen, eine Feuerstätte in seinem Hause errichtet (§ 368 Ziff. 3); wer vor einer Behörde die Angabe

102 s. o. S. 19/20.
103 s. o. S. 26/27.
104 s. o. S. 31/32.
105 s. o. S. 27 und S. 32.
106 LB S. 56 (6).

seines Namens verweigert, weil er fälschlicherweise glaubt, vor einer staatlichen Stelle zu stehen, die, wenn er wirklich vor ihr stünde, keinerlei Zuständigkeit zur Aufnahme der Personalien gehabt hätte — der wird in allen diesen Fällen von Welzel wegen vorsätzlicher tatbestandsmäßig-rechtswidriger Tat zur Verantwortung gezogen, obwohl sein Vorgehen zwar einen Erfolgs-, aber keinen spezifischen Handlungsunwert aufweist. Das Unrechtsurteil wird nicht, wie Welzel es verlangt, „maßgeblich" dadurch bestimmt, welche „Einstellung" der Täter zu seiner Tat hatte und welche „Zielsetzung" er verfolgte[107], sondern es wird unabhängig von den Vorstellungen des Täters nach rein objektiven Kriterien gefällt.

Hier zeigt sich wieder sehr deutlich, daß die offenen Tatbestände zu einer Objektivierung der Unrechtslehre und damit zu einer Annäherung an die überkommene Doktrin führen, die die Außen- und Innenseite der Tat mehr oder weniger reinlich getrennt zwischen Rechtswidrigkeit und Schuld aufteilen wollte[108]. Der dadurch auftretende Riß im finalistischen System ist nur in einigen Fällen durch die Einführung subjektiver Rechtfertigungselemente verdeckt worden.

Mit Argumenten, die den hier verwendeten teilweise ähneln, haben insbesondere Schaffstein[109] und Lang-Hinrichsen[110] vom personalen Unrechtsbegriff her die Notwendigkeit einer Einbeziehung der Rechtfertigungsmerkmale als negative Tatbestandsmerkmale in den Tatbestand zu begründen versucht. Lang-Hinrichsen kommt dabei sogar einmal auf den offenen Tatbestand des § 113 zu sprechen und meint ganz im Sinne unserer Gedankenführung, daß es von den Grundlagen der finalen Handlungslehre aus „nicht zutreffend" sei, „das Merkmal der Rechtmäßigkeit der Amtsausübung ... aus dem Tatbestand auszugliedern"[111].

Der als notwendige Konsequenz des personalen Unrechtsbegriffs von Schaffstein[112] aufgestellte Satz: „Alles, was nach dem jeweiligen Tatbestand für die strafrechtliche Bewertung des Vorganges bedeutsam ist, muß vom Handlungswillen erfaßt werden", ist gleichermaßen geeignet, den Charakter der Rechtfertigungsmerkmale wie der Rechtspflichtmerkmale als Tatumstände zu begründen. Hierin zeigt sich eine Parallele zwischen negativen Tatbestandsmerkmalen und Rechtspflichtmerkmalen, auf die wir noch mehrfach stoßen werden. Allerdings ist der Widerspruch bei den Rechtspflichtmerkmalen krasser. Bei den geschlossenen Tatbeständen kennt der Täter, über dessen Handlung das Rechtswidrigkeitsurteil gefällt wird, immerhin die Umstände, die typischerweise das Unrecht der Tat begründen, während bei den offenen Tatbeständen nicht einmal das der Fall zu sein braucht.

107 LB S. 56 (6).
108 s. o. S. 35 ff.
109 MDR 1951, S. 196—200.
110 JR 1952, S. 184 ff.
111 a. a. O., S. 186.
112 a. a. O., S. 198.

Die oben zitierten kritischen Stimmen haben Welzel veranlaßt, sich dazu zu äußern, warum der personale Unrechtsbegriff ihn nicht zu einer Annahme der Lehre von den negativen Tatumständen zwinge[113]. Wir müssen uns mit seiner Begründung an dieser Stelle auseinandersetzen, weil sie, wenn sie durchgriffe, auch für die Rechtspflichtmerkmale gelten könnte. Er schreibt: „Der Handlungsunwert der vorsätzlichen Delikte besteht darin, daß der Täter die objektiven Tatbestandsmerkmale vorsätzlich verwirklicht. Ob diese vorsätzliche Tatbestandsverwirklichung Unrecht ist, bestimmt nicht die Meinung des Täters, sondern die Rechtsordnung".

Diese Begründung kann — besonders im Hinblick auf die offenen Tatbestände — nicht überzeugen. Schon bei der Auffassung, die Welzel von den geschlossenen Tatbeständen hat, ist sie sehr bedenklich. Sollen wirklich Handlungen wie die Tötung eines Angreifers in Notwehr oder Putativnotwehr oder eines Feindes im Kriege den gleichen Handlungsunwert aufweisen wie ein gewöhnlicher Totschlag? Selbst bei einer gerechtfertigten Notwehrhandlung verwirklicht doch der Täter „die objektiven Tatbestandsmerkmale vorsätzlich". Wenn dadurch allein der Handlungsunwert begründet werden soll, verschwindet der Sinn dieses Wortes ins Wesenlose.

Das gilt in verstärktem Maße für die offenen Tatbestände. Nach Welzels Worten müßte der Handlungsunwert des § 367 Ziff. 11 allein im Halten eines wilden Tieres liegen; in § 360 Ziff. 9 bestünde er in der Errichtung einer Versicherungsanstalt, in § 113 in der Widerstandleistung (unabhängig davon, ob der Beamte rechtmäßig handelte oder nicht). Hier liegt ein deutlicher Widerspruch: Auf der einen Seite sollen die offenen Tatbestände nicht einmal die Rechtswidrigkeit indizieren; auf der anderen Seite soll die Verwirklichung der Tatumstände dieser Bestimmungen den Handlungsunwert begründen. Das kann nicht sein: Die Verwirklichung einer noch nicht einmal unrechtsindizierenden Handlung kann unmöglich einen strafrechtlichen Handlungsunwert aufweisen. Es ist mit Händen zu greifen, daß der Handlungsunwert all dieser Delikte erst in d e n Umständen liegt, die Welzel aus dem Tatbestande herausnimmt: in der mangelnden polizeilichen Erlaubnis oder in den Sachverhalten, die die fehlende Befugnis, die Zuständigkeit der Behörde oder die Rechtmäßigkeit der Beamtenhandlung begründen. Welzel versucht zwar, seine Auffassung am Beispiel des § 284 StGB (Glücksspiel ohne behördliche Erlaubnis) zu erhärten, indem er sagt[114]: „... Der materielle Unrechtsgehalt des Glücksspiels besteht nicht in der (puren) Mißachtung des Staatswillens (Delikt gegen den ‚Bankhalter Staat'!), sondern in der Gefährdung der sittlichen Haltung des Volkes durch Erregung der Spielleidenschaft und in deren Ausbeutung. Die behördliche Erlaubnis beseitigt nicht diese Gefährdung usw., sondern

---

[113] Neues Bild, 2. Aufl., S. 55/56, Anm. 1 von S. 54.
[114] LB S. 71 (6).

hebt — aus bestimmten Gründen — die Rechtswidrigkeit dieser Gefährdung auf!"

Das Beispiel ist gut gewählt. Dennoch können wir der Argumentation Welzels nicht folgen. Die ehrenwerten Staatsbürger, die mit behördlicher Erlaubnis eine Tombola für wohltätige Zwecke veranstalten, würden aufs höchste verwundert sein, wenn man ihnen erklärte, daß ihr Vorgehen den gleichen Handlungsunwert oder „materiellen Unrechtsgehalt" aufweise wie ein mit Gefängnis bis zu zwei Jahren bedrohtes Delikt. In Wirklichkeit hängt der Handlungsunwert entscheidend davon ab, von wem und zu welchem Zweck das Glücksspiel veranstaltet wird: Diese Umstände aber sollen gerade durch das Erfordernis der behördlichen Erlaubnis eingehend geprüft werden. Auch dieses „ausgesuchte" Beispiel Welzels spricht also eher gegen als für seine Auffassung. Deshalb müssen wir festhalten: Eine rechtmäßige Handlung kann niemals den Handlungsunwert einer Strafbestimmung voll verwirklichen. Das wird auch durch einen Blick auf die von Welzel jetzt als tatbestandsmäßig angesehenen sozialadäquaten Handlungen bewiesen.

Das Ergebnis dieser Untersuchung läßt sich zusammenfassen in dem Satz: Die offenen Tatbestände widersprechen dem personalen Unrechtsbegriff, weil bei ihnen in den meisten Fällen das Unrechtsurteil über die zwecktätige Zielsetzung und Tateinstellung des Delinquenten noch nichts aussagt.

II. Die offenen Tatbestände und die Werthaltigkeit des Tatbestandes

Wir hatten oben gesehen, daß der Begriff der „Wertfreiheit" doppeldeutig ist. Der Tatbestand sei wertfrei, kann entweder bedeuten: Er enthält kein — wenn auch nur vorläufiges — Unwerturteil über die ihm unterfallende Tat; oder: Er ist rein deskriptiv. Es hatte sich gezeigt, daß Welzel zwar dazu neigt, den Tatbestand im Hinblick auf die Rechtswidrigkeit als wertfrei anzusehen, daß er ihn aber keineswegs auch in der zweiten Bedeutung des Wortes für wertfrei hält[115].

Im scharfen Gegensatz zum Naturalismus einer verklungenen Epoche betont Welzel, daß es sich bei dem in den Tatbeständen umschriebenen Geschehen nicht um „die sinnfreie Realität der Naturwissenschaft, sondern" um „die von Sinnbezügen durchzogene bedeutungshaltige Wirklichkeit des sozialen Lebens" handele[116]. Insofern kann man seinen Tatbestandsbegriff „werthaltig" nennen. Entsprechend muß auch der Vorsatz des Täters nicht nur die sinnlich wahrnehmbaren Elemente der Gegenstände und Vorgänge, sondern auch die nur geistig verstehbaren, darum aber nicht weniger realen Inhalte umfassen. „Die soziale Einschätzung der Tatumstände durch den Täter muß der juristischen des Gesetzes parallel gehen[116]. Der

[115] Vgl. hierzu schon eingehend oben S. 47—50.
[116] LB S. 65/66 (6).

Täter muß eine „Subsumtion nach Laienart" (Binding), eine „Parallelwertung in der Laiensphäre" (Mezger) vornehmen. — Näherer Erläuterungen zu diesem Punkt bedarf es angesichts der schon früher gegebenen Darstellung nicht.

An dieser Stelle kommt es uns darauf an, das Verhältnis der Welzelschen Auffassung von der Werterfülltheit des Tatbestandes in diesem Sinne zu seiner Lehre von den offenen Tatbeständen und damit zur völligen Wertfreiheit des Tatbestandes im anderen Sinne näher zu beleuchten. Zunächst sieht es so aus, als sei es ohne weiteres möglich, den Tatbestand einerseits für wertfrei im Hinblick auf die Rechtswidrigkeit, andererseits für werterfüllt im Hinblick auf seinen normativen Gehalt anzusehen. Der Umstand z. B., daß in dem bekannten „Bierdeckelfall"[117] der Täter wissen muß, daß die Striche auf dem Bierfilz die Menge des von ihm genossenen Bieres anzeigen sollen und daß sie auch im sozialen Leben als beweiskräftig angesehen werden, hat auf den ersten Blick gar nichts mit der Frage zu tun, ob die vom Täter herbeigeführte Tatbestandserfüllung eine zumindest vorläufige Unrechtsbewertung schon in sich schließt oder nicht.

Dennoch bestehen hier Zusammenhänge. Es ist kein Zufall, daß in der Entwicklung der Tatbestandslehre die Auffassung vom Tatbestand als der ratio essendi der Rechtswidrigkeit erst auf die Entdeckung der normativen Merkmale folgte und daß die Zahl ihrer Anhänger in demselben Maße anstieg als man erkannte, daß alle Tatbestandsmerkmale wenigstens in ihren Grenzbereichen in die normative Sphäre hineinragen. Gerade in neuerer Zeit wird von manchen Autoren die Verbindung zwischen den normativen Tatbestandsmerkmalen und dem Unrecht für so eng gehalten, daß sie die Unterscheidbarkeit von Tatbestand und Rechtswidrigkeit, die Möglichkeit der Trennung von Tatbestands- und Verbotsirrtum und damit die Brauchbarkeit und wissenschaftliche Haltbarkeit der Schuldtheorie überhaupt leugnen[118]. Dem kann an dieser Stelle noch nicht näher nachgegangen werden. Es wird aber später noch darauf zurückzukommen sein[119]. Hier sollen nur die offenen Tatbestände in ihrem Verhältnis zur Normativität abgehandelt werden. Dann ergibt sich der folgende eigenartige Widerspruch:

Wenn man mit Welzel der Meinung ist, daß das vom Vorsatz des Täters zu umfassende Geschehen eine unlösbare Einheit sinnlich wahrnehmbarer und nur geistig verstehbarer Elemente darstellt, so zieht man neben der naturwissenschaftlichen Dingwelt auch die Bedeutung und die Bedeutungszusammenhänge der Dinge untereinander in den Tatbestand hinein. Der Täter muß, um vorsätzlich zu handeln, nicht nur wissen, was man mit Augen sehen und mit Händen

---

[117] RG, Deutsche Strafrechtszeitung, 1916, Spalte 77.

[118] Schröder, ZStW, Bd. 65, 1953, S. 178 ff.; Lang-Hinrichsen, JR 1952, S. 303—307; vgl. auch Engisch, Mezger-Festschr., S. 127/28 und Arthur Kaufmann, Unrechtsbewußtsein, S. 169/70.

[119] Vgl. unten S. 184—187.

greifen kann, sondern er muß auch Wesen und Bedeutung einer Sache oder eines Vorganges im sozialen Raum in einer Weise erfassen, die derjenigen des Gesetzgebers entspricht, als er der betreffenden Handlung den Charakter rechtlichen Unwertes verlieh. Erst jetzt ist der Täter wahrhaft „sehend", während bei einem deskriptiven Tatbestande, der nur die naturwissenschaftlich erfaßbaren Bestandteile der Außenwelt zu Beziehungsobjekten des Vorsatzes macht, der tatbestandsmäßig Handelnde im Grunde „blind" ist[120]. Es ist Welzel in vollem Umfange darin zuzustimmen, daß ein solcher deskriptiver Tatbestand dem Wesen der Dinge und den Erfordernissen, die an eine strafrechtliche Zurechnung zum Vorsatz gestellt werden müssen, nicht gerecht wird. Hier zeigt sich der Zusammenhang zwischen einem „werthaltigen" Tatbestand und der Rechtswidrigkeit. Wenn die normativen Merkmale dem Täter die soziale Bedeutung seines Tuns zum Bewußtsein bringen, dann muß folgerichtig der sämtliche Tatumstände kennende Täter sich der Sozialschädlichkeit, d. h. der materiellen — wenn auch nicht der formellen — Rechtswidrigkeit seines Tuns bewußt sein[121]. Man sollte erwarten, daß Welzel dieser Beweisführung zustimmen würde: Auch er macht es ja zur Voraussetzung vorsätzlichen Handelns, daß der Geschehensablauf eine „Parallelbeurteilung im Täterbewußtsein" erfahre[122].

Um so eigenartiger ist es demgegenüber, daß Welzel mit seinen offenen Tatbeständen eine Wirkung erzielt, die dem bekämpften naturalistisch deskriptiven Tatbestand recht nahe kommt. Denn die offenen Tatbestände umschreiben wenigstens ihrer Konzeption nach (praktisch ist es etwas anders[123]), ganz neutrale Vorgänge. Wer sie kennt, hat den eigentlichen Sinn, der seiner Handlung im gesellschaftlichen Leben zukommt, noch keineswegs erfaßt. So erfüllt z. B. — um eine Bestimmung mit sehr geringer Indizwirkung herauszugreifen — jeder den Tatbestand des § 368 Ziff. 9 StGB, der über einen Garten geht. Wer in Gedanken versunken die Grenze zum Garten seines Nachbarn überschreitet und dabei glaubt, er befinde sich immer noch in seinem eigenen Garten, erfüllt dennoch vorsätzlich den Tatbestand dieser Übertretung und handelt auch rechtswidrig. Sein Irrtum bezieht sich lediglich auf das Rechtspflichtmerkmal „unbefugt" und muß nach den Regeln des Verbotsirrtums behandelt werden.

Es ist offenkundig, daß der Täter hier in Wahrheit „blind" ist. Um den sozialen Bedeutungsgehalt seiner Tat zu erfassen, müßte er zumindest wissen, daß er sich auf fremdem Grundstück bewegt. Ähn-

[120] Auf die Frage, ob vielleicht außerdem noch das Bewußtsein der formellen Rechtswidrigkeit hinzukommen müsse, um den Täter vollends „sehend" zu machen, soll hier, wie gesagt, noch nicht eingegangen werden.

[121] Die angedeuteten Zusammenhänge sind — freilich ohne Beziehung zur Lehre von den offenen Tatbeständen — besonders eindringlich herausgestellt worden von Arthur Kaufmann, Unrechtsbewußtsein, S. 169 ff. und JZ 1954, S. 654, Anm. 15. Vgl. dazu allerdings noch unten S. 118 ff., 155.

[122] Vgl. nur JZ 1954, S. 279.

[123] s. S. 54/55.

liche Beispiele kann man mit Hilfe aller anderen offenen Tatbestände bilden. Der Bürger, der dem rechtmäßigen Befehl eines Vollstrekkungsbeamten Widerstand leistet, weil er infolge eines Hörfehlers der Anordnung einen Inhalt beilegt, der sie, wenn sie ihn wirklich hätte, zu einer rechtswidrigen machen würde; derjenige, der vor einer zuständigen Behörde die Angabe seines Namens verweigert, weil er infolge einer falschen Auskunft irrigerweise vor einer Behörde zu stehen glaubt, die — wenn er wirklich vor ihr stünde — nicht berechtigt wäre, nach seinem Namen zu fragen — sie alle sind „blind", weil sie den Sachverhalt, der der gesetzlichen Wertung zugrundeliegt, zum Teil noch nicht einmal im äußerlich-naturalistischen Sinne und erst recht nicht seiner sozialen Bedeutung nach erfassen. Trotzdem handeln sie gemäß der Lehre von den offenen Tatbeständen tatbestandsmäßig-rechtswidrig und werden, wenn ihr Irrtum vermeidbar war (was meist der Fall sein wird), wegen vorsätzlichen Vergehens bestraft.

Es ist wohl nicht zu viel gesagt, wenn man darin einen Widerspruch zu der von Welzel sonst vertretenen Lehre von der Werterfülltheit des Tatbestandes erblickt. Welzel würde sich vielleicht darauf berufen, daß die Parallelbeurteilung im Täterbewußtsein nur für die einzelnen Tatumstände, nicht aber für die Rechtspflichtmerkmale und die Tat als ganze erforderlich sei. Aber damit würde der Widerspruch nicht aus der Welt geschafft. Es ist sinnlos, bei einzelnen Tatbestandsmerkmalen so großen Wert auf das volle Verständnis ihres sozialen Bedeutungsgehaltes zu legen, wenn das bei anderen Umständen (die er Rechtspflichtmerkmale nennt) und bei der Erfassung des Handlungsvorganges als ganzem überhaupt nicht erforderlich sein soll. Der Täter soll doch nur deshalb die normativen Elemente des Einzelmerkmals erkennen, damit ihm der soziale Sinn seiner Gesamthandlung klar werde. Die vom Standpunkt der normativen Elemente aus systemwidrige „Deskriptivierung" des wert- und bedeutungshaltigen Tatbestandes wird in diesen Fällen dadurch erreicht, daß der für die Bewertung der Tat entscheidende Umstand (die Rechtmäßigkeit der Amtsausübung des Beamten, die Zuständigkeit der Behörde usw.) mit allen seinen Voraussetzungen aus dem Tatbestand herausgenommen wird, so daß nichts übrig bleibt als die Beschreibung eines seiner wahren Bedeutung entkleideten harmlosen Geschehens.

Zum Abschluß sei darauf hingewiesen, daß, wie schon bei der Behandlung des personalen Unrechtsbegriffes[124], so auch hier ähnliche Argumente sich zur Stützung der Lehre von den negativen Tatumständen verwenden lassen. Auch derjenige, der jemanden verletzt, weil er sich irrigerweise von ihm angegriffen wähnt, erfaßt ja über die rein äußerliche Kenntnis der Tatsache hinaus, daß ein Mensch vor ihm steht, der diese oder jene Bewegungen macht, den wahren, nur geistig verstehbaren Gehalt des Vorganges nicht.

[124] Siehe oben S. 86—91.

Nur tritt — genau wie oben — der Widerspruch bei den offenen Tatbeständen noch klarer hervor. Im Falle der negativen Tatbestandsmerkmale kann Welzel sich immerhin darauf berufen, daß der Täter alle Umstände kenne, die in der Tatbeschreibung des einzelnen Paragraphen enthalten seien. Er sei sich daher auf jeden Fall darüber klar gewesen, daß er eine Handlung zu begehen im Begriffe sei, die aus den Ordnungen des sozialen Lebens in schwerwiegender Weise herausfalle. Dieses Argument entfällt bei den offenen Tatbeständen. Hier fehlt dem Tatbestande die unrechtsindizierende Funktion[125], und der nur die Tatbestandsmerkmale kennende Täter muß glauben, seine Handlung bewege sich vollkommen im Rahmen der sozialen Ordnung.

Wir können daher mit einem zusammenfassenden Satz sagen: Die offenen Tatbestände widersprechen der Lehre von der Werthaltigkeit des Tatbestandes, weil sie den Vorsatz von einer Parallelbeurteilung im Täterbewußtsein nicht abhängig machen.

III. Die offenen Tatbestände und die Verbotsmaterie

Die Unterscheidung von Tatbestand und Rechtswidrigkeit zieht nach der finalen Handlungslehre ihre Berechtigung aus dem logischen und sachlichen Gegensatz von Verbotsmaterie und Verbot, Objekt der Wertung und Wertung des Objekts, Gegenstand des Unwerturteils und Unwerturteil[126]. Die Frage, ob diese Trennung durch die offenen Tatbestände ihre Klarheit verliere, soll hier nur noch kurz behandelt werden, weil sie teilweise schon durch unsere Feststellung, daß auch die Rechtspflichtmerkmale tatbeschreibenden Charakter haben, beantwortet ist[127]. „Verbotsmaterie" oder Gegenstand des Verbots ist nämlich nach Welzel das im Tatbestand sachlich-gegenständlich umschriebene Verhalten[128].

Unsere Erkenntnis, daß die Rechtspflichtmerkmale zu dieser Tatbeschreibung beitragen, schließt die Folgerung in sich, daß sie, wenigstens soweit ihr beschreibender Charakter reicht, zur Verbotsmaterie gehören.

Diese Tatsache ist aber auch unabhängig davon leicht einzusehen: Ein Verhalten, von dem weiter nichts bekannt ist, als daß es einem

---

125 wenn man von den Einschränkungen dieses Grundsatzes (oben S. 54/55 ff.) einmal absieht.

126 Die Wendungen werden wechselnd und ungefähr gleichbedeutend gebraucht; die Bezeichnungen „Verbot" und „Verbotsmaterie" überwiegen, vgl. LB S. 46 (6); Moderne Probleme, S. 13/14; die Begriffe „Objekt der Wertung" und „Wertung des Objektes" werden im Anschluß an Dohna, Aufbau der Verbrechenslehre, hauptsächlich zur Trennung von Vorsatz und Vorwerfbarkeit benutzt, vgl. LB S. 122 (6); Neues Bild, 3. Aufl., S. 40; sie werden aber in wenig veränderter Form auch zur Entgegensetzung von Tatbestand und Rechtswidrigkeit verwendet, vgl. Neues Bild, 3. Aufl., S. 16; LB S. 47/48 (6). Vgl. auch Engisch, Mezger-Festschrift, S. 158.

127 Oben S. 58—61.

128 LB S. 46 (6).

offenen Tatbestand unterfällt, ist keineswegs schon Gegenstand einer Bewertung; es muß vielmehr vorher noch festgestellt werden, ob die anderen, von Welzel aus dem Tatbestand herausgenommenen unrechtsbegründenden Merkmale vorliegen. Erst wenn das alles im einzelnen aufgeklärt ist, läßt sich über den in vollem Umfang bekannten Sachverhalt ein Werturteil fällen.

Hier zeigt sich nun zum dritten Mal eine Parallele zwischen Rechtspflicht- und Rechtfertigungsmerkmalen. Auch zur Verteidigung der Lehre von den negativen Tatbestandsmerkmalen hat man sich darauf berufen, daß der lediglich unrechtsindizierende Tatbestand nur einen Teil der Verbotsmaterie umschreibe. Arthur Kaufmann[129] hat gegen Welzel eingewandt, „daß die Tötung eines Menschen eben noch gar nicht die vollständige Verbotsmaterie ist; Verbotsmaterie ist vielmehr erst die nicht durch eine Verteidigungs- oder Kriegsnotwendigkeit veranlaßte Tötung!"

Dieser Argumentation ist anstelle Welzels Armin Kaufmann entgegengetreten. Wir müssen auf seine Gedanken eingehen, weil sie für die offenen Tatbestände von unmittelbarer Aktualität sind. Nach seiner Meinung[130] „mißversteht Arthur Kaufmann die Formulierung, daß Gegenstand des Unrechtsurteils tatbestandsmäßiges Verhalten ist. Unterscheide ich das Urteil von seinem Gegenstande, so kann ich den Gegenstand sinnvollerweise nur mit einem anderen Begriff umschreiben als dem des Beurteiltseins; ich versuche vielmehr, seine allgemeine Struktur zu erfassen. So läßt sich der Gegenstand der ‚Rechtswidrigkeit' als menschliches Verhalten bezeichnen; niemand wird jedoch daraus den Schluß ziehen, alles menschliche Verhalten sei rechtswidrig! Wer die Lehre von den negativen Tatbeständen ablehnt, ist ferner in der Lage, den Gegenstand des Urteils ‚rechtswidrig' noch näher zu erfassen, nämlich als ‚tatbestandsmäßiges' Verhalten; auch hieraus darf niemand den Schluß ziehen, alles ‚tatbestandsmäßige' Verhalten sei ‚rechtswidrig'!"

Dagegen ist vom logischen Standpunkt aus nichts einzuwenden. Man kann den Bewertungsgegenstand beliebig weit fassen. Aber Armin Kaufmann verkennt das Wesen der Welzelschen Verbotsmaterie. Sie soll keineswegs nur einige, mannigfacher Einschränkung bedürftige Umstände angeben, sondern sie soll dem Bürger anzeigen, „welche Verhaltensweisen verboten sind"[131]. Mit einer Verbotsmaterie, die lediglich „menschliches Verhalten" umfaßt und folgerichtig zu der Norm führen müßte: „Du sollst dich nicht verhalten!" ist wahrlich niemandem gedient. Aber selbst die Kennzeichnung des Verbotsgegenstandes als tatbestandsmäßiges Verhalten reicht zumindest bei den offenen Tatbeständen nicht aus. Da sie ein nicht einmal unrechtsindizierendes Verhalten beschreiben sollen, kann der Tatbestand, also die Verbotsmaterie dieser Bestimmungen, dem Täter

---

129 JZ 1954, S. 656.
130 JZ 1955, S. 39/40.
131 Welzel, LB S. 46 (6).

logischerweise nicht sagen, was verboten ist. Insofern geht die Argumentation Armin Kaufmanns ins Leere. Bei den indizierenden Tatbeständen sagt die Welzelsche Verbotsmaterie dem Täter immerhin noch, was in der Regel verboten ist; bei den offenen Tatbeständen tut sie nicht einmal das mehr.

Wir können also feststellen: Die offenen Tatbestände widersprechen Welzels Auffassung vom Wesen der Verbotsmaterie, weil sie dem Täter keine klare und brauchbare Verhaltensnorm geben.

IV. Die offenen Tatbestände und Welzels Tatbestandskonzeption

Wir haben schon früher[132] gesehen, daß Welzels Auffassung vom Wesen und der Funktion des Tatbestandes mehrfache Wandlungen durchgemacht hat. Hier wollen wir uns nur mit seiner Tatbestandslehre in ihrer letzten und — wenigstens vorläufig — endgültigen Ausprägung beschäftigen. Danach ist es die Aufgabe des Tatbestandes, aus der Fülle der rechtlich unerheblichen Lebensvorgänge jene Handlungen herauszugreifen, die rechtlich relevant sind und damit strafrechtlicher Wertung — sei es als rechtmäßig oder rechtswidrig — unterliegen[133]. Damit ist, wenn auch in etwas abgeschwächter und vorsichtigerer Form, sachlich dasselbe gesagt wie mit der Bemerkung, bei Vorliegen der Tatbestandsmäßigkeit sei „bereits die erste materiale strafrechtliche Erheblichkeit einer Handlung festgestellt, nämlich daß sie aus den Ordnungen des sozialen Lebens schwerwiegend herausfällt"[134], denn ein anderes Kriterium für die Beurteilung der strafrechtlichen Relevanz einer Handlung kann es nicht geben[134a].

Diese Tatbestandskonzeption steht nun, wie man sofort sieht, in eindeutigem Widerspruch zur Lehre von den offenen Tatbeständen, welche rechtlich irrelevante Vorgänge beschreiben sollen, „die die Rechtswidrigkeit nicht von sich aus indizieren"[135]. Wie kann es Aufgabe des Tatbestandes sein, die den Ordnungen des sozialen Lebens in schwerwiegender Weise zuwiderlaufenden Handlungen aus der Fülle des rechtlich Irrelevanten herauszuheben, wenn in einer sehr großen Zahl strafrechtlicher Bestimmungen die Tatbestandshandlung sich völlig im Rahmen der gesellschaftlichen Ordnungen bewegt? Auf die Unvereinbarkeit dieser beiden Lehren Welzels hat bereits Lange[136] hingewiesen. Man kann sie nicht einmal dadurch in ein erträgliches Verhältnis zueinander bringen, daß man die offenen Tatbestände als Ausnahme von einer sonst allgemein gültigen Regel auffaßt. Denn

---

[132] vgl. oben S. 44 ff.

[133] ZStW, 67. Bd., 1955, S. 211, bes. Anm. 30, jetzt auch LB (6), S. 49—50.

[134] Neues Bild, 2. Aufl., S. 55, Anm. 1 zu S. 54.

[134a] In diesem Sinne jetzt auch der Welzel in allen Punkten folgende Fukuda, JZ 1958, S. 144 bei Anm. 8 u. 9.

[135] Neues Bild, 2. Aufl., S. 18.

[136] JZ 1953, S. 13; ebenso jetzt Schweikert, Wandlungen, S. 118.

erstens sind die offenen Tatbestände nach der Lehre Welzels zu häufig, als daß man sie noch als Ausnahmen bezeichnen könnte;
zweitens duldet eine das Wesen des Tatbestandes umschreibende Aussage keine Ausnahmen; ein Gebilde, das die Funktion nicht erfüllt, um derentwillen der Tatbestand eigentlich da ist, wäre eben kein Tatbestand mehr;
drittens tritt der Widerspruch bei sämtlichen Tatbeständen in den Fällen der sozialen Adäquanz auf[137], die nach Welzels neuerer Lehre den Tatbestand nicht mehr ausschließt[138]. Es bleibt unerklärlich, wie es möglich ist, daß die sozialadäquaten Handlungen, die nach Welzels eigenen Worten „sich völlig innerhalb des Rahmens der geschichtlich gewordenen sozialethischen Ordnung des Gemeinschaftslebens bewegen und von ihr gestattet werden"[138], gleichzeitig, da sie ja alle tatbestandsmäßig sind und daher dem Wesen des Tatbestandes genüge tun müssen, „aus den Ordnungen des sozialen Lebens in unerträglicher Weise herausfallen" sollen[139].

Angesichts dieser Unstimmigkeiten kann es ersichtlich nur zwei Möglichkeiten geben:

Entweder trifft es zu, daß die Merkmale, die die Rechtspflicht und die soziale Adäquanz konstituieren, nicht zum Tatbestand gehören. Dann sind Welzels Aussagen über das Wesen des Tatbestandes unrichtig. Außerdem entfällt das wichtigste Argument gegen die Lehre von den negativen Tatumständen[140].
Oder es ist richtig, daß das vom Tatbestand umschriebene Verhalten „niemals rechtlich irrelevant"[141] ist, sondern stets die sozialen Ordnungen in schwerwiegender Weise durchbricht. Dann ist die Konstruktion der offenen Tatbestände und die Annahme sozial adäquaten und gleichwohl tatbestandsmäßigen Verhaltens verfehlt.

Während in den bisher besprochenen drei Fällen die Konstruktion der offenen Tatbestände eine gewisse Parallelität zu der Behandlung aufwies, die Welzel den Rechtfertigungsmerkmalen angedeihen läßt, treten hier zum ersten Mal auch diese beiden Lehren Welzels in schroffen Gegensatz zueinander. Das hat seinen Grund in folgendem:

Welzels Auffassung, daß die sachlichen Voraussetzungen der Rechtfertigungsgründe Bestandteile der Rechtswidrigkeit seien, enthält bestimmte Tendenzen, die den Lehren vom personalen Unrecht, von der Werthaltigkeit des Tatbestandes und vom Wesen des Tatbestandes als Verbotsmaterie entgegenlaufen. Die Behandlung der

---

137 Vgl. darüber oben S. 8/9.
138 LB S. 73/74 (6).
139 Neues Bild, 2. Aufl., S. 54, Anm. 1.
140 Vgl. ZStW, 67. Bd., 1955, S. 208—213 und Lange, JZ 1953, S. 13.
141 ZStW a. a. O., S. 211, Anm. 13.

Rechtspflichtmerkmale nimmt diese Tendenzen auf, geht aber gleichzeitig noch erheblich über sie hinaus und läßt die Kluft zwischen den drei erwähnten Lehren und der Theorie der offenen Tatbestände unüberbrückbar werden[142]. In demselben Maße jedoch, in dem die Rechtspflichtmerkmale die in der Behandlung der Rechtfertigungsmerkmale angelegte Entwicklungslinie über sie hinaus verlängern, treten sie auch zu ihnen in Widerspruch. Der Hervorhebung dieses Umstandes dient die unter IV gegebene Darstellung.

B. ENTSPRECHUNGEN IM SYSTEM

Unsere Untersuchung hat ein zunächst überraschendes Ergebnis gebracht: Die Lehre von den offenen Tatbeständen ist keine notwendige Konsequenz der von Welzel vertretenen Grundanschauungen. Wenn man seine eng mit dem finalen Handlungsbegriff, dem tragenden Pfeiler des Gesamtsystems, verknüpften Lehren vom personalen Unrecht und die Thesen von der Werterfülltheit des Tatbestandes und seiner Eigenschaft als Verbotsmaterie folgerichtig zu Ende denkt, bleibt für offene Tatbestände kein Raum. Da außerdem noch seine eigene Tatbestandskonzeption[143] mit der Lehre von den offenen Tatbeständen nicht zu vereinbaren ist, drängt sich unabweisbar die Frage auf: Wie konnte überhaupt diese Lehre entstehen, wenn sie sogar in Welzels eigenem System einen Fremdkörper bildet? Welzels Behauptung, die Rechtspflichtmerkmale enthielten nur die konsequente Anwendung seiner Dogmatik auf bestimmte komplizierte Tatbestände[144], kann jedenfalls nach unseren bisherigen Ergebnissen nur mit größter Skepsis aufgenommen werden.

Andererseits ist es klar, daß eine solche Lehre im Gebäude der dogmatischen Konstruktionen ihres Schöpfers nicht völlig in der Luft hängen kann, sondern einen Standort haben muß, an dem sie in der Richtung wenigstens einiger dogmatischer Ansätze liegt. Hier sind folgende Punkte zu nennen:

I. Die offenen Tatbestände und die Schuldtheorie

Die Schuldtheorie beruht auf der scharfen Scheidung von Tatbestands- und Verbotsirrtum. Wenn es gelänge, eine klare Grenzziehung zwischen Tatbestand und Rechtswidrigkeit als unmöglich zu erweisen, so wäre die Schuldtheorie als dogmatisch fehlerhaft und praktisch unbrauchbar entlarvt. Diese tödliche Gefahr der Grenzverwischung droht von den Rechtswidrigkeitsmomenten, solange man sie, wie es früher auch Welzel vertrat, als Tatbestandsmerkmale ansieht. In diesem Falle lassen sich, wie schon ausführlich dargelegt worden ist[145], entweder immer oder doch in fast allen Situationen

---

[142] Darauf ist oben jeweils hingewiesen worden; vgl. S. 89/91, 94/95 und S. 96/97.
[143] Siehe oben unter IV.
[144] ZStW, 67. Bd., 1955, S. 225.
[145] Oben S. 76 ff.

Tatbestands- und Verbotsirrtum nicht mehr unterscheiden. Wer die Tatumstände des gesetzlichen Tatbestandes kennt, hat zugleich das Bewußtsein der Rechtswidrigkeit. Nach dieser Auffassung würde also die Frage der Rechtmäßigkeit der Täterhandlung bereits bei der Untersuchung des Tatbestandes entschieden. Diese Konsequenz würde, da die Rechtspflichtmerkmale sehr zahlreich sind, die Schuldtheorie in ihren Grundfesten erschüttern. Ein solches Ergebnis muß daher für eine auf der Trennung beider Irrtumsarten basierende Dogmatik unerträglich sein. Es läßt sich vermeiden, wenn man die Rechtspflichtmerkmale aus dem Tatbestand vollkommen herauszieht, denn nun bleibt für Tatbestands- und Verbotsirrtümer gleichermaßen Raum.

Es zeigt sich also, daß die Konstruktion der offenen Tatbestände der Schuldtheorie wertvolle Dienste leisten kann. Man wird nicht fehlgehen in der Annahme, daß die Irrtumslehre eine Keimzelle der offenen Tatbestände darstellt, obwohl Welzel diese Zusammenhänge nie aufgehellt hat[146]. Eine weitere Frage ist es, ob die Annahme reiner Rechtswidrigkeitsmomente die einzige und beste Lösung der Schwierigkeiten ist, in die die Schuldtheorie gestürzt wird, wenn man diese Umstände als Tatbestandsmerkmale ansieht. Schon die vorangegangenen Untersuchungen legen eine Verneinung dieser Frage nahe. Doch darüber wird später noch zu sprechen sein.

II. Die offenen Tatbestände und die Neigung zum Objektivismus

Es ist einer der ältesten und immer wiederholten Vorwürfe gegen die finale Handlungslehre, daß sie mit der Einbeziehung des Vorsatzes in den Tatbestand zu einer völligen Subjektivierung des Unrechts führe, indem sie die Frage, ob eine Handlung rechtswidrig sei oder nicht, in weitem Umfange von den Meinungen und Vorstellungen des Täters abhängig mache[147]. Der Vorwurf der Subjektivierung wird oft auch über den Bereich des Unrechts hinaus gegen die finale Handlungslehre ganz allgemein erhoben. So bringt etwa Lang-Hinrichsen — die Grenzen des Strafrechts überschreitend — die finale Handlungslehre „mit jenem das moderne Denken ... immer mehr durchdringenden Subjektivismus“ in Verbindung, der von dem theonomen Voluntarismus Occams über die Erkenntnislehre und Ethik Kants und den Pragmatismus bis zur Ethik der Existenzphilosophie führe. Seine Erkenntnis, daß diese subjektivistischen Lehren in der Philosophie zu überwinden seien, soll den Leser anscheinend zu der Überzeugung führen, daß auch die auf der gleichen Linie

---

[146] Dieser Ansicht ist auch Lange; ZStW Bd. 63, 1951, S. 471 f. gibt die Grundlage; in JZ 1953, S. 12—14 wird die Ansicht ausgeführt. Die Begründung weicht allerdings von der hier gegebenen ab. Vgl. jetzt auch Schweikert, Wandlungen, S. 118.

[147] Vgl. schon Engisch, Der finale Handlungsbegriff, S. 160 ff.; Maihofer, Handlungsbegriff, S. 44; Nowakowski, Rechtswidrigkeit, ZStW Bd. 63, 1951, S. 296 ff., bes. S. 307; Lang-Hinrichsen, JR 52, S. 187; H. Mayer, Lehrb., S. 44.

liegende finale Handlungslehre das Produkt einer überholten und verfehlten philosophischen Richtung sei[148].

Dieser Vorwurf ist jedoch unbegründet. Es trifft zwar zu, daß die Tatbestands- und die Unrechtslehre im finalistischen System mehr subjektive Elemente aufnehmen als nach der überkommenen Doktrin. Das ist ja selbstverständlich, wenn man den Vorsatz in den Tatbestand verpflanzt. Das hat aber gar nichts mit einer überholten subjektivierenden Betrachtungsweise des Verbrechens zu tun: Denn daß der notwendig subjektive Vorsatzinhalt ein wesentlicher Bestandteil der Gesamterscheinung des Verbrechens ist, steht fest. Seine Stellung im System ist dabei gleichgültig, solange nicht die Beurteilung der Straftat als ganzer allzusehr von subjektiven Erwägungen des Täters abhängig gemacht wird. Dieser Gefahr erliegt aber die finale Handlungslehre weit weniger als die überkommene Doktrin. Welzel hat sich seit jeher mit Nachdruck gegen subjektivistische Strömungen in Ethik und Strafrecht gewendet[149]. Die folgende kurze Untersuchung wird zeigen, wie ihm die Lehre von den offenen Tatbeständen dabei hilft.

1. Der Objektivismus in der Irrtumslehre

Nach der Lehre Welzels darf ein Täter nicht schon dann straflos ausgehen, wenn er subjektiv von der Rechtmäßigkeit seiner Handlung überzeugt ist, wie die alte Vorsatztheorie meint (vorbehaltlich einer Bestrafung wegen Rechtsfeindschaft oder wegen fahrlässiger Tat). Der Täter darf sein gutes Gewissen nicht als sanftes Ruhekissen benutzen, sondern er muß um die richtige Entscheidung ringen. Die „Gesinnungsethik" muß der „Verantwortungsethik" weichen. Die Schuldtheorie bestraft daher im Falle des Verbotsirrtums selbst den, der reinen Gewissens handelte, wegen vorsätzlicher Tatbegehung, wenn der Irrtum verschuldet war: Denn er ist der ihm übertragenen Verantwortung, sich um die Erkenntnis des rechtlich Gebotenen zu bemühen, nicht gerecht geworden.

In diese verantwortungsethischen Gedankengänge paßt die Lehre von den offenen Tatbeständen gut hinein. Wenn man z. B. — wie es das RG tat — das Wörtchen „unbefugt" als Tatbestandsmerkmal auffaßt[150], so muß der Richter jeden Täter freisprechen, der, ohne sich im mindesten um seine rechtlichen Pflichten zu kümmern, in dreistem Optimismus an seine „Befugnis" geglaubt hat; mögen auch die Gründe, auf denen sein Glaube beruht, noch so haltlos sein. Sieht man dagegen das Merkmal „unbefugt" als Rechtswidrigkeitsmoment

---

148 Vgl. JR 1952, S. 187.

149 Für die Ethik vgl. den Aufsatz „Über die ethischen Grundlagen der sozialen Ordnung", SJZ 1947, Sp. 410—415; ferner die Schrift „Vom irrenden Gewissen" und das Buch „Naturrecht und materiale Gerechtigkeit", 2. Aufl. — Für das Strafrecht vgl. LB S. 35 (5), 38—40 (6) (Irrtumslehre), S. 93—96 (6) (Teilnahmelehre); Aktuelle Probleme S. 15—18; MDR 1952, S. 588/89.

150 Vgl. oben S. 28.

an, so tritt der „objektive" Standpunkt Welzels klar hervor: Der Täter hat die verantwortliche Pflicht, sich über Ausmaß und Grenzen seiner Befugnisse zu unterrichten. Wenn er das getan hat und sich dennoch schuldlos über seine Befugnisse irrt, so ist er trotzdem seiner Verantwortung ledig und wird wegen unvermeidbaren Verbotsirrtums freigesprochen. Hat er aber „unverantwortlich" gehandelt und sich nicht um die Erkenntnis seiner Pflichten bemüht, so wird er wegen vorsätzlicher Tat bestraft, auch wenn er subjektiv an die Rechtmäßigkeit seiner Handlungsweise glaubte.

2. Objektivierende Tendenzen in der Unrechtslehre

Die Bedeutung der „offenen Tatbestände" liegt aber nicht allein darin, daß sie in der Irrtumslehre die objektivierende Richtung der Schuldtheorie verstärken. Sie leisten sogar etwas, was der Schuldtheorie unmöglich ist: Sie bilden einen Damm gegen die radikale Subjektivierung des Unrechts. Das wird sofort klar, wenn wir uns der früher gewonnenen Erkenntnis erinnern[151]: daß nämlich, wenn man die Rechtswidrigkeitsmomente als Tatbestandsmerkmale ansieht, ein Verbotsirrtum bei diesen Strafbestimmungen normalerweise nicht mehr möglich ist. Für die Unrechtslehre würde das zur Folge haben, daß praktisch das Bewußtsein der Rechtswidrigkeit zur Voraussetzung des strafrechtlichen Unrechts würde. Wenn etwa in § 113 StGB das Wissen von der Rechtmäßigkeit der Beamtenhandlung zum subjektiven Teil des Tatbestandes gehört, so gehört auch das damit unlöslich verbundene Bewußtsein der Rechtswidrigkeit zum Tatbestand. Fehlt es, so ist der Tatbestand nicht erfüllt, und strafrechtliches Unrecht, d. h. ein tatbestandsmäßig-rechtswidriges Verhalten, kann nicht vorliegen.

Ein solches Ergebnis, wonach das Unrecht vom Bewußtsein des Unrechts abhinge, wäre in der Tat extrem subjektivistisch und würde den angeführten Bedenken Lang-Hinrichsens mit vollem Recht ausgesetzt sein. Außerdem würde es Welzels Lehren über den systematischen Standort des Unrechtsbewußtseins auf den Kopf stellen. Es ist daher wohlverständlich, wenn Welzel, der früher die Rechtmäßigkeit der Amtsausübung als „unzweifelhaftes Tatbestandsmerkmal" angesehen hatte[152], nunmehr diesen Umstand zusammen mit allen anderen Rechtspflichtmerkmalen aus dem Tatbestand herausnimmt. Das Unrecht ist dann von den Vorstellungen des Täters über die Rechtmäßigkeit der Amtsausübung, die Zuständigkeit der Behörde, die Befugnis usw. unabhängig. Damit bleibt nicht nur Welzels Schuldlehre, sondern auch seine Unrechtsauffassung vor dem Vorwurf einer zu weit getriebenen Subjektivierung bewahrt, der, wenn er zuträfe, einen ernsten Einwand gegen das finalistische System abgeben würde.

---

[151] oben S. 76 ff.
[152] LB, 1. Aufl., 1947, S. 231.

Wir haben allerdings gesehen, daß Welzels Behandlung der Rechtspflichtmerkmale mancherlei andere dogmatische Unstimmigkeiten mit sich bringt. Es wird daher zu prüfen sein, ob es eine Lösung gibt, die die Vorzüge der Welzelschen Konstruktion bewahrt und ihre Nachteile vermeidet. Davon wird das dritte Kapitel dieses Abschnitts handeln.

III. Die offenen Tatbestände und die sachlogischen Strukturen

Es ist bekannt, daß die praktische Behandlung der meisten Rechtspflichtmerkmale schon immer in Lehre und Rechtsprechung unterschiedlich und hart umstritten gewesen ist[153]. Es kann auch kein Zweifel sein, daß die von Welzel vorgeschlagene Lösung in manchen Fällen glattere, gerechtere und zweckmäßigere Entscheidungen bringt[153]. Diese Tatsache hat nun für Welzel auch dogmatische und systematische Bedeutung. Er geht bekanntlich davon aus, daß der Rechtsstoff von Gesetzgebung und Wissenschaft nicht in schrankenloser Willkür nach eigenem Belieben geformt werden könne, sondern von seinsmäßig vorgegebenen sachlogischen Strukturen durchzogen sei, die man nicht erfinden oder ändern, sondern nur auffinden oder verfehlen könne[154]. Welzel meint nun, daß nicht nur die Beachtung dieser sachlogischen Strukturen stets angemessene Ergebnisse zeitige, sondern daß auch umgekehrt ein praktisch befriedigendes Ergebnis auf eine tiefere Übereinstimmung der Lösung mit ontologischen Vorgegebenheiten hindeute, auch wenn diese noch nicht aufgefunden worden seien. „Wenn ein Ergebnis überzeugend richtig ist, so ist das für mich nicht ein Indiz dafür, daß die Dinge nur zufällig zusammenstimmen ..., sondern daß ein innerer sachlicher Zusammenhang zwischen ihnen besteht, den man vielleicht noch nicht aufgefunden hat, aber um dessen Auffindung sich Mühe zu geben lohnen würde"[155]. Diese bei der Behandlung der Rechtspflichtmerkmale gesprochenen Worte sollen darauf hindeuten, daß die Rechtspflichtmerkmale keine Zweckschöpfung seien, daß es sich nicht um eine Konstruktion „vom Ergebnis her"[156] handele, sondern daß ihr von Welzel aufgewiesener Charakter in den Seinsstrukturen vorgezeichnet sei.

Die offenen Tatbestände dienen also der Lehre von den sachlogischen Strukturen, weil die praktische Brauchbarkeit der Lehre von den Rechtspflichtmerkmalen einen Beweis für das Vorhandensein solcher Strukturen auch in diesem Punkte liefern soll. Andererseits dienen auch die sachlogischen Strukturen der Lehre von den offenen Tatbeständen und Rechtspflichtmerkmalen: Denn man kann eine Lehre nicht besser unangreifbar machen als dadurch, daß man

---

153 Siehe oben S. 18 ff.

154 Vgl. Neues Bild, 2. Aufl., S. 8; Naturrecht und materiale Gerechtigkeit, S. 197 ff.; Aktuelle Probleme, S. 4; NJW 51, S. 579; Festschrift für Niedermeyer, S. 290—293. Armin Kaufmann, Lebendiges und Totes, Vorbemerkung, S. VIII, IX

155 ZStW, Bd. 67, 1955, S. 227.

156 Engisch, Mezger-Festschr., S. 159.

sie auf unabänderliche und deshalb der Kritik nicht ausgesetzte Seinsgegebenheiten zurückführt.

So hat Welzel die offenen Tatbestände und Rechtspflichtmerkmale in die Architektur seiner Gedankenwelt fest eingebaut. Sie stützen die Fundamente und werden gleichzeitig von ihnen gestützt.

Die hinreichend deutlich gemachte Tatsache, daß die ganze Konstruktion im Gegensatz zu der Meinung Welzels viele Unstimmigkeiten aufweist und auch zu Widersprüchen im finalistischen System führt, läßt allerdings vermuten, daß die sachlogischen Strukturen in Wahrheit etwas anders verlaufen[157].

IV. Die offenen Tatbestände und die Rechtfertigungsmerkmale

Die Frage, ob die Konstruktion der Rechtspflichtmerkmale durch die Behandlung vorgezeichnet sei, die die sachlichen Voraussetzungen der Rechtfertigungsgründe bei Welzel erfahren, ist schon wiederholt berührt worden[158]. Es hatte sich dabei gezeigt, daß beide Lösungen eine bis zu einem bestimmten Grade gleichlaufende Tendenz aufweisen, die zu den Lehren vom personalen Unrecht, von der Werthaltigkeit des Tatbestandes und von der Verbotsmaterie in Widerspruch tritt. Die offenen Tatbestände sind ein Schritt vorwärts auf dem durch die Behandlung der Rechtfertigungsmerkmale eingeschlagenen Wege. Welzels Meinung, die offenen Tatbestände enthielten nur eine konsequente Anwendung seiner Dogmatik, trifft daher etwas Richtiges, wenn man seine Ablehnung der negativen Tatbestandsmerkmale als dogmatischen Grundsatz ansieht. Wenn man aber erkennt, daß schon seine Regelung des Problems der Rechtfertigungsmerkmale Ansätze zu dogmatischen Inkonsequenzen gegenüber anderen Grundanschauungen aufweist, und daß diese Ansätze durch die offenen Tatbestände wesentlich verstärkt werden, so treten die Entsprechungen im Verhältnis zu den Rechtfertigungsgründen hinter den Widersprüchen zu anderen dogmatischen Hauptlehren zurück. Es kommt noch hinzu, daß die offenen Tatbestände durch die radikale Übersteigerung des von den Rechtfertigungsmerkmalen herkommenden Ansatzes zu der Tatbestandskonzeption Welzels in einen unüberbrückbaren Gegensatz geraten[159].

Beschränkt man sich auf die Untersuchung der Übereinstimmung zwischen Rechtspflicht- und Rechtfertigungsmerkmalen und läßt die Widersprüche beider zu anderen Lehren außer acht, so ist neben den schon herausgestellten gleichlaufenden Tendenzen, auf die nicht mehr eingegangen zu werden braucht, folgendes festzustellen: Eine vollkommene Parallelität tritt nur dort auf, wo die vermeintlich „offenen" Tatbestände in Wirklichkeit gar nicht offen sind, sondern die Rechtswidrigkeit in demselben Maße indizieren wie ein geschlossener Tat-

[157] Vgl. dazu das 3. Kapitel.
[158] Vgl. zusammenfassend S. 98/99.
[159] Vgl. oben S. 97—99.

bestand. Das Musterbeispiel dafür ist § 113 StGB, wo die Worte „in rechtmäßiger Ausübung seines Amtes“ in ihrer verneinenden Anwendung nur eine vorweggenommene — an sich überflüssige — Zusammenfassung aller schon bestehenden Rechtfertigungsgründe darstellen[160]. Hier wäre es in der Tat eine Ungereimtheit, diesem Merkmal eine andere Behandlung widerfahren zu lassen als den Rechtfertigungsgründen. Wenn man schon diese mitsamt ihren sachlichen Voraussetzungen zur Rechtswidrigkeit zählt, ist die völlige Herauslösung des Rechtspflichtmerkmals aus dem Tatbestand eine „zwingende Konsequenz“ der Welzelschen Grundsätze. Bei Rechtspflichtmerkmalen dieser Art ist es daher nicht möglich, sie zum Tatbestand zu zählen und sich gleichzeitig in der Behandlung der Rechtfertigungsgründe Welzel anzuschließen. Das wird verkannt von Gallas[161], der gerade im Hinblick auf § 113 StGB meint, es bestehe „kein prinzipieller Unterschied zwischen den Welzelschen Tatbestands- und Rechtswidrigkeitsmerkmalen“, der aber andererseits in der Gegnerschaft zu den negativen Tatbestandsmerkmalen mit Welzel übereinstimmt. Hier gibt es nur ein Entweder — Oder:

> Entweder gehören die sachlichen Voraussetzungen der Rechtfertigungsgründe mit zur Rechtswidrigkeit. Dann ist die „Rechtmäßigkeit der Amtsausübung“ ein reines Rechtswidrigkeitsmoment.
>
> Oder die „Rechtmäßigkeit der Amtsausübung“ gehört zum Tatbestand. Dann müssen zumindest die Rechtfertigungsvoraussetzungen als negative Tatbestandsmerkmale anerkannt werden.

In diesem Punkte ist also die dogmatische Entsprechung zwischen Rechtspflicht- und Rechtfertigungsmerkmalen unverkennbar und notwendig.

Ein wenig anders liegt es bei den wirklich „offenen“, sich nicht zum Deliktstypus zusammenschließenden Tatbeständen. Hier ist die Auffassung von Gallas eher vertretbar. Es wäre theoretisch denkbar, den Tatbestand auf die das Unrecht positiv begründenden Merkmale — zu denen auch die Rechtspflichtmerkmale gehören — zu beschränken und die negativen Merkmale zur Rechtswidrigkeit zu stellen. Auch in diesen Fällen bleibt jedoch zu bedenken, daß die Rechtspflichtmerkmale, da sie immer oder im Regelfall die gesamte Rechtswidrigkeit in sich schließen[162], auch sämtliche oder doch mehrere Rechtfertigungsgründe nebst ihren Voraussetzungen in sich bergen, und daß daher bei Annahme eines Tatbestandsmerkmals in allen offenen Tatbeständen wenigstens einige Rechtfertigungsgründe durch die Tatbestandsprüfung bereits abgetan wären. Dieses Ergebnis kann nicht im Sinne von Gallas liegen, dessen Tatbestand auf die

---

160 Vgl. oben S. 54/55.
161 ZStW, Bd. 67, 1955, S. 26—28.
162 Vgl. oben S. 76ff.

deliktstypischen Merkmale beschränkt sein soll. Es kommt noch hinzu, daß die Abgrenzung zwischen Rechtspflichtmerkmalen und Rechtfertigungsgründen nicht immer sicher ist, wie Gallas selbst beim Merkmal „unbefugt" hervorgehoben hat[163]. Auch Welzel zieht die Grenze nicht immer scharf. Die „behördliche Erlaubnis" in § 284 wird bald als Rechtspflichtmerkmal[164] und bald als Rechtfertigungsgrund[165] bezeichnet. Angesichts dieser fließenden Grenzen leuchtet es nicht recht ein, daß Gallas den Rechtspflicht- und den Rechtfertigungsmerkmalen eine so verschiedene Behandlung zuteil werden läßt. Seine Auffassung bleibt daher auch bei den echten „offenen" Tatbeständen problematisch.

Diese Untersuchung lehrt uns, daß sich eine kurze Auseinandersetzung mit der Lehre von den negativen Tatbestandsmerkmalen im folgenden nicht vermeiden lassen wird.

Drittes Kapitel

Dogmatische Kritik

Einer nicht um die Bekämpfung anderer Meinungen, sondern um eine gerechte Lösung schwieriger Fragen bemühten Kritik kann die bisher geleistete Arbeit nicht genügen. Sie kann den Wert einer Lehre nicht allein daran messen, ob sie in sich und im Rahmen des sie aufnehmenden Systems logisch und geschlossen ist, sondern sie muß die der Lehre zugrundeliegende Konzeption an einem außerhalb ihrer selbst liegenden Maßstabe prüfen. Oberster Richter über eine juristische Theorie wird immer die Rechtsidee sein. Wenn wir als ihre höchsten Werte die Gerechtigkeit und die Rechtssicherheit ansehen, so stellt sich uns die Frage:

Bietet Welzels Tatbestandslehre Lösungen, die diesen Forderungen so weit wie möglich gerecht werden?

A. DIE AUFGABEN DES TATBESTANDES

Man kann an die Beantwortung der gestellten Frage nur herangehen, wenn man zunächst die Vorfrage geklärt hat, welche Aufgabe der Tatbestand im Strafrecht erfüllen soll. Nur wenn man darüber im klaren ist, kann man beurteilen, ob Welzels Tatbestandstheorie diese Aufgabe löst.

Leider setzen schon hier jene Kontroversen ein, die die Tatbestandslehre in eine immer zunehmende Verwirrung gestürzt haben. Wenn man alle Nebensächlichkeiten ausschaltet, lassen sich drei Wurzeln der modernen Tatbestandslehre aufzeigen.

---

163 ZStW, 67. Bd., 1955, S. 25, Anm. 55.
164 LB S. 149 (6).
165 LB S. 71 (6).

I. Die Garantiefunktion des Tatbestandes

Nach § 2 StGB (heute auch Art. 103 II GG) kann eine Tat nur bestraft werden, wenn die Strafbarkeit gesetzlich bestimmt war, bevor die Tat begangen wurde. Es muß also jeder Staatsbürger die Möglichkeit haben, sich bei jeder seiner Handlungen vorher darüber zu unterrichten, ob sie strafbar ist oder nicht. Die Aufgabe, die Strafbarkeit solchermaßen gesetzlich zu bestimmen, ist schon von Beling[166] dem Tatbestande zuerteilt worden. Welzel hat sich diese Auffassung zu eigen gemacht. Den Grund und die Berechtigung der Unterscheidung von Tatbestand und Rechtswidrigkeit sieht er in rechtsstaatlichen Erwägungen[167]. „Der Tatbestand hat die Funktion, ... den Handlungsvollzug sachlich-gegenständlich zu beschreiben, der verboten sein soll"[167]. Erst dadurch wird „die Forderung des Satzes ‚nulla poena sine lege' erfüllt"[168].

In Anlehnung an Lang-Hinrichsen[169] und Engisch[170] wollen wir den Inbegriff aller Umstände, auf die sich der „nulla-poena-Satz" bezieht, als „Garantietatbestand" bezeichnen.

II. Die irrtumsregelnde Funktion des Tatbestandes

Der Tatbestand hat außerdem nach weitverbreiteter Auffassung die Funktion, verschiedene Arten von Irrtümern, die abweichender Behandlung unterliegen, voneinander abzugrenzen. Das gilt sowohl für die Irrtumslehre im eigentlichen Sinn als auch für die Versuchslehre.

Dabei kommt die Hauptbedeutung der Irrtumslehre zu. Nach § 59 I StGB kann der Täter wegen vorsätzlicher Tat nur dann bestraft werden, wenn er (zumindest) die Tatumstände kannte, „welche zum gesetzlichen Tatbestand gehören". Der Tatbestand hat demnach die Aufgabe, alle jene Merkmale zu umschreiben, auf die sich der Vorsatz des Täters erstrecken muß[171]. Beling zweifelte nicht daran, daß sein Tatbestandsbegriff sich auch hier bewähre. Er meinte, daß dieser „besonders für § 59 StGB eine bedeutende Rolle" spiele[172] und stellte fest: „Tatbestandsmerkmale müssen sämtlich von der Schuld umfaßt sein"[173]. Welzel geht über den der Vorsatztheorie anhängenden Beling hinaus und läßt die Kenntnis der Merkmale des objektiven Tatbestandes allein vorsatzbegründend wirken. Diesen Tatbestand

---

166 L. v. V., S. 21—23.
167 Aktuelle Probleme, S. 13.
168 LB S. 46 (6).
169 JR 1952, S. 307; JZ 1953, S. 363.
170 Mezger-Festschrift, S. 129, 131, 132.
171 Ob er diese Umstände abschließend umschreibt, ist bekanntlich äußerst umstritten. Darüber später.
172 L. v. V. S. 4.
173 L. v. V. S. 64.

im Sinne des § 59 StGB bezeichnet Bruns[174] seiner Aufgabe gemäß recht zutreffend als „vorsatzregulierenden Tatbestand".

Darüber hinaus wird der Tatbestand im allgemeinen zur Abgrenzung von Versuch und Wahndelikt verwendet[175]: Wer irrtümlich Umstände annimmt, die im Falle ihres Vorliegens einen Tatbestand erfüllen würden, begeht Versuch; wer sich dagegen nicht im Irrtum über Tatumstände befindet, sondern nur an die Rechtswidrigkeit einer in ihren sachlichen Voraussetzungen zutreffend erkannten Tat glaubt, ist wegen Wahnverbrechens straflos.

Sowohl in § 59 StGB als auch beim Versuch dient der Tatbestand der Lösung von Irrtumsfragen. Wir nennen ihn daher für die Zwecke dieser Abhandlung den „Irrtumstatbestand".

III. Die systematische Funktion des Tatbestandes

Die dritte Wurzel der Tatbestandslehre lag in dem Bedürfnis nach einem strafrechtssystematischen Grundbegriff, der sich zwischen die Merkmale „Handlung" und „rechtswidrig" einschieben konnte. Noch zu Belings Zeiten hatte man das Verbrechen meist definiert als „rechtswidrige, schuldhafte, mit Strafe bedrohte Handlung"[176]. Das Epitheton „mit Strafe bedroht" wird von Beling mit Recht „verschwommen" genannt[176], denn es gibt keinen Aufschluß darüber, welche Eigenschaft eine Handlung haben muß, um mit Strafe bedroht zu sein. Es galt, einen Begriff zu bilden, der aus dem weiten Bereich rechtswidrigen Tuns alle jene Handlungen und Unterlassungen heraushebt, die für eine Bestrafung in Frage kommen. In seinem „Tatbestand" hatte Beling diesen Begriff gefunden. Er hat sich in allen modernen Strafrechtssystemen durchgesetzt. Im Rahmen dieser Untersuchung wollen wir ihn kurz „Systemtatbestand" nennen. Sein Verhältnis zur Rechtswidrigkeit war seit jeher und ist auch heute noch heiß umstritten. Ob Unrechtstatbestand oder wertfreier Tatbestand, ratio essendi oder ratio cognoscendi der Rechtswidrigkeit — dieses Problem hat die Tatbestandslehre seit Belings Zeiten vornehmlich beschäftigt. Ihm mußte auch unser dogmengeschichtlicher Überblick gewidmet sein[177], denn die Lehre von den offenen Tatbeständen ist unter anderem auch ein Versuch, das Verhältnis von Tatbestand und Rechtswidrigkeit zu bestimmen.

B. DIE TRENNUNG DER TATBESTANDSARTEN

Die drei entwickelten Begriffe — Garantietatbestand, Irrtumstatbestand, Systemtatbestand — sind rein formaler Natur: Sie bezeichnen nur Sinn und Aufgabe des Tatbestandes, sagen aber nichts

[174] Kritik der Lehre vom Tatbestand, S. 27 ff.
[175] Vgl. nur Welzel, LB S. 169 (6).
[176] L. v. V., S. 21.
[177] Siehe oben S. 35 ff.

darüber, welche inhaltlichen Merkmale er umfassen muß, um die ihm gestellten Aufgaben zu lösen[178].

Bis vor kurzem ging man im allgemeinen davon aus, daß es — abgesehen von dem sog. Tatbestand der Allgemeinen Rechtslehre, der hier keine Rolle spielt — nur einen einzigen Tatbestand gebe, der alle drei Funktionen gleichzeitig erfüllen könne[179]. Erst in neuerer Zeit beginnt man, sich der Problematik dieser Gleichsetzung bewußt zu werden[180]. So unterliegen z. B. dem Rückwirkungsverbot des § 2 StGB nicht nur Tatbestandsmerkmale im herkömmlichen Sinne, sondern auch Schuldmerkmale[181] und nach Ansicht von H. Mayer sogar die Prozeßvoraussetzungen[182]. Wenn man alle diese Merkmale, weil sie unter der Garantie des § 2 StGB stehen, als Tatbestandsmerkmale bezeichnen wollte, so erhielte man einen „Garantietatbestand", der weder mit dem Systemtatbestand noch mit dem Irrtumstatbestand viel Gemeinsames hat.

Aber auch die Identität von Systemtatbestand und Irrtumstatbestand ist sehr fragwürdig geworden. Es ist heute allgemein anerkannt, daß zum Tatbestand als strafrechtssystematischen Grundbegriff auch subjektive Merkmale gehören. Ob dagegen subjektive (System-)Tatbestandsmerkmale Gegenstand des Vorsatzes und damit Elemente des Irrtumstatbestandes sein können, ist recht zweifelhaft und noch wenig geklärt. Welzel[183] verneint diese Frage, Engisch[184] neigt zur Bejahung. Besonders in einem finalistischen Verbrechenssystem, in dem der Vorsatz zum Tatbestand gehört, kann man zu einer Deckung von Systemtatbestand und Irrtumstatbestand nur dann gelangen, wenn man die Möglichkeit eines auf sich selbst bezogenen Vorsatzes anerkannt. — Will man schließlich den § 59 StGB auch auf die sachlichen Voraussetzungen eines Schuldausschließungsgrundes erstrecken (etwa im Falle des Putativnotstandes)[185], so ist eine Ineinssetzung von Irrtums- und Systemtatbestand wenigstens für die heutigen Strafrechtssysteme vollends unmöglich, weil man unbestrittene Schuldmerkmale systematisch nicht im Tatbestand unterbringen kann.

Unsere kurzen Ausführungen zeigen, daß es notwendig ist, mindestens diese drei Tatbestandsbegriffe scharf zu unterscheiden: denn sie überschneiden sich zwar, decken sich aber nicht. Das geschieht bis

---

[178] Dagegen stellen Mezger (NJW 1953, S. 2—6) und Engisch, Mezger-Festschrift, S. 130—132, Tatbestandsbegriffe nebeneinander, die teils nur eine Funktion bezeichnen, teils bestimmte Inhalte zum Ausdruck bringen.

[179] Eine deutliche Ausnahme macht hier nur Bruns, Kritik, 1932. Klärend auch Sieverts, Subjektive Unrechtselemente, Anm. 92, S. 111—114.

[180] Vgl. Lang-Hinrichsen, JR 1952, S. 307; Engisch, Mezger-Festschrift, S. 130—133.

[181] Siehe Engisch, Mezger-Festschrift, S. 131.

[182] JZ 1953, S. 105; a. A. Welzel, JZ 1952, S. 617.

[183] NJW 1953, S. 329, Anm. 14.

[184] Mezger-Festschr., S. 133; vgl. aber auch GA 1955, S. 161—167, bes. S. 166; jetzt eindeutig: Rittler-Festschrift, S. 171/72.

[185] Vgl. Engisch, Mezger-Festschrift, S. 133, Anm. 1.

heute nur selten[186]. Die Folge ist eine unheilvolle Verwirrung nicht nur terminologischer, sondern auch sachlicher Art; denn was etwa für den Irrtumstatbestand gilt, braucht für den System- oder Garantietatbestand noch nicht richtig zu sein. Es wäre einer gesonderten Betrachtung wert, Garantietatbestand, Systemtatbestand und Irrtumstatbestand nach Inhalt und Grenzen festzulegen und in ihren Beziehungen zueinander zu durchleuchten. Im Rahmen dieser Arbeit kann die knappe Problementwicklung nur dazu dienen, uns bewußt zu machen, welchen der drei herausgearbeiteten Aufgaben die offenen Tatbestände gerecht werden sollen.

Dabei ist der Garantietatbestand von vornherein auszuschalten. Für ihn spielen die offenen Tatbestände keine Rolle. Selbstverständlich ist es nicht möglich, den Widerstand gegen rechtswidrige Amtshandlungen rückwirkend unter Strafe zu stellen; auch dann nicht, wenn man die „Rechtmäßigkeit der Amtsausübung" nicht zum „Tatbestand" des § 113 StGB zählt. Auch Welzel will das nicht, denn er rechnet neben den Merkmalen der Tatbeschreibung Rechtswidrigkeits- und Schuldelemente sowie Strafbarkeitsbedingungen zum Garantietatbestand (ohne freilich dieses Wort zu gebrauchen)[187].

Es bleiben somit Irrtums- und Systemtatbestand. Welzel geht stillschweigend davon aus, daß die Rechtspflichtmerkmale in beiderlei Richtung von Bedeutung sind. Deshalb mußten wir oben auch sowohl die dogmatische (den Systemtatbestand betreffende) wie die praktische (den Irrtumstatbestand betreffende) Bedeutung dieser Lehre untersuchen[188]. Wenn man die Entwicklung der Welzelschen Tatbestandsauffassung verfolgt, spricht vieles dafür, daß Erwägungen über eine zweckmäßige Behandlung der Irrtumsfälle die Konstruktion ins Leben gerufen haben[189]. Das meinen im Grunde auch alle jene Kritiker, die ihm vorwerfen, es handele sich um eine „ad-hoc-Konstruktion" oder eine Konstruktion „vom Ergebnis her"[190]. In Wahrheit ist damit nicht mehr gesagt, als daß Welzel seinen Systemtatbestand an einer zweckmäßigen Lösung der Irrtumsfälle, also am Irrtumstatbestand, orientiert habe. Er selbst bestreitet das und behauptet, es sei gerade umgekehrt gewesen. Seine Auffassung sei „alles

---

186 Wertvolle Ansätze bieten die Abhandlung von Bruns: Kritik der Tatbestandslehre; die Bemerkungen von Engisch, Mezger-Festschrift, S. 130--133, 162, 163 und Lang-Hinrichsen, JR 1952, S. 307. Auch Belings spätere Unterscheidung von Deliktstypus und Leitbild (Die Lehre vom Tatbestand, 1930) bedeutet der Sache nach eine Trennung von System- und Irrtumstatbestand, wenngleich Beling das nicht erkannte. Gegen die ungeprüfte Gleichsetzung von System- und Vorsatztatbestand jetzt auch der Sache nach Schweikert, Wandlungen, S. 26, 35, 126 und passim, der den Begriff des „Tatbestandes" nur für den Systemtatbestand im hier gekennzeichneten Sinne gelten lassen will.

187 LB S. 20 (6).

188 Vgl. S. 35 ff. und S. 17 ff.

189 Vgl. oben S. 99/100.

190 v. Weber, GA 1953, S. 165; Engisch, Mezger-Festschr., S. 158/59; Lange, JZ 1953, S. 12—14; Gallas, ZStW 1955, Bd. 67, S. 24; Schröder, ZStW, Bd. 65, 1953, S. 183.

andere, als lediglich vom Ergebnis gewonnen, sondern die zwingende Konsequenz" seiner dogmatischen Grundsätze[191].

Uns erscheint die ganze Fragestellung etwas schief. Daß man Irrtumsprobleme, um die es hier ja vor allem geht, „vom Ergebnis her" zu lösen versucht, rechtfertigt keinen Vorwurf. Eine Irrtumsregelung soll möglichst gerecht sein. Dieses Ziel kann sie nur dann erreichen, wenn sie vornehmlich auf ein billiges und vernünftiges Ergebnis abstellt. Wollte man die Behandlung der Irrtümer ohne Rücksicht auf das Ergebnis von abstrakten Erwägungen über die systematische Stellung und die dogmatische Natur des Tatbestandsbegriffes abhängig machen, so wäre das methodisch verfehlt. Die Irrtumsprobleme müssen in erster Linie aus sich selbst heraus gelöst werden.

Anders liegt es beim Systemtatbestand. Was ihn angeht, wendet sich die Kritik mit Recht dagegen, daß seine dogmatische Stellung und Ausgestaltung allein von der praktikablen Lösung einiger Irrtumsfälle abhängig gemacht wird. Die scheinbar unlösliche Verknüpfung beider Problemgruppen beruht nur auf der Gleichsetzung von System- und Irrtumstatbestand.

Richtiger wäre es, nicht von dem Axiom der Identität beider Tatbestandsbegriffe auszugehen, sondern die Ausgestaltung sowohl des Irrtums- wie des Systemtatbestandes zunächst getrennt vorzunehmen und erst hinterher zu prüfen, ob oder inwieweit beide sich decken.

Das soll im folgenden geschehen. Dabei wird die praktisch im Vordergrund stehende Irrtumsproblematik zuerst behandelt werden.

C. DER IRRTUMSTATBESTAND

Unsere Ausgangsfrage lautet hier: Wie muß ein Tatbestand im Sinne des § 59 StGB beschaffen sein, der die Forderungen der Gerechtigkeit, Rechtssicherheit und Zweckmäßigkeit in möglichst hohem Grade erfüllt? Das Ergebnis dieser Untersuchung wird es uns ermöglichen, einen Vorschlag für die praktische Behandlung der Rechtspflichtmerkmale beizubringen.

Es würde allerdings den Rahmen dieser Arbeit sprengen, wenn wir eine einigermaßen vollständige Darstellung der verschiedenen Irrtumslehren geben wollten. Das wäre auf engem Raum nicht möglich und ist auch nicht beabsichtigt. Wir beschränken uns auf eine ganz knappe, auf unsere Problemstellung zugeschnittene Auseinandersetzung mit den wichtigsten Irrtumslehren, greifen auch hier nur die uns am wichtigsten erscheinenden Gesichtspunkte heraus und verzichten um der Kürze der Darstellung willen weitgehend auf

---

191 ZStW, 67. Bd., 1955, S. 227.

Literaturangaben[192]. Es soll dabei versucht werden, die Irrtumsprobleme unabhängig von der „Natur" des Handlungs-, Tatbestands-, Unrechts- oder Vorsatzbegriffes in einem rein teleologischen Verfahren zu lösen.

I. Die Grenze zwischen Vorsatz und Fahrlässigkeit

1. Der Theorienstreit

a) Die Schuldstufen

Der Gesetzgeber bietet häufig zwei verschiedene Strafrahmen: einen höheren für vorsätzliche und einen niedrigeren für fahrlässige Begehung der Tat. In anderen Fällen gibt er nur einen Strafrahmen: dann ist die fahrlässige Tatbegehung grundsätzlich straflos. Die Beantwortung der Frage, ob Vorsatz oder Fahrlässigkeit vorliegt, entscheidet demnach entweder über die Höhe der Strafe oder über die Bestrafung schlechthin. Trotz der Wichtigkeit des Problems hat der Gesetzgeber es unterlassen, eine klare Auskunft darüber zu geben, wann Vorsatz und wann Fahrlässigkeit anzunehmen ist[193]. Die Wissenschaft hätte bei der Grenzziehung leichtes Spiel gehabt, wenn sich zwei ihrer Schwere nach klar von einander abgehobene Schuldstufen hätten aufweisen lassen. Das ist aber nicht gelungen. In Wahrheit gibt es nicht zwei, sondern mindestens drei (oder sogar noch mehr) Schuldstufen. Man muß folgende Fälle unterscheiden:

aa) Die Handlung des Täters entspringt aus einer moralisch verwerflichen und sozial unerträglichen Gesinnung. Der Täter ist sich auch der Rechtswidrigkeit seiner Handlung bewußt.

Beispiele: Die gewöhnlichen Raubüberfälle, Diebstähle, Betrügereien usw., bei denen der Täter sich mit vollem Bewußtsein über die Gebote des Rechts hinwegsetzt.

bb) Die Handlung des Täters entspringt aus einer moralisch verwerflichen und sozial unerträglichen Gesinnung, oder sein Wollen wird aus einem anderen Grunde vom Gesetzgeber nicht gebilligt.

Der Täter ist sich aber nicht bewußt, gegen ein Verbot zu verstoßen. Seine Rechtsauffassung weicht also von der des Gesetzgebers ab.

Beispiele: Jemand quält und mißhandelt in roher Weise seine Kinder oder seine gebrechlichen Eltern (§ 223 b StGB), verschleudert rücksichtslos die Habe seiner Familie (§ 170 a StGB), läßt eine von ihm Geschwängerte gewissenlos im Stich (§ 170 d), beutet einen Minderjährigen in gewinnsüchtiger Absicht aus (§ 302 StGB), verweigert einem Verunglückten grundlos die Hilfe (§ 330 c StGB) oder ver-

---

[192] Hervorragende Literaturzusammenstellungen finden sich bei Arthur Kaufmann: Das Unrechtsbewußtsein in der Schuldlehre des Strafrechts, 1949, und für die neueste Zeit in JZ 1954, S. 653—659; ferner bei Lang-Hinrichsen, JR 1952, S. 184, Anm. 3.

[193] § 59 regelt die Materie anerkanntermaßen nicht erschöpfend.

wirklicht eine der durch die Normen des Ordnungsstrafrechts verbotenen, sittlich indifferenten Handlungen.

cc) Das, was der Täter will, steht im Einklang mit den Geboten der Rechtsordnung. Durch vermeidbare Unachtsamkeit tritt ein Erfolg ein, den der Täter nicht wollte. Die Rechtsauffassungen des Täters und des Gesetzgebers stimmen überein.

Beispiele: Jemand will einen Dauerlauf machen und rennt dabei eine alte Frau um, die sich ein Bein bricht (§ 230 StGB). Oder jemand will Essen kochen und geht dabei so unvorsichtig zu Werke, daß das Haus in Brand gerät (§ 308 StGB).

In die kürzeste Fassung gebracht, lassen sich die Unterschiede zwischen den drei Gruppen so umschreiben: In der ersten will der Täter bewußt etwas anderes als der Gesetzgeber, in der zweiten will er unbewußt etwas anderes als der Gesetzgeber, und in der dritten weicht sein Wille von dem des Gesetzgebers nicht ab. Weitere Differenzierungen sollen hier noch unterbleiben.

Es ist klar, daß die Täter in jedem der drei Fälle Schuld auf sich geladen haben. Es ist auch schon ohne tiefere Begründung einleuchtend, daß hier mindestens drei verschiedene Schuldabstufungen vorliegen. Die Schwierigkeit besteht nun darin, daß das Gesetz nur zwei Möglichkeiten bietet, die mehreren Schuldgrade einzustufen: die Behandlung als vorsätzliche oder als fahrlässige Tat. Es versteht sich, daß die erste unserer drei Gruppen dem schwersten Schuldgrad zugehört und daher in den Strafrahmen der vorsätzlichen Delikte fällt. Darüber hat bei allen Theorien stets Einigkeit geherrscht. Um so umstrittener ist aber die Frage, ob und gegebenenfalls inwieweit Handlungen aus den beiden folgenden Gruppen ihrem Schuldgehalt nach denen der ersten Gruppe gleichzustellen und als vorsätzlich anzusehen seien. Man kann alle Theorien übersichtlich abstufen nach dem Maße, in dem sie den Vorsatz über die erste Gruppe hinaus in die beiden anderen hinübergreifen lassen. Dann ergibt sich diese Reihenfolge:

b) Die Vorsatztheorie I

An erster Stelle steht die Vorsatztheorie in ihrer reinsten Ausprägung, die nur dann Vorsatz annimmt, wenn der Täter wußte, daß seine Handlungsweise verboten sei. Diese Theorie beschränkt den Vorsatzbereich streng auf die erste unserer drei Gruppen und nimmt in allen anderen Fällen nur Fahrlässigkeit an.

Da die Unterscheidung von Tatbestands- und Verbotsirrtum für sie ohne praktische Bedeutung ist, würde sie das Problem der Rechtspflichtmerkmale in sehr einfacher und insofern der Rechtssicherheit dienlicher Weise lösen: Alle Irrtümer schließen gleichermaßen den Vorsatz (und damit auch bei fast allen offenen Tatbeständen die Strafbarkeit) aus, sofern sie nur dem Täter auf irgendeine Weise die Rechtswidrigkeit seines Tuns nicht haben zum Bewußtsein kommen lassen. Der Begriff des Tatbestandes ist lediglich von systematischem und dogmatischem Interesse; einen Einfluß auf die Behandlung der Irrtumsprobleme hat er nicht; man kann den Tatbestand mit Wissen und Wollen erfüllen und dennoch unvorsätzlich handeln. Es ist daher ohne praktische Bedeutung, ob die Rechtspflichtmerkmale zum Tatbestand gehören oder nicht.

Diese Auffassung wird unserer oben ausgesprochenen Forderung, die Lösung der Irrtumsprobleme nicht durch Tatbestandskonstruktionen im voraus festzulegen, vollauf gerecht. Sie kennt nur den Systemtatbestand und bestimmt den Irrtumstatbestand (d. h. die vom Vorsatz zu umfassenden Merkmale) nach anderen, selbständigen Gesichtspunkten. Wenn wir uns ihr anschlössen, wäre das Problem der offenen Tatbestände seiner praktischen Bedeutung nach gelöst, soweit nicht jene Merkmale, die von der Rechtsprechung als objektive Bedingungen der Strafbarkeit angesehen werden, eine gesonderte Erörterung notwendig machten.

Erfüllt aber die Vorsatztheorie auch die Gebote der Gerechtigkeit? Die Gerechtigkeit ist eine formale Idee[194]. Sie gebietet nur, Gleiches gleich und Ungleiches ungleich zu behandeln, gibt uns aber keinen Maßstab in die Hand, mit dem wir eine inhaltliche Bestimmung des Gleichen und Ungleichen treffen könnten. Das zeigt sich auch hier:

Die Vertreter der Vorsatztheorie machen immer wieder geltend, daß es nichts „Ungleicheres" und damit für die strafrechtliche Bewertung einer Tat keinen tieferen Unterschied geben könne als den, ob einer sich bewußt gegen das Recht auflehne oder ob er nur unwillentlich dagegen verstoße[195]; es handele sich hier nicht um quantitative Abstufungen des Schuldmaßes, sondern um qualitative Unterschiede[196]. Ganz ähnlich wie Binding argumentiert neuerdings wieder Schröder[197]: „... das Besondere der vorsätzlichen Schuld gegenüber der nur fahrlässigen ist die Tatsache, daß der Täter bei der Wahl zwischen Recht und Unrecht sich für das Unrecht entscheidet. Diese Tatsache begründet einen Vorwurf von ausgesprochener Eigenart, wie ihn die bloße Feststellung, daß dem Täter die Tatbestandsmerkmale bekannt gewesen sind, nicht ermöglicht". In den Fällen, die sich nicht in die erste unserer drei Gruppen einreihen lassen „liegt keine ‚Entscheidung gegen das Recht und für das Unrecht' im Tatentschluß des Täters, sondern der Vorwurf ist der eines unzulänglichen Einsatzes seiner Persönlichkeit, eben der Vorwurf einer Fahrlässigkeit". Lang-Hinrichsen[198] meint sogar, indem er ein bei Welzel sehr beliebtes Argument gegen die Schuldtheorie wendet, daß zwischen willent-

[194] Radbruch, Vorschule der Rechtsphilosophie, S. 25.
[195] Vgl. Binding, Die Schuld im deutschen Strafrecht, S. 18.
[196] Schröder, ZStW, Bd. 65, 1953, S. 195 und MDR 1951, S. 387—388; Lang-Hinrichsen, JR 1952, S. 191.
[197] ZStW a. a. O., S. 196/197.
[198] wie in Anm. 196.

lichen und unbewußten Rechtsverstößen „materiale, dem Recht vorgegebene ... Unterschiede" bestünden, „die vom Gesetz nicht in positivistischer Art unterbewertet werden" dürften; dabei beruft er sich ausdrücklich auf die Gerechtigkeit: „... solange der dem Recht vorgegebene Grundsatz, daß Gleiches gleich zu behandeln ist, Geltung hat", müßten auch Tatbestands- und Verbotsirrtum gleich behandelt werden, weil ein „für die Vorwerfbarkeit maßgebender wertmäßiger Unterschied" zwischen ihnen nicht bestehe[199].

Bei Würdigung dieser Auffassung ist den Vertretern der Vorsatztheorie ohne weiteres darin recht zu geben, daß der willentliche Verstoß gegen die Rechtsordnung oft einen höheren Vorwurf verdient als der unwillentliche. Es fragt sich nur, ob dieser Unterschied so fundamental ist, daß man auf ihn die Trennung von Vorsatz und Fahrlässigkeit und in den meisten Fällen sogar die Entscheidung über die Strafbarkeit eines Verhaltens gründen darf. Das wäre nicht der Fall, wenn um dieser Abstufung willen andere, noch wichtigere Wertunterschiede außer acht gelassen würden. Besonders bei der mittleren der drei von uns herausgehobenen Schuldstufen ist es sehr zweifelhaft, ob sie ihrem rechtlichen Unwert nach nicht der ersten Gruppe näher steht als der dritten. Wenn etwa jemand seine Kinder roh mißhandelt, sind wir schwerlich geneigt, den Schuldvorwurf zu mindern, wenn der Täter geltend macht, ihm sei die Rechtswidrigkeit seiner Handlung nicht bekannt gewesen; und wenn jemand einen Verunglückten, der durch den schnellen Transport ins Krankenhaus gerettet werden könnte, ungerührt verbluten läßt, um nicht die Polster seines Wagens zu beschmutzen, werden wir die Unkenntnis der rechtlichen Verpflichtung zur Hilfeleistung kaum als schuldmindernd ansehen. Trotzdem muß eine konsequente Vorsatztheorie in diesen Fällen freisprechen. Sie kann das Verhalten des Täters höchstens als fahrlässig betrachten und muß es wertungsmäßig auf eine Stufe stellen mit den Handlungen, die zwar einen unerwünschten Erfolg in vermeidbarer Weise verursacht haben, die aber die moralische Lauterkeit des Täters unangetastet lassen.

Man kann das hier liegende Problem kurz so formulieren: Liegt der entscheidende Bewertungsunterschied zwischen bewußtem und unbewußtem Verstoß gegen die Gebote des Gesetzgebers (zwischen Stufe 1 und 2) oder zwischen mißbilligter und gebilligter Finalität der Handlung (zwischen Stufe 2 und 3)? Während die reine Vorsatztheorie die erste Alternative vertritt, stehen alle anderen noch zu besprechenden Auffassungen mehr oder weniger entschieden auf dem zweiten Standpunkt. Sie würden also in den beiden Beispielsfällen zu einer Bestrafung wegen vorsätzlicher Tat kommen.

Bei der Entscheidung der Frage, welche der beiden Auffassungen die richtige sei, kann uns die formale Gerechtigkeitsidee allein nicht weiterhelfen. Es bedarf eines wertenden Aktes, eines Rückgriffs auf

---

[199] JR 1952, S. 357.

die Zweckidee des Rechts[200]. In unserem Falle führt die Frage auf den alten, das Wesen des Verbrechens berührenden Streitpunkt zurück, ob eine Handlung Unrecht sei, weil sie bestraft werde, oder ob sie bestraft werde, weil sie Unrecht sei.

Die Vorsatztheorie steht der ersten Auffassung nahe. Sie erblickt, wie auch die oben[201] gebrachten Zitate zeigen, Kern und Wesen des Verbrechens in der bewußten Auflehnung gegen das Recht, also im Ungehorsam. Darum hält sie nur in diesen Fällen den schwereren Schuldgrad für erfüllt.

Die andere Auffassung dagegen legt das Schwergewicht nicht auf die Frage, ob der Täter dem Gesetzgeber gehorsam war oder nicht, sondern erblickt den Kern des Verbrechens in der sittlich verwerflichen und sozial unerträglichen Handlungsweise des Täters. In ihr liegt unabhängig vom Bewußtsein der Rechtswidrigkeit eine schwere Verfehlung. Deshalb faßt sie im wesentlichen die zweite Gruppe mit der ersten zu einer Schuldstufe — der vorsätzlichen Tat — zusammen.

Wer hat Recht? Die Lösung dieser Frage könnte den Gegenstand einer gesonderten Abhandlung bilden. Hier muß ein Hinweis genügen: Die Verwandtschaft der Vorsatztheorie mit dem Geiste des Gesetzespositivismus ist unverkennbar. Wenn allein der Gesetzgeber bestimmt, was Recht und Unrecht sei, dann muß das Schwergewicht des Verbrechens notwendig in der Mißachtung des gesetzgeberischen Willens liegen. Es ist kein Zufall, daß Binding, einer der einflußreichsten und heute noch wirksamen Vertreter der Vorsatztheorie, gleichzeitig ein ausgeprägter und bewußter Positivist war[202].

In Wahrheit ist aber der Positivismus im Unrecht. Die strafrechtlichen Normen sind keine von der Sittenordnung und den Kulturanschauungen abgelösten oder auch nur unabhängigen Befehle eines launischen Despoten, die so oder auch anders lauten könnten, sondern sie finden ihren Rückhalt in den der rechtlichen Regelung vorgelagerten Überzeugungen des Volkes von Recht und Unrecht. Das muß auch dem einleuchten, der ein absolutes und apriorisches Reich der Werte oder eine göttliche Schöpfungsordnung nicht anerkennen will. Wilhelm Tell, der dem Hute Geßlers den Gruß verweigert, handelt im höchsten Grade gesetzesungehorsam, begeht aber dennoch kein Unrecht, weil seinem Tun die moralische und soziale Verwerflichkeit, also der materielle Unrechtsgehalt, fehlt. Umgekehrt will der seine Kinder roh mißhandelnde oder die Familienhabe rücksichtslos verschleudernde Vater dem Gesetzgeber

---

[200] Vgl. Radbruch, Vorschule, S. 26.

[201] S. 114 ff.

[202] Vgl. dazu Armin Kaufmann, Lebendiges und Totes, S. 273 ff.: „Daß Binding Positivist war, steht außer Zweifel. Sein ganzes Werk spricht in dieser Hinsicht eine eindeutige Sprache" (S. 273). Mit Recht weist aber Kaufmann darauf hin, daß Binding in der praktischen Gesetzesanwendung seinem Grundsatz oft untreu wurde.

nicht ungehorsam sein; trotzdem ist der Schuldvorwurf deswegen kaum geringer, denn die Tat verstößt gegen die einfachsten Gebote der Sitten- und Sozialordnung. Sie war schon materiell — wenn auch nicht formal — Unrecht, bevor sie für strafbar erklärt wurde; daher kann sie durch das fehlende Bewußtsein der Rechtswidrigkeitserklärung nicht viel weniger vorwerfbar werden.

Die Frage, ob das Wesen des Verbrechens im Ungehorsam oder in seiner Wertwidrigkeit bzw. Sozialschädlichkeit liege, ist also im zweiten Sinne zu beantworten. Darum ist die Vorsatztheorie zumindest in dieser reinen Form abzulehnen. Sie ist „ungerecht", weil sie eine für die strafrechtliche Bewertung nicht unerhebliche, aber doch sekundäre Unterscheidung in den Vordergrund stellt und über die Strafbarkeit oder die Höhe des Strafrahmens entscheiden läßt[203].

Ihre Unrichtigkeit tritt auch darin zutage, daß die meisten Vertreter der Vorsatztheorie sich zu Einschränkungen ihrer Grundposition bereit gefunden haben. Wenn jemand wegen eines Subsumtionsirrtums, z. B. einer unrichtigen Auslegung des Begriffes der „Urkunde", seine Handlung nicht für verboten gehalten hat, müßte ihn die Vorsatztheorie konsequenterweise freisprechen; denn die Voraussetzung des Vorsatzes, „daß der Täter bei der Wahl zwischen Recht und Unrecht sich für das Unrecht entscheidet"[204], liegt nicht vor. Trotzdem begnügt man sich fast überall mit der „Parallelwertung in der Laiensphäre" und macht damit dem materiellen Unrechtsbegriff eine Konzession. Das gleiche gilt für den Versuch, besonders verwerfliche Handlungen trotz mangelnden Unrechtsbewußtseins und trotz angeblich fehlenden Vorsatzes dennoch wie eine vorsätzliche Tat zu bestrafen, wenn der Täter „rechtsfeindlich" handelte, oder wenn sein Irrtum auf einer Einstellung beruhte, die mit der allgemeinen Auffassung über Recht und Unrecht unvereinbar ist. So richtig die Berücksichtigung dieser Erwägungen an sich ist, so wenig konsequent ist sie gegenüber den Prämissen einer auf das Bewußtsein der formellen Rechtswidrigkeit abstellenden Vorsatztheorie. Außerdem ist dieser Versuch, dem wahren Wesen des Verbrechens Rechnung zu tragen, schon deshalb untauglich, weil es nicht möglich ist, den Bereich der „Rechtsfeindlichkeit" auch nur einigermaßen sicher abzustecken. Nicht nur die dogmatische Zwitterhaftigkeit dieses Gebildes, sondern auch die große Unsicherheit bei der Abgrenzung von Vorsatz- und Fahrlässigkeitsstrafe bzw. Straflosigkeit läßt diesen Weg als nicht gangbar erscheinen.

Daher kann die Vorsatztheorie, soweit sie — wenigstens prinzipiell — die Auflehnung gegen den gesetzgeberischen Willen als Voraussetzung des Vorsatzes ansieht, trotz ihrer glatten Ergebnisse keine geeignete Grundlage für die Lösung der durch die Rechtspflichtmerkmale aufgegebenen Irrtumsprobleme bieten.

---

203 Eine eindrucksvolle Zusammenstellung weiterer Argumente gegen die Vorsatztheorie gibt Welzel, ZStW, Bd. 67, 1955, S. 196ff.

204 Vgl. das Schröder-Zitat, oben S. 114.

Die Vorsatztheorie II

Den dargelegten Bedenken trägt eine andere Lehre Rechnung, die wir in Ermangelung einer besseren Bezeichnung „Vorsatztheorie II" nennen wollen. Sie macht zwar den Vorsatz auch vom Bewußtsein der Rechtswidrigkeit abhängig, stellt aber von vornherein nicht mehr auf das Bewußtsein der formellen Rechtswidrigkeit ab, sondern verlangt vom Täter lediglich das Bewußtsein der materiellen Rechtswidrigkeit, d. h. der Sozialschädlichkeit seiner Handlung.

Diese Lehre ist in neuerer Zeit besonders eingehend von Arthur Kaufmann, einem Schüler Radbruchs, begründet und abgewandelt worden[205]. Nach seiner Ansicht hat der Täter innerhalb des Kriminalstrafrechts mit der Kenntnis sämtlicher unrechtsbegründender Merkmale, insbesondere der normativen Tatbestandselemente, stets das Bewußtsein der Sozialschädlichkeit, das zur Verhängung der Vorsatzstrafe genüge; im Bereiche des Ordnungsstrafrechts dagegen, wo die bloße Tatbestandskenntnis dem Täter den materiellen Unrechtsgehalt seiner Handlung nicht vor Augen bringe, sei das Bewußtsein der (formellen) Rechtswidrigkeit eine Voraussetzung des Vorsatzes[206]. Wenn wir noch einmal auf unsere drei Schuldstufen zurückkommen dürfen[207], stellt sich diese Auffassung so dar: Unter den Begriff der vorsätzlichen Handlung fallen alle Taten der ersten Gruppe; innerhalb der zweiten wird noch einmal danach differenziert, ob der Täter, dessen Rechtsauffassung von der des Gesetzgebers abweicht, gegen eine Norm des Justizstrafrechts oder gegen eine ethisch farblose Vorschrift des Verwaltungsstrafrechts verstößt; im ersten Falle wird Vorsatz, im zweiten Fahrlässigkeit angenommen.

Dazu ist zu sagen: Es trifft zu, daß im Bereiche des Kriminalstrafrechts die Tatbestände normalerweise das verbotene Verhalten so beschreiben, daß ihre Kenntnis dem Täter das Bewußtsein der Sozialwidrigkeit geradezu aufdrängt. Daraus folgt aber nicht, daß der Täter sich das materielle Unrecht seiner Tat notwendig klar gemacht haben müßte. Gerade der innerlich verrohte, abgestumpfte oder rücksichtslos leichtfertige Rechtsbrecher pflegt sich über die sozialen Auswirkungen seiner Handlungsweise vielfach keine Gedanken zu machen; deshalb darf er nicht milder ausgehen als derjenige, dem immerhin noch das Gewissen geschlagen hat. Der Tierquäler, der Prügelpädagoge, der Zuhälter und der Wucherer verdienen die Vorsatzstrafe, auch wenn sie sich den sozialen Unwert ihrer Handlungsweise nicht klar gemacht haben; ihre Schuld, die sie mit dem bewußten Rechtsbrecher auf eine Stufe stellt, liegt darin, daß sie es versäumt haben, ihre sittlichen Kräfte für die Erkenntnis der Grundregeln menschlichen Verhaltens einzusetzen. Das, was oben über die

---

205 Vgl. Unrechtsbewußtsein, bes. S. 143 ff., S. 153 mit weiteren Nachweisen; sehr ähnlich Nowakowski, ZStW 65, 1953, S. 385.

206 a. a. O., S. 191.

207 oben S. 112/113.

Kenntnis des Verbots gesagt wurde, gilt wenigstens bei den schwereren kriminellen Delikten auch vom Bewußtsein des materiellen Unrechts der Tat: der höhere Unwertgehalt, der die Verhängung der Vorsatzstrafe rechtfertigt, liegt in erster Linie darin, daß der Täter bewußt etwas tut, was die Grenzen der sozial Tragbaren überschreitet — und nicht so sehr darin, daß er sich dieser Überschreitung bewußt wird. Der Vorsatztheorie II ist also nicht zuzustimmen, wenn sie verlangt, daß der Täter sich das materielle Unrecht seiner Tat notwendig vor Augen geführt haben müsse. Es muß — wenigstens im Bereiche des Kriminalstrafrechts — für die Verhängung der Vorsatzstrafe genügen, daß dem Täter die für die Bestimmung des Unrechts maßgebenden Umstände bekannt waren. Diese Auffassung deckt sich im Ergebnis mit der Lösung, zu der die von Arthur Kaufmann vertretene Variante der Vorsatztheorie II führt — freilich nur deshalb, weil Kaufmann mit der Kenntnis der Merkmale des objektiven Tatbestandes das Bewußtsein der Sozialwidrigkeit eo ipso für gegeben hält.

Je mehr freilich eine Strafrechtsnorm des eigentlich kriminellen Einschlages entbehrt und sich den bloßen Ordnungsvorschriften annähert, desto geringer wird der Vorwurf sein, den wir dem Täter machen, der sich des Unrechts seiner Handlungsweise nicht bewußt geworden ist. Das hat Kaufmann richtig gesehen[208]. Wenn wir uns seiner Auffassung, daß hier das Bewußtsein der Rechtswidrigkeit erforderlich sei, trotzdem nicht anschließen, so hat das seinen Grund in ihrer mangelnden Praktikabilität. Die Grenze zwischen Kriminal- und Ordnungsstrafrecht ist schwer zu ziehen. Es ist keineswegs so, daß alle Vorschriften des Strafgesetzbuches sozialethisch fundiert sind und daß das ganze Nebenstrafrecht nur ordnende Funktion hat. Bei Annahme dieser Lehre würde es oft unsicher bleiben, ob für den Vorsatz im konkreten Fall das Bewußtsein der Rechtswidrigkeit erforderlich ist oder nicht. Daher kann diese Regelung trotz ihrer Gerechtigkeit nicht vollkommen befriedigen, weil sie keine hinreichende Rechtssicherheit gewährt.

Die Schuldtheorie I

Es handelt sich hier um die Lehre, die Mezger als „Schuldstufentheorie" bezeichnet hat[209], und die man neuerdings auch „eingeschränkte Schuldtheorie" nennt. Sie beachtet scharf die Grenzen der drei von uns herausgehobenen Schuldstufen und unterwirft die beiden ersten Gruppen der schwereren Vorsatzstrafe. Das hat besonders deutlich von Weber[210] ausgesprochen. Die Voraussetzungen der Vor-

[208] Ebenso jetzt wieder mit Nachdruck Lange, JZ 1956, S. 73 ff., 519 ff. und JZ 1957, S. 233 ff.

[209] NJW 1953, S. 5. Er bezeichnet diese Lehre gleichzeitig anders als wir mit dem Ausdruck „Schuldtheorie *II*", worauf zur Vermeidung von Mißverständnissen besonders hingewiesen sei.

[210] Mezger-Festschrift, S. 189.

satzstrafe umschreibt er so: „Der Inhalt des Gewollten muß — bei objektiver Bewertung — rechtswidrig sein; ob der Täter erkennt, daß dies der Fall ist, ob seine subjektive Bewertung der Tat mit der objektiven Bewertung vom Standpunkt des geltenden Rechts übereinstimmt, ist dagegen unerheblich". In beiden Fällen handelt der Täter vorsätzlich. Dagegen werden die Irrtumsfälle der Gruppe drei, bei denen das vom Täter Gewollte mit den Geboten der Rechtsordnung übereinstimmt, nur der Strafdrohung für fahrlässige Taten unterworfen.

Man kann diese Theorie — soweit das bei der Umstrittenheit der Irrtumsfragen überhaupt möglich ist — als die im Augenblick herrschende bezeichnen. Zu ihren Vertretern gehören alle, die nicht die Rechtswidrigkeit selbst, wohl aber die sachlichen Voraussetzungen der Rechtfertigungsgründe zum Gegenstand des Vorsatzes machen. Auch der BGH hat sich ihr — wenigstens grundsätzlich — angeschlossen[211]. Die sehr mißverständliche Formulierung, daß es darauf ankomme, ob der Täter „an sich rechtstreu" sei, will sachlich etwas Richtiges besagen: Der für eine Bestrafung wegen vorsätzlicher Tat ausscheidende „rechtstreue" Täter will inhaltlich nichts von der Rechtsordnung Abweichendes — will er das aber, so handelt er auch dann vorsätzlich, wenn ihm das Bewußtsein der Rechtswidrigkeit fehlt.

Durch die einschränkungslose Zusammenfassung der Schuldstufen 1 und 2 unter den Begriff der vorsätzlichen Tat wird eine verhältnismäßig glatte Trennung von vorsatzausschließendem Tatbestands- und höchstens schuldminderndem Verbotsirrtum ermöglicht. Der Vorsatz entfällt immer dann, wenn der Täter über einen für das Unrecht maßgebenden Umstand irrt, einerlei, ob er positiv unrechtsbegründend oder negativ unrechtsausschließend, gesetzlich festgelegt oder ungeschrieben ist. Damit ist für den Bereich der Irrtumslehre der von Lang-Hinrichsen entwickelte „Gesamttatbestand" maßgebend[212].

Auf seiner Grundlage lassen sich die Irrtumsfragen sachgerecht lösen:

Die Schuldtheorie in der hier vertretenen Form ist den Vorsatztheorien, die in allen Fällen für die Verhängung der Vorsatzstrafe das Bewußtsein der formellen oder mindestens der materiellen Rechtswidrigkeit der Tat verlangen, überlegen; denn sie wird dem Grund des erhöhten Schuldvorwurfs, der im bewußten Tun des bei objektiver Betrachtung Unrechten und nicht so sehr im Bewußtsein des Unrechts liegt, besser gerecht und ist daher auch nicht genötigt, ihre Grundposition durch so unscharfe Maßstäbe wie den der Rechtsfeindschaft einzuschränken.

---

[211] Vgl. JZ 1952, S. 595/96 mit abl. Anm. Welzel (= BGHSt 3, 105 ff.).

[212] Vgl. oben S. 43; Lang-Hinrichsen selbst löst die Irrtumsfragen allerdings nicht auf der Basis dieses Tatbestandes; er ist Anhänger der Vorsatztheorie.

Sie ist aber auch der von Arthur Kaufmann vertretenen Modifizierung der Vorsatztheorie II vorzuziehen. Zwar kann im Bereiche des Ordnungsstrafrechts der gegen den ohne Unrechtskenntnis handelnden Täter zu erhebende Schuldvorwurf sehr gering oder ausgeschlossen sein; aber diesen Fällen kann die Schuldtheorie durch eine bis unter den Vorsatzstrafrahmen hinabgehende Schuldminderung und einen möglichen Schuldausschluß gerecht werden. Sie erreicht damit im Ergebnis ebenso angemessene Lösungen wie die Lehre Arthur Kaufmanns und Langes und vermeidet deren Rechtsunsicherheit. Praktisch ist der ergebnismäßige Unterschied beider Lehren allerdings nicht sehr erheblich. Arthur Kaufmann[213] meint sogar im Anschluß an Nowakowski[214], daß durch seine Lehre im Bereiche des kriminellen Unrechts der Gegensatz zwischen Schuld- und Vorsatztheorie ganz überwunden werde.

Eine Lösung des Problems der Rechtspflichtmerkmale wird demnach auf der Grundlage der hier vertretenen Schuldtheorie vorgenommen werden müssen. Ihre Ausführung kann allerdings erst nach einer Stellungnahme zu der namentlich von Welzel mit Nachdruck verfochtenen Variante dieser Lehre erfolgen, die wir Schuldtheorie II nennen wollen.

Die Schuldtheorie II

Im Mittelpunkt der Auseinandersetzung um die Irrtumslehre steht augenblicklich nicht mehr der Streit zwischen Vorsatz- und Schuldtheorie, sondern der Kampf zwischen zwei verschiedenen Schuldtheorien. Die Differenz beider Lehren liegt in der unterschiedlichen Behandlung der sachlichen Voraussetzungen der Rechtfertigungsgründe, die man auch negative Tatbestandsmerkmale oder Rechtfertigungsmerkmale nennt. Die oben besprochene Schuldtheorie I zählt sie zum (Irrtums-)Tatbestand, während die Schuldtheorie II, die heute vielfach sog. „strenge“ Schuldtheorie, die besonders von Welzel, aber auch von Eb. Schmidt, Bockelmann, Dohna, Niese und Armin Kaufmann vertreten wird, sie zur Rechtswidrigkeit stellt und einen Irrtum über sie als Verbotsirrtum ansieht[215].

Die Schuldtheorie II stellt von allen modernen Lehren die geringsten Anforderungen an den Vorsatz. Im Gegensatz zur Schuldtheorie I läßt sie die Grenze zwischen den Schuldstufen 2 und 3 außer acht. Das zeigt der bekannte Fall der Putativnotwehr: Jemand glaubt sich irrigerweise angegriffen und bringt dem vermeintlichen Angreifer eine Verletzung bei, die sich, wenn wirklich ein Angriff vorläge, im Rahmen des zur Abwehr Erforderlichen hielte. Hier liegt im Sinne unserer Rubrizierung ein eindeutiger Fall der dritten Schuldstufe

---

[213] JZ 1954, S. 654, Anm. 15.

[214] ZStW 65, 1953, S. 385.

[215] Zum Streitstand vgl. Arthur Kaufmann, JZ 1954, S. 653—659 mit Nachweisen, und Armin Kaufmann, JZ 1955, S. 37—41, neuestens wieder Arthur Kaufmann, JZ 1956, S. 353—358 und Fukuda, JZ 1958, S. 143 ff.

vor; der Inhalt des Täterwillens steht bei objektiver Betrachtung im Einklang mit der Rechtsordnung: Es ist nicht verboten, sich eines rechtswidrigen Angriffs mit Gewalt zu erwehren und dem Angreifer erforderlichenfalls eine Körperverletzung beizubringen.

Daraus folgt: Keine der bisher erörterten Lehren kann eine vorsätzliche Tat annehmen; denn die Vorsatztheorie I unterstellt nur Fälle der ersten Schuldstufe dem höheren Strafrahmen; die Vorsatztheorie II nimmt einen Teil der zweiten Schuldstufe hinzu, und die Schuldtheorie I zählt die gesamte zweite Schuldstufe zum Vorsatz. Alle aber sind darüber einig, daß die Fälle der Gruppe drei höchstens als fahrlässige Taten zu bestrafen sind.

Allein die von Welzel vertretene Schuldtheorie greift auch in die dritte Gruppe hinein und bestraft den in Putativnotwehr handelnden Täter wegen vorsätzlicher Körperverletzung[216]. Welzel kommt zu diesem Ergebnis, indem er innerhalb der dritten Schuldstufe noch eine weitere Differenzierung vornimmt. Er nimmt aus der Vielzahl der Umstände, die in ihrer Gesamtheit das Unrecht bestimmen, einige heraus, die zwar das Unrecht allein nicht umgrenzen können, die aber immerhin „aus der unübersehbaren Fülle menschlichen Verhaltens diejenigen Vollzüge" hervortreten lassen, „welche strafrechtlich erheblich sind und der Bewertung als rechtmäßig oder rechtswidrig unterliegen"[217]. Damit meint er, wie er an anderer Stelle deutlicher ausspricht, „diejenigen Handlungen . . ., die aus den Ordnungen des sozialen Lebens in unerträglicher Weise herausfallen und die ihrerseits nur in extremen Situationen gerechtfertigt werden können"[218]. Wenn man diese Worte unserem Gedankengange einverwandelt, so bedeuten sie:

Vorsätzlich handelt jeder, der die Umstände kennt, die seine Handlung zu einer rechtlich erheblichen, aus den sozialen Ordnungen herausfallenden Tat machen; und zwar auch dann, wenn das von ihm Gewollte bei objektiver Betrachtung mit den Normen des Rechts im Einklang steht. Man müßte demnach die dritte Gruppe noch einmal unterteilen:

aa) Der Täter will etwas objektiv Rechtmäßiges, kennt aber immerhin die Umstände, die die rechtliche Relevanz seiner Tat begründen: Vorsatz.

Beispiel: Der Täter weiß, daß er einen Menschen verletzt (was aus den Ordnungen des Soziallebens herausfällt), glaubt aber in Notwehr zu handeln.

bb) Der Täter will etwas objektiv Rechtmäßiges und kennt auch nicht die Umstände, die seine Handlung rechtserheblich werden lassen: Fahrlässigkeit.

---

[216] Sofern nicht der Irrtum unvermeidbar war.

[217] ZStW, Bd. 67, 1955, S. 211.

[218] Neues Bild, 2. Aufl., S. 54, Anm. 1; vgl. dazu in anderem Zusammenhang schon oben S. 97.

Beispiel: Der Täter fährt mit seinem Rade spazieren (was rechtlich unerheblich ist), ist unachtsam und verletzt einen Fußgänger.

Daß der Täter in den Fällen der ersten Untergruppe einen schärferen Vorwurf verdiene, begründet Welzel[219] mit den Worten: „Wer ... die Tatumstände des gesetzlichen Tatbestandes, in denen das Gesetz die aus den Ordnungen des Soziallebens herausfallenden Handlungen umschreibt, bewußt verwirklicht, muß aus dieser Wissenschaft doppelten Anlaß zur Prüfung schöpfen, ob er ausnahmsweise berechtigt ist, die Handlung dennoch vorzunehmen". Wer sich also anschickt, jemanden zu verletzen, muß sich sagen: „Was du da tun willst, bewegt sich nicht im Rahmen des Sozialüblichen; darum prüfe ganz genau, ob du dazu berechtigt bist". Unterläßt er diese Prüfung, so unterfällt seine Tat, wenn sie unberechtigt war, dem Vorsatzstrafrahmen. Wer dagegen nur mit dem Rade spazieren fährt, braucht solche Überlegungen nicht anzustellen, weil er nichts Unübliches vorhat. Darum trifft ihn ein geringerer Vorwurf, wenn er jemanden verletzt.

Die Frage, ob es vom Boden dieser Auffassung aus konsequent ist, die Rechtspflichtmerkmale in der Art Welzels zu behandeln, ist wiederholt angeschnitten worden[220]. Dabei zeigte sich, daß es für die Schuldtheorie nicht möglich ist, die rechtswidrigkeitsumschließenden Umstände als Tatbestandsmerkmale anzusehen[221], daß es von Welzels Standpunkt aus aber auch zu Ungereimtheiten führt, sie ganz zur Rechtswidrigkeit zu zählen[222]. Unten wird noch auszuführen sein, daß auf der Grundlage der Schuldtheorie II eine wenigstens in sich folgerichtige Lösung des Problems der Rechtspflichtmerkmale überhaupt nicht möglich ist[223].

Trotzdem können wir uns damit nicht begnügen, sondern müssen uns mit dieser Lehre auch allgemein auseinandersetzen, weil einige der Rechtspflichtmerkmale unmittelbar auf Rechtfertigungsgründe hinweisen oder ihnen so nahestehen, daß bei ihnen die von Welzel vorgeschlagene Regelung die „zwingende Konsequenz"[224] der von ihm vertretenen Schuldtheorie darstellt[225]. Seine Behandlung dieser Merkmale würde durch einen Hinweis auf die bei anderen Rechtswidrigkeitsmomenten auftretenden Unstimmigkeiten nicht widerlegt werden.

Es sind augenblicklich noch drei Hauptargumente, mit denen die Vertreter der Schuldtheorie II einen alle unrechtsbestimmenden Merkmale umfassenden Irrtumstatbestand widerlegen wollen.

---

[219] MDR 1952, S. 589 mit einem Teilzitat aus Binding, Normen, Bd. II, S. 152, Anm. 29; vgl. auch Fukuda, JZ 1958, S. 146/47 unter 6).
[220] zuletzt S. 104—106, 97—99.
[221] oben S. 99/100.
[222] oben S. 86—97.
[223] Vgl. S. 131/132.
[224] ZStW, Bd. 67, 1955, S. 227.
[225] Dazu oben S. 105.

aa) Der erste Grund soll sich aus dem Wesen des Vorsatzes ergeben[226]. Der Gedankengang ist hier — in kurzen Worten ausgedrückt — folgender:

1. Ein Täter handelt nur dann vorsätzlich, wenn er im Augenblick der Tat das aktuelle Bewußtsein sämtlicher Tatumstände hat.

2. Dieser Satz gilt nicht nur für die positiven, sondern auch für die sog. negativ gefaßten Tatumstände. Der Unterschied zwischen beiden liegt nur darin, daß bei den positiven Tatumständen das aktuelle Bewußtsein ihres Vorliegens, bei den negativ gefaßten hingegen das aktuelle Bewußtsein ihres Nichtvorliegens erforderlich ist. Es ist ein schwerer, mit den Dolusgrundsätzen unvereinbarer Irrtum, wenn häufiger angenommen wird, bei allen negativ gefaßten Umständen genüge „das Fehlen der Vorstellung vom Vorliegen des negierten Sachverhaltes; des Bewußtseins des Fehlens des negierten Sachverhaltes" bedürfe es nicht[227]. Vielmehr muß etwa in § 182 StGB der Täter, der ein Mädchen verführt, sich aktuell bewußt sein, daß das Mädchen „das sechzehnte Lebensjahr noch nicht vollendet hat" und „unbescholten" ist — obwohl beide Umstände negativer Art sind. Es genügt keineswegs, „daß der Täter weiß, ein Mädchen vor sich zu haben"[227].

3. Daraus folgt: Wenn die sachlichen Voraussetzungen der Rechtfertigungsgründe Tatbestandsmerkmale wären, so müßte der vorsätzlich Handelnde bei der Tatbegehung stets das aktuelle Bewußtsein des Nichtvorliegens aller Rechtfertigungsmerkmale haben. Das aber ist unmöglich. „Der Vorsatz eines Täters, der einen Mord, einen Totschlag, . . . eine Körperverletzung begeht, braucht natürlich nicht das Bewußtsein zu umfassen, daß keine Notwehr, keine Einwilligung des Verletzten, kein sonstiger denkbarer Rechtfertigungsgrund vorliegt. Welch monströsen Vorsatz ergäbe das sonst und welch psychologische Unmöglichkeit wäre es!"[228]

4. Wenn aber der Tätervorsatz sich ersichtlich nicht auf das Fehlen aller Rechtfertigungsvoraussetzungen zu erstrecken braucht, so können diese Umstände auch nicht zum Tatbestande gehören; denn es liegt im Wesen der Tatbestandsmerkmale, daß ihr Vorliegen bzw. Nichtvorliegen vom Täter aktuell vorgestellt sein muß.

Diesem Gedankengang ist darin zuzustimmen, daß nicht — wie man bisher annahm[229] — bei allen negativen Umständen schon die fehlende Vorstellung des negierten Sachverhaltes für den Vorsatz ausreicht.

---

226 Vgl. darüber zuletzt Welzel, ZStW, Bd. 67, 1955, S. 208—210 und Armin Kaufmann, JZ 1955, S. 37/38.

227 Armin Kaufmann, JZ 1955, S. 38.

228 Welzel, ZStW a. a. O., S. 210.

229 Radbruch, Frank-Festgabe, Bd. I, S. 164; Arthur Kaufmann, JZ 1954, S. 657, Anm. 37; jetzt aber einschränkend JZ 1956, S. 357; von Weber, Mezger-Festschrift, S. 185.

Die Unterscheidung von „negativ gefaßten Tatumständen", die zum Tatbestand gehören und deren Nichtvorliegen aktuell vorgestellt sein muß, und „negativen Tatbestandsmerkmalen", die in Wirklichkeit nicht zum Tatbestande gehören und deren Nichtvorliegen daher auch nicht vom Vorsatz umfaßt zu sein braucht, trifft aber ebenfalls nicht das Richtige. Dabei soll die Frage, ob es überhaupt aus dem Wesen des Gesamttatbestandes abzuleiten ist, daß der Vorsatz das Nichtvorliegen der Rechtfertigungsgründe umfassen müsse, oder ob diese Folgerung nicht vielmehr auf einem Trugschluß — der Verwechselung der Abwesenheit eines Tatumstandes mit dem Tatumstand seiner Abwesenheit — beruht, hier gar nicht von neuem aufgerollt werden[230]. Selbst wenn man Welzel und Armin Kaufmann darin folgen wollte, daß die Schuldtheorie I für den Tatvorsatz das Wissen des Täters vom Nichtvorliegen der Rechtfertigungsgründe verlangen müsse, käme man keineswegs zu den von ihnen befürchteten Monstrositäten. Man muß bei einer solchen Annahme vielmehr folgendermaßen differenzieren:

Es gibt Fälle, bei denen der auf die Verwirklichung eines bestimmten Zieles gerichtete Vorsatz des Täters die Nichtannahme andersgearteter Geschehensabläufe in sich schließt. Wenn etwa ein Räuber einen Passanten auf dunkler Straße überfällt, um ihm seine Geldbörse wegzunehmen, so ergibt sich aus der Situation mit zwingender Selbstverständlichkeit, daß für den Räuber die Voraussetzungen der Notwehr, des übergesetzlichen Notstandes, der Einwilligung etc. nicht vorliegen. Das ist dem Räuber auch bekannt, selbst wenn er über das Nichtvorliegen dieser Rechte keine Reflexionen anstellt. Der Raubvorsatz enthält zwangsläufig die Vorstellung in sich, nicht in Notwehr oder mit Einwilligung des Beraubten zu handeln. Dieses immanente Bewußtsein des Nichtvorliegens der Rechtfertigungsgründe reicht für den Vorsatz aus.

Bei manchen negativen Umständen liegt es jedoch anders. Der Vorsatz, ein Mädchen zu verführen (§ 182 StGB), schließt keineswegs notwendig die Annahme in sich, daß das Mädchen das sechzehnte Lebensjahr noch nicht vollendet habe. Vielmehr ist der Verführungsvorsatz von der Annahme oder Nichtannahme eines bestimmten Alters der Verführten unabhängig. Aus diesem Grunde genügt hier für den Vorsatz nicht das Bewußtsein, ein unbescholtenes Mädchen zu verführen, sondern der Täter muß sich außerdem vorstellen, daß das Mädchen noch nicht 16 Jahre alt ist. Freilich kann auch hier nicht mehr verlangt werden, als daß der Täter sich trotz dieses Wissens zur Tat entschlossen hat; es ist nicht erforderlich — wie es Welzel anzunehmen scheint — daß der Täter sich während des gesamten Verführungsaktes dauernd das Alter des Mädchens aktuell vorstelle.

Es ergibt sich also aus der Natur der Sache, daß die Anforderungen an den Vorsatz verschiedenartig sein müssen. Diese Frage hat mit

---

[230] Vgl. dazu jetzt wieder Arthur Kaufmann, JZ 1956, S. 357.

der Zugehörigkeit der betreffenden Umstände zum Tatbestand nichts zu tun. Auch bei „negativ gefaßten Tatumständen“ im Sinne Welzels ist es oft nicht anders als bei den Rechtfertigungsgründen[231]. So genügt es in § 243 I, Ziff. 3 sicherlich, daß der Täter weiß, er öffne eine Tür mit einem Dietrich; man kann nicht verlangen, daß er sich dabei noch aktuell vorstelle, der Dietrich sei ein zur ordnungsmäßigen Eröffnung nicht bestimmtes Werkzeug, denn dieses Wissen wird durch den Vorsatz zur Benutzung des Dietrichs mit eingeschlossen. Auch im Falle des § 182 StGB reicht es für den Vorsatz selbstverständlich aus, daß der Täter sich (positiv) vorgestellt hat, das Mädchen sei 15 Jahre alt; niemand wird verlangen, daß er außerdem noch daran denke, daß die Verführte „das sechzehnte Lebensjahr nicht vollendet“ habe; denn das Bewußtsein vom Nichtvorliegen dieser Tatsache ist der (positiven) Vorstellung vom Alter des Mädchens immanent. In § 132a, wo Welzel das Wörtchen „unbefugt“ jetzt nicht mehr als Rechtswidrigkeitsmoment, sondern als negativ gefaßten Tatumstand ansieht[232], muß es für die Bestrafung wegen vorsätzlicher Tat auch nach Welzel ausreichen, daß der Täter seine fehlende Befugnis kennt, ohne daß er sie sich im Augenblick der Tat aktuell vorgestellt hat.

In allen Fällen genügt mithin für den Vorsatz ein sich aus der Situation ergebendes Wissen auch ohne aktuelle Vorstellung; eine aktuelle Vorstellung ist nur dort erforderlich, wo sich das Nichtvorhandensein eines Umstandes aus der Situation nicht von selbst ergibt. Ob das eine oder das andere nötig ist, kann nur von Fall zu Fall entschieden werden; die Entscheidung dieser Frage ist unabhängig davon, ob es sich um einen „negativ gefaßten Tatumstand“ oder um ein Rechtfertigungsmerkmal handelt.

bb) Der zweite Grund ist von Armin Kaufmann beigebracht worden[233]. Er meint, bei fast allen Rechtfertigungsgründen sei ein Eingreifen in fremde Rechte nur im Rahmen des Erforderlichen erlaubt. Die Prüfung der Erforderlichkeit setze eine Wertabwägung voraus. Diese Wertabwägung sei aber nur möglich auf der Grundlage einer bereits vorhandenen Tatbestandsmäßigkeit. „Der Vergleich verschiedener Mittel zum selben Zweck setzt ... voraus, daß die vorhandene oder fehlende Tatbestandsmäßigkeit dieser Mittel feststeht“. Denn: „Außerhalb des Kreises der Verbote ist jede Verteidigung ‚erlaubt‘, ohne Rücksicht auf ihre ‚Erforderlichkeit‘“; „erst wenn ‚an sich‘ die Rechtswidrigkeit gegeben ist, kann das Rechtfertigungsurteil ansetzen“[234].

Weiter meint Kaufmann: Wollte man dem Täter die Beurteilung der Erforderlichkeit überlassen, so wäre der Vorsatzausschluß „von

---

[231] Vgl. die Übersicht bei von Weber, Mezger-Festschr., S. 184.
[232] LB (6), S. 418, im Gegensatz zur Vorauflage; im übrigen begnügt auch Welzel selbst sich bei allen täterschaftlichen Merkmalen mit ihrer aktualisierbaren Kenntnis, ohne heute noch ihren tatbestandlichen Charakter zu leugnen.
[233] Lebendiges und Totes, S. 253 ff., JZ 55, S. 39, 40.
[234] Lebendiges und Totes, S. 255.

der Vorstellung des Täters über die rechtliche Bewertung seiner Mittel abhängig"[235].

Diese Argumente werden von Kaufmann ausdrücklich auch auf die Rechtspflichtmerkmale angewendet, soweit sie verkappte Rechtfertigungsgründe darstellen[236]. Das ist — zumindest im Falle des § 113 StGB — durchaus folgerichtig, denn auch der Widerstand gegen Vollstreckungsbeamte darf natürlich die Grenze des Erforderlichen nicht überschreiten.

Der ganze Gedankengang ist jedoch nicht überzeugend. Es ist unklar, warum man Erwägungen über die Erforderlichkeit nur auf der Grundlage der Tatbestandsmäßigkeit einer Handlung sollte anstellen können. Muß eine Handlung wirklich „an sich verboten" sein, wenn sie nur im Rahmen des Erforderlichen gestattet ist? Dafür sprechen keine zwingenden Gründe. Und wenn es so wäre: Warum muß man dem „an sich Verbotenen" den Charakter des Tatbestandes zusprechen? Dafür spricht gar nichts. Man könnte höchstens geltend machen, daß kein Täter auf den Gedanken komme, Erwägungen über die Erforderlichkeit anzustellen, wenn er nicht wisse, daß seine Handlung „eigentlich verboten", d. h. also tatbestandsmäßig, sei. Aber das ist erstens sehr zweifelhaft, und zweitens gilt es — soweit es richtig ist — auch für unbestrittene Tatbestandsmerkmale. Mit derselben Berechtigung könnte man sagen, daß niemand darüber nachdenken werde, ob das von ihm verführte Mädchen mindestens 16 Jahre alt sei, wenn er nicht wisse, daß das Verführen „an sich" verboten sei. Dennoch ist niemand der Ansicht, daß die Nichtvollendung des 16. Lebensjahres nicht zum Tatbestand gehöre.

Was das zweite Argument Kaufmanns anlangt, so muß zugegeben werden, daß auf der Grundlage des Gesamttatbestandes der Vorsatz jedenfalls bis zu einem gewissen Grade von der Meinung des Täters über die „Erforderlichkeit" abhängt. Es ist ein Sonderproblem, wie weit man hier dem Täter die Abschätzung selbst überlassen soll. Mit der Zugehörigkeit zu Tatbestand oder Rechtswidrigkeit hat aber auch diese Frage nichts zu tun. Sie stellt sich ebenso bei unbestrittenen Tatumständen wie dem „zu schnellen Fahren" (§ 315 a, Ziff. 4), dem „ruhestörenden Lärm" (§ 360 Ziff. 11) usw. Auch hier wird man kaum allein darauf abstellen können, ob der Täter selbst seine Fahrt für „zu schnell" oder den von ihm verbreiteten Lärm für „ruhestörend" gehalten hat. Eine Lösung dieses Problems soll hier nicht erfolgen. Ein Beweis für den fehlenden tatbestandlichen Charakter der „Erforderlichkeit" ist aus ihm jedenfalls nicht zu gewinnen.

cc) Das dritte und letzte Argument, das gegen einen alle unrechtsbegründenden Umstände umfassenden Irrtumstatbestand geltend gemacht wird, ist trotz „sachlogischer" Verbrämung teleologischer Natur. Hinter der andersartigen Behandlung von Tatumständen

---

[235] JZ 1955, S. 40.
[236] Lebendiges und Totes, S. 259, für §§ 113 und 137 StGB.

und Rechtfertigungsmerkmalen stehen nach Ansicht Welzels „materiale Unterschiede, die der Gesetzgeber nicht schafft, sondern weitgehend vorfindet“[237]. Die Lehre von den negativen Tatumständen „verkennt elementare Wertunterschiede des Rechts“[238]. Nach ihr „müßte die Tötung eines Menschen in Notwehr rechtlich genau dasselbe sein wie die Tötung einer Mücke: beides tatbestandslose Vorgänge. Um diese Konsequenz kommt jene Lehre niemals herum. An ihr muß sie scheitern, denn sie ist offenkundig falsch ...“[238].

Dazu ist folgendes zu sagen: Die Welzelsche Differenzierung hat zwar einen guten Sinn. Das ist oben schon erklärt worden[239]: Wer weiß, daß er etwas sozial Unübliches tut, muß doppelt vorsichtig sein. Darum sind auch schon das RG und jetzt wieder der BGH durch die Anerkennung einer Prüfungs- und Informationspflicht bei Annahme der Voraussetzungen des übergesetzlichen Notstandes zu ähnlichen Ergebnissen gekommen.

Aber daß hier ein Wertunterschied liegt, ist nicht entscheidend. Wertungsnuancen lassen sich in noch größerer Zahl auffinden. Es kommt darauf an, von allen diesen Unterscheidungen diejenige herauszugreifen, die die größte und bedeutendste Bewertungsdifferenz erkennen und nicht wesentlichere Schuldabstufungen außer acht läßt: Sie muß die Grenze zwischen dem Vorsatz- und dem Fahrlässigkeitsstrafrahmen bilden.

Wir haben schon dargelegt, daß nach unserer Überzeugung diese Grenze zwischen den Schuldstufen 2 und 3 verläuft, daß also die größte Bewertungsdifferenz darin liegt, ob der Wille des Täters unabhängig von subjektiven Vorstellungen bei objektiver Betrachtung rechtswidrig ist oder nicht.

Nach Welzels Lehre stehen die Handlungsweise eines brutalen Totschlägers und eine Tötung in Putativnotwehr einander in der Bewertung näher als die Putativnotwehrtat und die Handlungsweise eines Autofahrers, der achtlos einen Menschen zu Tode fährt. Das leuchtet nicht ein. Es handelt sich dabei zwar um eine im letzten unbeweisbare Wertungsfrage; aber es sollte doch zu denken geben, daß in den langen Jahrzehnten der reichsgerichtlichen Rechtsprechung unter fast einmütiger Billigung auch des Schrifttums ein Irrtum über die sachlichen Voraussetzungen eines Rechtfertigungsgrundes stets als vorsatzausschließend behandelt worden ist[240], ohne daß je unbillige Ergebnisse hervorgetreten wären. Hellmuth Mayer[241] will darum der jetzt vom BGH wieder aufgenommenen Judikatur sogar gewohnheitsrechtliche Geltung zusprechen. Auch wenn man das bestreitet, wird man doch die Schuldtheorie I für „gerechter“

---

[237] Neues Bild, 2. Aufl., S. 54, Anm. 1.

[238] ZStW 1955, Bd. 67, S. 210/211.

[239] S. 122/123.

[240] wenn man von den Ausnahmefällen des übergesetzlichen Notstandes einmal absieht.

[241] MDR 1952, S. 394.

halten müssen. Es bedeutet eine Gleichbehandlung des wertungsmäßig Ungleichen, wenn ein Täter, der — auch bei objektiver Betrachtung — nichts von den Wünschen des Gesetzgebers Abweichendes wollte und der nur infolge einer Unachtsamkeit einen mißbilligten Erfolg verursacht hat, der Vorsatzstrafe ebenso unterliegt wie ein Täter, dessen Willensrichtung Mißbilligung verdient oder der sich sogar bewußt über die Rechtsgebote hinwegsetzt.

Die Lösung der Schuldtheorie II verstößt aber nicht nur gegen die Gerechtigkeit, sondern auch gegen die Rechtssicherheit. Diese verlangt, daß Tatbestands- und Verbotsirrtum klar unterscheidbar sind und daß die Zugehörigkeit eines Merkmals zum Tatbestand oder zur Rechtswidrigkeit ein für alle Mal festliegt und apriorisch bestimmbar ist. Davon geht auch Welzel aus, wenn er schreibt, das Verhältnis von Tatbestand und Rechtfertigungsgrund sei unvertauschbar; ein Rechtfertigungsgrund könne in keiner denkbaren Weise Bestandteil einer Verbotsmaterie sein[242]. Dennoch bietet seine Auffassung, zum Tatbestand gehörten alle Merkmale, die das Herausfallen einer Tat aus den sozialen Ordnungen begründeten, keinen klaren Abgrenzungsmaßstab. Wo liegt die Grenze, an deren einer Seite die Tat sich gerade eben noch innerhalb der sozialen Ordnung bewegt, an deren anderer sie diese Ordnungen schon verläßt, und wann endlich wird diese Grenze so „schwerwiegend" überschritten, daß ein Tatbestand erfüllt ist? Das alles läßt sich nicht generell festlegen. Will man sich nicht völliger Unsicherheit überlassen, so muß man sich bei der Bestimmung des sozial Unerträglichen auf die Einzelparagraphen des Gesetzes stützen, die die Voraussetzungen des Unrechts teils mehr, teils weniger vollständig enthalten. Diese Fassung aber ist entgegen der Ansicht Welzels oft von sprachlichen Zufälligkeiten abhängig.

So schließt z. B. nach seiner Lehre die Einwilligung in den Geschlechtsverkehr den Tatbestand der Notzucht aus, weil in einem solchen Falle das Tatbestandsmerkmal der Nötigung nicht erfüllt ist[243]. Ein sportlicher Boxkampf oder eine kosmetische Operation dagegen verwirklichen trotz Einwilligung des Partners den Tatbestand der Körperverletzung; hier schließt die Einwilligung nur die Rechtswidrigkeit aus[244]. Wenn also jemand mit Gewalt eine Frau zur Duldung des außerehelichen Beischlafs nötigt, dabei jedoch glaubt, es handele sich um eine vis haud ingrata, so befindet er sich im Tatbestandsirrtum und wird freigesprochen. Wenn aber ein Arzt eine Schönheitsoperation vornimmt, weil er infolge eines Mißverständnisses der Ansicht ist, der Patient habe eingewilligt, so befindet er sich im Verbotsirrtum und kann wegen vorsätzlicher Körperverletzung bestraft werden. Man fragt sich vergeblich nach der inneren Logik einer solchen Unterscheidung. Sie kommt in Wahrheit allein

242 Aktuelle Probleme S. 14.
243 LB S. 83 (6).
244 LB S. 84/85, 241 (6).

dadurch zustande, daß die deutsche Sprache für eine „Körperverletzung wider Willen des Verletzten“ kein passendes Zeitwort besitzt, das das Handeln gegen den Willen des Betroffenen schon in der Einzelstrafbestimmung — wie in § 177 — auszudrücken erlaubte.

Auch der Gedanke des § 226a StGB läßt sich nicht für diese Unterscheidung ins Feld führen. Warum soll die Wirksamkeit der Einwilligung in Körperverletzungen, Beleidigungen, Freiheitsberaubungen davon abhängen, ob die Tat mit den guten Sitten in Einklang steht, während es bei § 177 darauf überhaupt nicht ankommen soll? Wenn eine berufstätige Frau in sadistische Verletzungen einwilligt, um nicht ihr Brot zu verlieren[245], bleibt der Täter wegen Körperverletzung strafbar; wenn sie aus demselben Grunde ihre Geschlechtsehre preiszugeben gezwungen ist, ist noch nicht einmal der Tatbestand des § 177 erfüllt. Auch dafür ist ein innerer Grund nicht ersichtlich. Wenn man schon den Gedanken des § 226a über den im Gesetz allein geregelten Fall der Körperverletzung hinaus ausdehnt, sollte man ihn bei allen Fällen der Einwilligung anwenden. Eine Beschränkung auf einzelne Tatbestände ist vom Standpunkt teleologischer Betrachtung aus willkürlich.

Wenn in § 123 StGB der Täter irrtümlich an das Einverständnis des Hausrechtsinhabers glaubt, befindet er sich im Tatbestandsirrtum, weil ihm der Vorsatz des „Eindringens“[246] fehlt. Wer wollte bezweifeln, daß nach der strengen Schuldtheorie ein Verbotsirrtum anzunehmen wäre, wenn der Gesetzgeber anstatt von widerrechtlichem Eindringen sachlich gleichbedeutend von widerrechtlichem Betreten gesprochen hätte? Die Konsequenz, die Welzel gerade vermeiden will, daß nämlich der Tatbestand ein „zufälliges stilistisches Gebilde“[247] werde, tritt hier für seine eigene Tatbestandslehre klar zutage.

Im übrigen stimmt die gesetzliche Fassung der Einzeltatbestände mit Welzels Tatbestandsauffassung nur sehr selten zusammen. Kann man wirklich sagen, daß Handlungen wie die Vornahme einer Schönheitsoperation oder die Züchtigung eines Kindes durch seinen Vater „aus den Ordnungen des sozialen Lebens schwerwiegend herausfallen“ und damit „rechtlich relevant“ sind? Die Frage stellen, heißt sie verneinen.

Daraus ergibt sich: Wenn Welzel seinen Tatbestand aus dem Wortlaut der einzelnen Strafbestimmungen gewinnt, paßt seine Tatbestandskonzeption oft nicht mehr. Die Folge ist, daß die Irrtumsentscheidungen selbst von Welzels Standpunkt aus willkürlich und ungerecht werden, weil der Täter in diesen Fällen nicht durch die soziale Unüblichkeit seiner Handlung zu doppelt sorgfältiger Prüfung ihrer Rechtmäßigkeit aufgefordert wird.

Wenn daher Welzel seine Lehre, daß der Tatbestand die aus den sozialen Ordnungen schwerwiegend herausfallenden Handlungen umschreiben soll, wirklich durchhalten wollte, so müßte er sich seinen Tatbestand unabhängig von den zufälligen Formulierungen der gesetzlichen Einzelbestimmungen bilden; dann aber wäre sein Maß-

---

[245] LB S. 85 (6).
[246] Vgl. LB S. 83 (6).
[247] LB S. 71 (6).

stab viel zu vage, um eine klare Abgrenzung zu ermöglichen. Das Gebot der Rechtssicherheit läßt solche Lösungen nicht zu.

So muß die Welzelsche Schuldtheorie zwischen der Szylla der Ungerechtigkeit und der Charybdis der Rechtsunsicherheit am Ende scheitern.

Die Notwendigkeit, auch die sachlichen Voraussetzungen der Rechtfertigungsgründe zum Tatbestand zu zählen und einen Irrtum über sie als vorsatzausschließend zu betrachten, scheint mir außerdem in besonders einleuchtender Weise durch eine dogmatische Erscheinung bewiesen zu werden, die erst in allerjüngster Zeit in den Blickpunkt des Interesses gerückt ist: die sog. Gesinnungsmerkmale[248]. Sie verleihen nämlich, soweit man sie zum subjektiven Tatbestand rechnet[249], der irrigen Annahme von Rechtfertigungsmerkmalen eo ipso gesinnungsausschließenden und damit die Erfüllung des Tatbestandes hindernden Charakter. So kann z. B. jemand, der irrtümlich die sachlichen Voraussetzungen der Notwehr für gegeben hält, nicht mehr den Tatbestand des Mordes „aus niedrigen Beweggründen" erfüllen, weil sein Irrtum diese Beweggründe und damit den subjektiven Tatbestand ausschließt. Selbst wenn man die Gesinnungsmerkmale der Schuld zurechnet, ist das Ergebnis das gleiche: Niemand, der die Voraussetzungen irgendeines Rechtfertigungsgrundes (z. B. des übergesetzlichen Notstandes) für gegeben hält, kann sich nach den §§ 170c und d (Verlassen einer Geschwängerten, Vernachlässigung eines Kindes) strafbar machen, weil sein Handeln nicht durch die in diesen Bestimmungen geforderte „Gewissenlosigkeit" gekennzeichnet ist.

Und wenn man in die Tatbestände der §§ 212 und 223 etwa das Wort „mutwillig" einfügte — was ohne sachliche Änderung denkbar wäre — so würde der Irrtum über negative Tatbestandsmerkmale auch in diesen Fällen eine Bestrafung nach dem Strafrahmen des Vorsatzdelikts ausschließen, denn wenn jemand zu seiner Handlung durch die Annahme von Umständen bewegt wird, die im Falle ihres Vorliegens die Tat rechtfertigen würden, so ist seine Tötungshandlung oder Körperverletzung nicht mehr „mutwillig".

Es ist jedenfalls nicht recht einzusehen, warum das, was für die Tatbestände mit Gesinnungsmerkmalen gilt, nicht auch für andere Tatbestände richtig sein sollte, zumal sich solche Merkmale ziemlich beliebig einfügen lassen.

Ein letzter entscheidender Einwand gegen die Schuldtheorie II liegt darin, daß sie nicht einmal dem von Welzel selbst entdeckten Phänomen der offenen Tatbestände gerecht werden kann. Das innere Prinzip der Schuldtheorie II liegt, wie mehrfach erwähnt wurde, darin, daß der Täter aus dem Bewußtsein der sozialen Ungewöhnlichkeit seiner Handlung die Veranlassung schöpfen müsse, besonders

---

[248] Dazu grundlegend: Hardwig, ZStW, 68. Bd., S. 14ff. und Schmidhäuser, Gesinnungsmerkmale, 1958; auch Gallas, ZStW, Bd. 67, 1955, S. 30 u. 46.

[249] wie Welzel es überwiegend tut, vgl. LB S. 64/65 (5), S. 69/70 (6).

sorgfältig zu prüfen, ob sein Vorgehen dennoch ausnahmsweise erlaubt sei. Dieser Gedanke hat sich schon bei den geschlossenen Tatbeständen als fragwürdig erwiesen. Er ist aber auf die offenen Tatbestände völlig unanwendbar, denn hier betont ja gerade Welzel, daß die Tatbestandshandlung nichts an sich habe, was den Gedanken an die Rechtswidrigkeit auch nur indizieren könne. Damit entfällt gleichzeitig jede innere Berechtigung — selbst nach Welzels eigenen Grundgedanken — die Grenze zwischen Tatbestand und Rechtswidrigkeit an dieser Stelle zu ziehen.

Man könnte zwar die Schuld an diesem Widerspruch Welzels offenen Tatbeständen zuschieben und die Rechtspflichtmerkmale zur Rettung seiner Konzeption des Irrtumstatbestandes wieder in vollem Umfang zum Gegenstand des Vorsatzes machen; aber eine solche Lösung wäre — wie oben[250] gezeigt wurde — aus anderen Gründen mit der Schuldtheorie unvereinbar.

Wir fassen zusammen: Welzels Schuldtheorie kann die Irrtumsprobleme nicht befriedigend lösen, denn

a) sie verlegt die Grenze zwischen Tatbestand und Rechtswidrigkeit an eine Stelle, die einen so erheblichen Bewertungsunterschied nicht rechtfertigt;
b) sie ermöglicht überhaupt nicht in allen Fällen eine klare und teleologisch begründbare Unterscheidung von Tatbestands- und Verbotsirrtum;
c) sie versagt vor dem Problem der offenen Tatbestände und Rechtspflichtmerkmale.

2. Die Behandlung der Rechtspflichtmerkmale

a) Die Lösung

Die Vorarbeit ist geleistet. Wir wissen jetzt: Die Irrtumsprobleme müssen auf dem Boden der Schuldtheorie I gelöst werden. Das bedeutet: Wir können die Vorsatzstrafe nur dann verhängen, wenn der Täter alle das Unrecht positiv begründenden Merkmale kennt und auch keine Umstände annimmt, die das strafrechtliche Unrecht ausschließen würden. Die positiven und negativen Umstände sind für das Vorliegen strafbaren Unrechts in gleicher Weise maßgebend: Wir bezeichnen sie daher zusammenfassend als „unrechtsbestimmende" Merkmale. Wenn man der Summe dieser für den Vorsatz maßgebenden Merkmale den Namen „Tatbestand" zuerkennt[251], so bedeutet das: Der „Irrtumstatbestand" ist ein „Gesamttatbestand".

---

[250] S. 99/100.

[251] Ob man das tun will, ist eine terminologische Frage. Wichtig ist für uns nur eines: Wenn man schon für das Beziehungsobjekt des Vorsatzes den Namen „Tatbestand" verwendet (was nach dem Vorbild des § 59 StGB sehr naheliegend ist), so ist dieser „Irrtumstatbestand" nicht vom „Systemtatbestand" her zu bestimmen.

Damit ist für den Bereich des Irrtums auch die oben[252] noch unbeantwortet gelassene Frage nach der Existenz „offener“ Tatbestände gelöst. Für „offene“ oder lediglich unrechtsindizierende, mit einem Wort: für „übergreifende“[253] Tatbestände ist innerhalb der Irrtumslehre kein Raum. Die Vorsatzstrafe kann nur dann verhängt werden, wenn der Täter über keinen im konkreten Fall unrechtsbestimmenden Umstand irrte. Dagegen braucht er um das Verbotensein der vorgenommenen Handlung nicht zu wissen.

Wir müssen versuchen, die durch die Rechtspflichtmerkmale gestellten Irrtumsfragen in einer Weise zu lösen, die mit den entwickelten Prinzipien in Einklang steht. Wenn wir uns der schon oben[254] gegebenen Kennzeichnung und vorläufigen Charakterisierung der Rechtspflichtmerkmale erinnern, zeigt sich alsbald, daß die bisher überwiegend vertretenen Ansichten keine sachgerechte Lösung darstellen. Man hat bisher im allgemeinen nur drei Möglichkeiten zur Behandlung dieser Merkmale erwogen: die Annahme eines Tatbestandsmerkmals, eines Rechtswidrigkeitsmomentes oder einer objektiven Bedingung der Strafbarkeit[255]. Keine dieser Lösungen kann befriedigen.

aa) Bei Annahme eines Tatbestandsmerkmals wird zwar der Forderung genüge getan, daß der Tatbestand alle unrechtsbestimmenden Merkmale umfassen müsse. Es wird aber gleichzeitig immer oder im Regelfall auch die rechtliche Gesamtbewertung der Tat, also die formelle Rechtswidrigkeit, mit in den Tatbestand hineingezogen[256]. Damit enthält der Tatbestand mehr als er nach der Schuldtheorie umfassen darf. Das Bewußtsein der Rechtswidrigkeit wird nach dieser Ansicht zur Voraussetzung der Strafbarkeit und — bei finalistischer Auffassung — sogar zur Voraussetzung der Tatbestandsmäßigkeit[257]! Das Rechtswidrigkeitsurteil ist dann nicht mehr Folge, sondern Bestandteil der Tatbestandserfüllung. Ein solches Resultat ist nur dann folgerichtig, wenn man die Rechtswidrigkeit als Tatbestandsmerkmal ansieht[258]. Allenfalls könnte sich noch die Vorsatztheorie I mit ihm einverstanden erklären, weil es im Ergebnis keinen Unterschied bedeutet, ob man die Rechtswidrigkeit als Tatbestandsmerkmal oder das Unrechtsbewußtsein als Vorsatzerfordernis ansieht. Für jede Art von Schuldtheorie ist jedoch die Annahme eines Tatbestandsmerkmals unvertretbar. Denn das Prinzip dieser Lehre besteht darin, daß der Vorsatz vom Bewußtsein der formellen Rechtswidrigkeit unabhängig ist. Mit diesem Grundsatz würde sie in unlösbaren Widerspruch geraten, wenn sie bei allen Tatbeständen mit

---

252 Vgl. oben S. 82/83.

253 Vgl. oben S. 57.

254 Oben S. 81—83.

255 Vgl. die Übersicht, S. 17—35.

256 Das ist bei der Kennzeichnung der Rechtspflichtmerkmale, vgl. oben, S. 81—83, eingehend dargestellt worden.

257 Siehe oben, S. 99/100, 102.

258 wie es neuerdings wieder Bindokat, JZ 1953, S. 73, tut.

Rechtspflichtmerkmalen die Unrechtskenntnis zum Vorsatzelement machte.

bb) die Annahme eines reinen Rechtswidrigkeitsmomentes entspricht der Schuldtheorie I insofern, als diese Auffassung vorsätzliches Handeln ohne das Bewußtsein der Rechtswidrigkeit zuläßt. Sie kann aber deshalb nicht befriedigen, weil sie dem Tatbestand unrechtsbestimmende Merkmale nimmt, auf die er nicht verzichten kann. Bei unserem Gesamttatbestand muß das Verhältnis von Tatbestand und Rechtswidrigkeit so beschaffen sein, daß die Rechtswidrigkeit zwar nicht Bestandteil des Tatbestandes ist, daß aber alle unrechtsbestimmenden Umstände (= Tatbestandselemente) zusammen die Rechtswidrigkeit konstituieren, so daß der Richter bei voller Tatbestandserfüllung nur noch das feststellende Urteil zu treffen hat: Diese Handlung ist rechtswidrig.

Ein solches Verfahren läßt sich auf Welzels offene Tatbestände nicht anwenden. Wenn etwa jemand einem Vollstreckungsbeamten mit Gewalt Widerstand leistet oder einen fremden Brief öffnet, so können weder Gesetzgeber noch Richter ohne weiteres sagen: Also ist die Tat rechtswidrig. Denn der durch den Tatbestand geschilderte Vorgang umfaßt nicht alle für das Unrecht maßgebenden Merkmale.

Diese Erkenntnis ist im Grunde identisch mit unserer schon früher getroffenen Feststellung, daß die Rechtspflichtmerkmale, wenn man sie als Bestandteile der Rechtswidrigkeit ansieht, dem Tatbestande beschreibende Merkmale entziehen[259]; denn alle unrechtsbestimmenden Umstände sind zugleich beschreibender Art.

Wir sehen also: Die Annahme eines Tatbestandsmerkmals gibt dem Tatbestande zu viel, die Annahme eines Rechtswidrigkeitsmoments läßt ihm zu wenig. Im ersten Fall enthält der Tatbestand zwar alle unrechtsbestimmenden Merkmale, aber auch noch die Rechtswidrigkeit; im zweiten fehlt ihm diese zwar, aber mit der Rechtswidrigkeit verlassen auch beschreibende und unrechtsbestimmende Merkmale den Tatbestand.

cc) Die Annahme einer objektiven Bedingung der Strafbarkeit ist nur bei einigen Rechtspflichtmerkmalen vertreten worden[260]. Gegen sie treffen alle Einwände zu, die der Auffassung dieser Umstände als Rechtswidrigkeitsmerkmale entgegenstehen: Die angeblichen „Strafbarkeitsbedingungen“ enthalten Unrechtsvoraussetzungen, die dem Tatbestand ungerechtfertigterweise entzogen werden. Darüber hinaus weist diese Lösung aber noch zahlreiche weitere Mängel auf. Nach ihr müßten Rechtswidrigkeit und Schuld vom Vorliegen des Rechtspflichtmerkmals unabhängig sein. Das ist offensichtlich falsch: Der Widerstand gegen eine rechtswidrige Amtsausübung und die unrichtige Aussage vor einer unzuständigen Behörde enthalten kein strafrechtliches Unrecht, und von Vorwerfbarkeit

---

[259] Oben S. 58 ff.

[260] Vgl. die Übersicht oben S. 17—35.

kann erst recht nicht die Rede sein. Außerdem verstößt diese Lehre gegen das Schuldprinzip, weil sie trotz unverschuldeten Irrtums über das betreffende Rechtspflichtmerkmal bestrafen muß[261].

Eine andere Frage ist es, ob man nicht bei einzelnen Tatbeständen aus kriminalpolitischen Gründen (etwa zum Schutze der Vollstreckungsbeamten) sich über all diese Bedenken hinwegsetzen und eine objektive Bedingung der Strafbarkeit annehmen darf. Das wird bei Untersuchung der einzelnen Rechtspflichtmerkmale zu prüfen sein. Als generelle Lösung ist die Annahme einer objektiven Bedingung der Strafbarkeit bei allen Rechtspflichtmerkmalen jedenfalls nicht vertretbar.

Diese kurze Übersicht bestätigt die schon früher gegebene vorläufige Charakterisierung[262]: In den Rechtspflichtmerkmalen verschlingen sich beschreibende und unrechtsbestimmende, in einem Wort: tatbestandliche Elemente mit gesamttatbewertenden und daher allein der Rechtswidrigkeit zugehörigen Umständen. Diese Folgerung konnte vom Boden des Welzelschen Irrtumstatbestandes aus nicht mit letzter Sicherheit gezogen werden; zwar weist auch Welzel dem Tatbestand eine beschreibende Funktion zu, aber sein Tatbestand enthält dennoch — auch abgesehen von den Rechtspflichtmerkmalen — nur einen Teil der unrechtsbestimmenden Umstände. Daher kann für ihn die Charakterisierung eines Merkmals als unrechtsbestimmend und beschreibend allein noch nicht seine Zugehörigkeit zum Tatbestand sichern. Für unseren Gesamttatbestand jedoch steht der Doppelcharakter der rechtswidrigkeitsumschließenden Umstände außer Zweifel.

Diese Einsicht und die Erkenntnis, daß es unmöglich ist, die alleinige Zugehörigkeit der Rechtspflichtmerkmale zum Tatbestand oder zur Rechtswidrigkeit zu erweisen, führen zwangsläufig zu der Folgerung, daß die Wahrheit in der Mitte zwischen den bisher vertretenen Meinungen liegen muß. Eine Lösung vom Boden der herrschenden Schuldtheorie ist nur so möglich, daß man die Rechtspflichtmerkmale zertrennt, ihre unrechtsbestimmenden Bestandteile in den Tatbestand und das in ihnen enthaltene Merkmal der formellen Rechtswidrigkeit allein zur Rechtswidrigkeit stellt. Der Tatbestand dieser Delikte muß also gegenüber der Welzelschen Auffassung erweitert und gegenüber der herrschenden Lehre eingeschränkt werden. Für die Irrtumslehre bedeutet das: Wenn ein Täter sich über ein Rechtspflichtmerkmal irrt, befindet er sich im Tatbestandsirrtum, soweit seine Fehlvorstellung sich auf die in ihm enthaltenen beschreibenden und unrechtsbestimmenden Elemente erstreckt; dagegen liegt ein Verbotsirrtum vor, wenn der Täter sich bei voller Kenntnis der für das Unrecht maßgebenden sachlichen Umstände nur über das Verbotensein der Handlung irrt.

---

[261] Vgl. im einzelnen jetzt Bemmann: Zur Frage der obj. Bedingungen der Strafbarkeit.

[262] Oben S. 81—83.

Ein sehr aufschlußreiches Beispiel aus der Rechtsprechung möge zeigen, wie das gemeint ist. § 356 StGB bedroht denjenigen Anwalt oder Rechtsbeistand mit Strafe, „welcher bei den ihm vermöge seiner amtlichen Eigenschaft anvertrauten Angelegenheiten in derselben Rechtssache beiden Parteien durch Rat oder Beistand pflichtwidrig dient". Der Begriff der „Pflichtwidrigkeit" ist ein typisches Rechtspflichtmerkmal in dem von uns beschriebenen Sinne: Einerseits bringt seine Kenntnis dem Täter die Rechtspflicht unmittelbar zum Bewußtsein, andererseits erschöpft sich aber die Bedeutung dieses Umstandes nicht in der Kennzeichnung der Rechtspflicht, sondern er zieht die sachlichen Merkmale, welche die Pflichtwidrigkeit begründen, mit in den Tatbestand hinein, hat also tatbeschreibenden Charakter. Die Umstände, bei deren Vorliegen es verboten ist, beiden Parteien zu dienen, sind in diesem Falle in § 37 I Nr. 2 RAnwOBZ (bzw. in anderen landesrechtlichen Rechtsanwaltsordnungen) enthalten. Danach handelt ein Rechtsbeistand pflichtwidrig, wenn er beiden Parteien „im entgegengesetzten Interesse" dient. Dieses Merkmal des „entgegengesetzten Interesses" wird durch die Kennzeichnung als „pflichtwidrig" in § 356 StGB zum Bestandteil des Tatbestandes gemacht. Man kann dem nicht entgegenhalten, daß demnach nicht die „Pflichtwidrigkeit", sondern nur der § 37 RAnwOBZ zur Tatbeschreibung beitrage; sonst müßte man allen normativen Umständen den tatbeschreibenden Charakter absprechen; bei ihnen allen ist es ja so, daß sie keine selbständige Deskription bringen, sondern auf anderwärts (in Gesetzen, im ungeschriebenen Recht, in der Volksmoral, im Sittengesetz usw.) enthaltene sachliche Kennzeichnungen verweisen.

Dieser Doppelcharakter des Merkmals der „Pflichtwidrigkeit" wird nun für die Irrtumsfragen sehr wichtig. Wenn ein Rechtsanwalt darüber irrt, daß sein Dienst für beide Parteien „pflichtwidrig" sei, so kann dieser Irrtum verschiedene Bedeutung haben: Er kann sich erstens auf tatbeschreibende Umstände, also das Merkmal des „entgegengesetzten Interesses" richten; er kann aber zweitens auch bei Kenntnis aller tatbeschreibenden Elemente sich allein auf die Rechtswidrigkeit seines Tuns beziehen, wenn etwa der Anwalt glaubt, es sei im konkreten Fall erlaubt, beiden Parteien trotz entgegengesetzten Interesses zu dienen. Nach den oben entwickelten Prinzipien liegt im ersten Fall ein Tatbestands-, im zweiten ein Verbotsirrtum vor. Das Merkmal der „Pflichtwidrigkeit" gehört also, soweit es das „entgegengesetzte Interesse" zum Ausdruck bringt (also tatbeschreibenden Charakter hat), zum Tatbestand, soweit es aber lediglich die Rechtspflicht kennzeichnet, zur Rechtswidrigkeit.

Erfreulicherweise hat sich der Bundesgerichtshof in zahlreichen Entscheidungen[263] diese Lösung (wenigstens im Ergebnis) zu eigen gemacht. Zahlreiche seiner Formulierungen liegen unmittelbar auf der hier verfolgten Linie. So heißt es schon in der ersten zu dieser

[263] BGHSt 3, 400—403 (401—403); 4, 80—88 (84—86); 5, 284—289 (287—289); 5, 301—312 (306—309); 7, 17—23 (21—22); 7, 261—265 (263—265).

Frage ergangenen Entscheidung[264]: „Hiernach kann ein Rechtsanwalt, der sich bei voller Kenntnis der in § 356 StGB umschriebenen Tatbestandsmerkmale der Pflichtwidrigkeit seines Handeln nicht bewußt geworden ist, je nach der Sachlage im Tatbestandsirrtum oder im Verbotsirrtum gehandelt haben. Ist sich der Rechtsanwalt bewußt, daß er in derselben Rechtssache bereits der anderen Partei im entgegengesetzten Interesse gedient hat, so verwirklicht er den Tatbestand des § 356 StGB ... vorsätzlich, wenn er trotzdem die Vertretung der Gegenpartei übernimmt. Die Annahme, sein Tun sei nicht (berufs-) pflichtwidrig und daher erlaubt", wird als Verbotsirrtum angesehen. Ebenso später[265]: „Die Pflichtwidrigkeit ist beim Parteiverrat Tatbestandsmerkmal, soweit in dem Hinweis auf die standesrechtliche Vorschrift, nach der der Anwalt beiden Parteien ‚im entgegengesetzten Interesse' gedient haben muß, eine tatbestandsmäßige Einschränkung liegt, im übrigen jedoch ... allgemeines Vergehensmerkmal ... Hierbei ist darauf hinzuweisen, daß nichts im Wege steht, dem Irrtum über die Pflichtwidrigkeit teilweise das Wesen des Tatbestandsirrtums zuzuerkennen und ihn im übrigen in den Bereich des Verbotsirrtums zu verweisen"[266].

Diese Prinzipien müssen auch für die übrigen gesamttatbewertenden Umstände gelten[266a]. Ein Irrtum über sie ist nicht stets Tatbestands- oder stets Verbotsirrtum (wie man allgemein annimmt), sondern bald das eine, bald das andere, je nachdem, ob er sich auf

---

[264] BGHSt 3, 402/03.

[265] BGHSt 4, 80, 86.

[266] Neuerdings (vgl. BGHSt 5, 288) hat der BGH seine Terminologie etwas geändert. Er trennt zwischen dem Bewußtsein der Pflichtwidrigkeit, das sich in dem „Vorsatz, widerstreitende Interessen wahrzunehmen", erschöpfen soll, und dem davon unabhängigen Bewußtsein der Rechtswidrigkeit. Das ist nicht gerade glücklich, denn das Bewußtsein des Interessengegensatzes ist mit dem Bewußtsein der Pflichtwidrigkeit durchaus nicht identisch; im Ergebnis hat sich jedoch nichts geändert.

Auch Welzel [LB S. 428/429 (6)] nimmt nicht etwa, wie man erwarten könnte, in allen Fällen Verbotsirrtum an, sondern kommt zu dem hier vertretenen Ergebnis, aber auf einem dritten Wege. Nach seiner Meinung ist die „Pflichtwidrigkeit" eine bloße (überflüssige) Hervorhebung der Rechtswidrigkeit, während das Merkmal des entgegengesetzten Interesses Bestandteil des Tatbestandsmerkmals „Partei" ist. Nur bei gegensätzlichen Interessen könne man vom Vorhandensein von „Parteien" sprechen. Danach würde ein Anwalt, der sich der gegensätzlichen Interessen seiner beiden Mandanten nicht bewußt wird, sich im Tatbestandsirrtum über das Merkmal „Partei" befinden. Auch diese Lösung führt zum richtigen Ergebnis. Sie wirkt aber gekünstelt. Wie hier Busch, Mezger-Festschrift, S. 172/173).

[266a] Einen instruktiven Beleg für die Anwendbarkeit der hier entwickelten Grundsätze liefert jetzt auch ein Beschluß des BGH v. 25. 9. 1956 zum Irrtum über den Begriff der „Bewirtschaftung" einer Wohnung, JZ 1957, S. 129—130 mit zust. Anm. Welzel, S. 130—133. Hier wird vom BGH wie von Welzel klar erkannt, daß die Betrachtung dieses Begriffes als reines Tatbestandsmerkmal die Möglichkeit eines Verbotsirrtums ausschließen und damit die Schuldtheorie ad absurdum führen würde. Gegen diese Entscheidung Lange, JZ 1957, S. 233—239; von seinem Standpunkt aus, wonach im Bereich des Ordnungsstrafrechts die Vorsatztheorie anzuwenden ist, ist das nur konsequent und bedeutet keine Verwerfung der hier entwickelten Kriterien für das Kriminalstrafrecht.

unrechtsbestimmende Umstände oder bei richtiger Erfassung dieser Merkmale allein auf die Rechtswidrigkeit der Handlung bezieht.

Dieses Ergebnis läßt sich auch noch in anderer Weise verständlich machen: Man kann bei den Rechtspflichtmerkmalen oft feststellen (Ausnahme: § 356 StGB), daß die unrechtsbegründenden Umstände so zahlreich sind, daß es praktisch unmöglich ist, sie alle einzeln in der Norm aufzuführen. Die Situationen, in denen ein Beamter eine Namensangabe oder eine Aussage verlangen darf, und die Lagen, die einen Beamten zum Einschreiten berechtigen, sind unübersehbar häufig. Darum hat sich der Gesetzgeber genötigt gesehen, sie durch Merkmale wie die der „Rechtmäßigkeit der Amtsausübung" und der „Zuständigkeit" zusammenzufassen und in gleichsam „gebündelter Form" in die Tatbeschreibung einzuführen. Sachlich wird dadurch aber nichts geändert. Der Irrtum über ein Merkmal der Tatbeschreibung bleibt Tatbestandsirrtum (anders Welzel), und ein Irrtum über die Rechtswidrigkeit der in ihren Voraussetzungen bekannten Tat wird weiterhin als Verbotsirrtum behandelt (anders die überwiegende Lehre). Es ist auch meist gar nicht allzu schwierig, die Rechtswidrigkeit von den sie begründenden Umständen zu trennen; denn die Voraussetzungen, unter denen ein Beamter einschreiten oder eine Behörde Aussagen verlangen darf, sind alle rechtlich geregelt: z. B. durch die Strafprozeßordnung, die Polizeiverwaltungsgesetze, Rechtsverordnungen oder die Normen des allgemeinen Verwaltungsrechts.

Diese Lösung müßte eigentlich auch Welzel einleuchten, weil er sie, ohne es zu merken, teilweise selbst vertritt. Damit ist folgendes gemeint:

Der Gesetzgeber kann bei einer Überzahl alternativer unrechtsbegründender Umstände auch noch einen anderen Weg einschlagen als den der Bildung von Rechtspflichtmerkmalen: die Verwendung von Blankettgesetzen. Denn die Blankettgesetze verweisen, genau wie die rechtswidrigkeitsumschließenden Merkmale, auf alle jene Bestimmungen, in denen die Voraussetzungen umschrieben sind, unter denen ein amtliches Einschreiten oder dergleichen geboten ist. Deshalb könnte man etwa den § 113 StGB auch so lesen: „Wer einem Beamten ... bei Vorliegen der in den allgemeinen Gesetzen und Verordnungen geregelten Voraussetzungen des Eingreifens in seiner Amtsausübung Widerstand leistet, wird bestraft". Ein sachlicher Unterschied gegenüber der heutigen Fassung liegt darin nicht. Wie aber Welzel[267] im Anschluß an Warda[268] in zutreffender Weise beim Irrtum über ein Blankettgesetz differenziert und die fehlende Kenntnis eines Tatumstandes der ausfüllenden Norm als Tatbestandsirrtum, den bloßen Irrtum über das Verbot der ausfüllenden Norm dagegen als Verbotsirrtum ansieht, so müßte er auch im Falle des

[267] MDR 1952, S. 586; LB S. 149 (6).

[268] JR 1950, S. 546—551; jetzt auch: Die Abgrenzung von Tatbestands- und Verbotsirrtum bei Blankettstrafgesetzen, 1955.

§ 113 StGB konsequenterweise unterscheiden zwischen dem Irrtum über Unrechtsvoraussetzungen und dem reinen Verbotsirrtum bei Kenntnis aller unrechtsbegründenden Merkmale.

Da man freilich in § 113 StGB (und auch in anderen Fällen) den Gegenstand des Verbots anstatt durch positive unrechtsbegründende auch durch negative unrechtsausschließende Merkmale kennzeichnen könnte, würde Welzel durch ein solches Ergebnis in Widerspruch geraten zu seiner Behandlung der Rechtfertigungsgründe[269], die allerdings ihrerseits wieder zu anderen seiner dogmatischen Grundsätze in Widerspruch steht[270]. Für uns beweist das nur einmal mehr, daß es für die Beurteilung des Irrtums keinen Unterschied ausmachen kann, ob der Täter das Nichtvorliegen eines unrechtsbegründenden oder das Vorliegen eines unrechtsausschließenden Umstandes annimmt.

Praktisch wirkt sich die dargelegte Lösung bei den einzelnen Rechtspflichtmerkmalen so aus:

aa) Die Rechtmäßigkeit der Amtsausübung

Wenn jemand dem rechtmäßigen Pfändungsakt eines Gerichtsvollziehers Widerstand leistet, weil er irrtümlicherweise glaubt, es handele sich um den Richter, der die Pfändung selbst vornehmen wolle, so ist das ein Tatbestandsirrtum; denn es ist anerkannt, daß richterliche Pfändungen in bewegliche Sachen unzulässig sind[271]. Daß die Pfändung durch einen Gerichtsvollzieher erfolge, ist daher ein unrechtsbegründender Umstand und der Irrtum darüber schließt den Vorsatz aus. Ebenso liegt der Fall, wenn jemand der zwangsweisen polizeilichen Vorführung Widerstand leistet, weil er Umstände annimmt, die, wenn sie vorlägen, nur den Tatbestand einer Übertretung erfüllen würden; denn nach § 17 PVG darf eine Vorladung nur zur Aufklärung von Verbrechen und Vergehen — nicht aber bei Übertretungen — im Zwangswege durchgeführt werden. Auch derjenige, der sich einem Amtsbefehl widersetzt, weil er die Anordnung mißverstanden und ihr einen Sinn beigelegt hat, der, wenn sie ihn wirklich hätte, den Widerstand zulässig machen würde, befindet sich im Tatbestandsirrtum. Eine andere Annahme kann nicht dogmatisch, sondern allenfalls aus zwingenden kriminalpolitischen Gründen gerechtfertigt werden[272].

Anders sind die Fälle zu beurteilen, in denen der Widerstandleistende die Sachlage klar durchschaut und trotzdem auf Grund irriger rechtlicher Erwägungen an die Rechtmäßigkeit seines Tuns glaubt. Jemand ist etwa in den Verdacht einer strafbaren Handlung geraten und weigert sich, zur Feststellung seiner Personalien mit auf die Wache zu kommen, weil er sich unschuldig fühlt. Hier irrt der

---

269 Siehe oben S. 104—106.
270 Siehe oben S. 86—97.
271 Vgl. Schönke, 8. Aufl., § 113 V, 1, S. 508; Frank, § 113 III, 1.
272 Darüber gleich unten S. 140—142.

Täter allein über die Rechtswidrigkeit seines Handelns: Er glaubt, es sei erlaubt, daß eine unschuldige, aber verdächtige Person einer polizeilichen Sistierung Widerstand leiste. — Dasselbe gilt, wenn sich jemand der Pfändung unpfändbarer Sachen mit Gewalt widersetzt, obwohl der Gerichtsvollzieher im Rahmen pflichtmäßigen Ermessens und daher trotz sachlicher Unrichtigkeit seiner Maßnahme rechtmäßig im Sinne des § 113 StGB gehandelt hatte. Auch hier kann der auf einer falschen rechtlichen Bewertung der Gesamttat beruhende Pflichtirrtum den Vorsatz nicht ausschließen.

Diese Beispiele zeigen: Der Nachteil, den es für die finale Handlungslehre mit sich bringen würde, die „Rechtmäßigkeit der Amtsausübung" einschränkungslos zum Tatbestand zu rechnen: daß nämlich das Bewußtsein der Rechtswidrigkeit praktisch zum Bestandteil des subjektiven Tatbestandes würde[273], wird durch die hier gebotene Lösung vermieden, ohne daß die Nachteile in Kauf genommen werden müßten, die bei einer Betrachtung als reines Rechtswidrigkeitsmoment eintreten[274] [275].

Man könnte allerdings zweifeln, ob diese an sich richtige Lösung nicht gerade im Falle des § 113 StGB aus praktischen Erwägungen abzulehnen sei. Der einzige Grund, der das RG und den BGH dazu geführt hat, die „Rechtmäßigkeit der Amtsausübung" als objektive Bedingung der Strafbarkeit anzusehen, war die Erwägung, daß anderenfalls der Schutz der Vollstreckungsbeamten nicht ausreichend gewährleistet sei[276].

Daß diese Konstruktion aus dogmatischen Gründen unhaltbar ist, wurde oben schon dargelegt[277]. Aber auch die rechtspolitischen Argumente schlagen — wenigstens gegenüber der hier vertretenen Ansicht — nicht durch. Es wurde gezeigt, daß ein Irrtum über die Rechtmäßigkeit der Amtsausübung in vielen Fällen ein die Bestrafung nicht ausschließender Verbotsirrtum ist. Wenn man im Interesse des Beamtenschutzes die danach noch übrig bleibenden Möglichkeiten eines Tatbestandsirrtums weiter einschränken will, so besteht der nächstliegende Weg, den auch die Rechtsprechung längst eingeschlagen hat[278], darin, die Duldungspflichten des Betroffenen zu erweitern. Wenn man nämlich auch bei objektiv fehlerhaften und ungerechtfertigten Verwaltungsakten vom Einzelnen zunächst ihre Duldung

---

273 Siehe oben S. 99/100, 102, 133.

274 Siehe oben S. 86—97, 134.

275 Wie hier jetzt auch Lange (in: Kohlrausch-Lange, 1956, § 113 VI, S. 287): „Richtigerweise muß man unterscheiden: Nimmt der Täter Tatumstände an, bei deren Vorliegen die Amtshandlung Unrecht wäre, so liegt vorsatzausschließende Putativnotwehr vor. Er hält z. B. in West-Berlin den Beamten für einen sowjetzonalen Transportpolizisten. Andernfalls Verbotsirrtum, da es sich der Sache nach dann um rechtsirrige Annahme eines Gegenrechts (Notwehr, Selbsthilfe) handelt."

276 Die außerdem noch sehr beliebte Berufung auf die Entstehungsgeschichte (RGSt 2, 423—425; 3, 19/20) wirkt nicht sehr überzeugend.

277 Siehe S. 134/135.

278 Besonders deutlich RGSt 55, 164; BGHSt 4, 162.

verlangt, befindet sich der Beamte insoweit „in rechtmäßiger Amtsausübung“ im Sinne des § 113, und die Annahme des Betroffenen, in solchem Falle Widerstand leisten zu dürfen, ist ein reiner Pflichtirrtum. So läßt z. B. nach der Rechtsprechung die Verletzung unwesentlicher Formvorschriften oder ein „tatsächlicher“ Irrtum bei Ermessenshandlungen die Rechtmäßigkeit der Amtsausübung unberührt. Glaubt nun jemand, daß ein solcher ihm bekannter Fehler oder Irrtum ihn zum Widerstand berechtige, so befindet er sich bei voller Kenntnis der für die Rechtswidrigkeit seiner Handlung maßgebenden Umstände im Verbotsirrtum. Damit ist die für den Schutz der Beamten erforderliche Strafbarkeit des Widerstandleistenden in den meisten Fällen gesichert.

„Schutzlos“ ist somit der Beamte nach der hier vertretenen Ansicht nicht schon dann, wenn der Widerstandleistende irgendwelche Umstände angenommen hat, die die Beamtenhandlung „unkorrekt“ machen würden, sondern erst dann, wenn er irrig an das Vorliegen von Umständen geglaubt hat, die, wenn sie vorlägen, seine Duldungspflicht entfallen lassen würden. Diese Fälle nötigen jedoch nicht zur Annahme einer objektiven Bedingung der Strafbarkeit:

Erstens ist auch dann, wenn eine Bestrafung nicht erfolgt, ein gewisser Schutz des Beamten durch die zivilrechtliche Haftung des Täters gewährleistet. Schon der Gedanke, u. U. hohen Schadensersatz leisten zu müssen, wird von leichtfertigem Widerstande abschrecken.

Zweitens ist ein vollständiger Strafrechtsschutz des Beamten auch nach der gegenwärtigen Rechtsprechung nicht gewährleistet. Es besteht Einigkeit darüber, daß vorsätzliches Handeln nicht angenommen werden kann, wenn der Täter im Falle des § 113 StGB nicht gemerkt hat, daß ein in einer Amtshandlung begriffener Beamter vor ihm stand. Wenn also jemand irrigerweise glaubt, der gegen ihn vorgehende Beamte befinde sich außer Dienst oder sei ein verkleideter Räuber oder ein Hauptmann von Köpenick, so kann auch nach der herrschenden Lehre eine Bestrafung nicht erfolgen. Warum sollte es bei den übrigen die Duldungspflicht begründenden Umständen anders sein?

Drittens sind die nach der hier vertretenen Auffassung bei einem Irrtum über die „Rechtmäßigkeit der Amtsausübung“ möglichen Tatbestandsirrtümer praktisch so selten, daß sie keine Gefahr bedeuten und kaum in Rechnung gestellt zu werden brauchen. Wenn man sich die in der Rechtsprechung entschiedenen Fälle, die zur Annahme einer objektiven Strafbarkeitsbedingung geführt haben, einmal ansieht, so zeigt sich, daß es sich immer um Situationen handelt, in denen nach unserer Auffassung ein die Vorsatzstrafe zulassender Verbotsirrtum vorliegt[279]. Soweit es aus der Sachschilderung zu er-

[279] Vgl. RGSt 3, 14—21; 47, 270—280; 55, 162—166; BGHSt 4, 161—166.

sehen ist, haben die Täter in all diesen Fällen bei richtiger Erkenntnis der Sachlage lediglich über ihre Duldungspflicht geirrt.

Die Gefahr eines Irrtums über die sachlichen Voraussetzungen der Duldungspflicht, die ohnehin schon sehr gering ist, könnte darüber hinaus noch weiter vermindert werden, wenn jeder Beamte — wie es aus rechtsstaatlichen Erwägungen ohnehin erwünscht wäre — dem Betroffenen den Grund seiner Anordnung erklären würde. Dadurch würde die Möglichkeit von Irrtümern über die zum Eingreifen berechtigende Sachlage so gut wie ausgeschlossen werden.

Da somit ein zwingender kriminalpolitischer Grund für die dogmatisch verfehlte Annahme einer objektiven Strafbarkeitsbedingung nicht vorliegt, steht einer Annahme der für die Rechtspflichtmerkmale entwickelten Lösung auch im Falle des § 113 StGB nichts im Wege.

bb) Die Handlungs- bzw. Erfolgsabwendungspflicht bei den Unterlassungsdelikten

In derselben Weise ist mit dem Merkmal der Erfolgsabwendungspflicht bei den unechten Unterlassungsdelikten zu verfahren. Es gehört zum Tatbestand, soweit es auf pflichtbegründende Umstände hinweist; soweit es lediglich die Rechtswidrigkeit kennzeichnet, ist es allgemeines Verbrechensmerkmal und braucht nicht vom Vorsatz umfaßt zu sein.

Es genügt also nicht für die Annahme einer vorsätzlichen Tat, daß der Unterlassende den Eintritt eines Erfolges wissentlich und willentlich nicht gehindert hat. Er muß sich des Vorliegens der rechtspflichtbegründenden Umstände bewußt gewesen sein, d. h. er muß seine Stellung als Fürsorgeperson, als Partner eines Vertrauensverhältnisses, als Täter vorangegangenen Tuns usw. kennen. Ein Irrtum darüber — der Vater merkt z. B. nicht, daß das Kind, das er ertrinken läßt, sein Sohn ist — ist Tatbestandsirrtum; das gilt auch bei „Rechtsirrtümern", also etwa in dem Fall, daß jemand den Vertrag, der seine Garantenstellung begründen würde, irrtümlich für unwirksam hält.

Anders ist es aber, wenn der Irrtum über die Erfolgsabwendungspflicht nicht durch eine unrichtige Vorstellung über unrechtsbegründende Umstände, sondern nur durch eine falsche rechtliche Gesamtbewertung seiner Tat zustandekommt, wenn also z. B. jemand weiß, daß er (schuldlos) einen anderen eingesperrt hat, aber glaubt, zu seiner Befreiung nicht verpflichtet zu sein. Hier liegt lediglich eine Verkennung der Rechtspflicht und damit ein Verbotsirrtum vor. Es ist also nicht richtig, wenn der BGH und die noch herrschende Lehre[280] die Erfolgsabwendungspflicht einschränkungslos dem Tatbestande zuzählen. Nur die pflichtbegründenden Umstände gehören zum Tatbestand, nicht die Rechtspflicht selbst. Es wäre zu begrüßen,

---

[280] Vgl. eingehend oben S. 32/33.

wenn sich der BGH — wie es sich neuerdings anzudeuten scheint — zu dieser Auffassung durchringen könnte.

Die hier vertretene Lösung verdient aber nicht nur den Vorzug vor der herrschenden Lehre, sondern sie ist auch der Auffassung Welzels vorzuziehen. Es ist allerdings auffallend, daß Welzel hier von Anfang an von der sonst bei den Rechtspflichtmerkmalen verfolgten Linie abgewichen ist. Während es für ihn im allgemeinen keine Rolle spielt, ob der Irrtum über ein Rechtspflichtmerkmal sich auf die Bewertungsgrundlage oder auf die rechtliche Gesamtbewertung bezieht, hat er bei den Unterlassungsdelikten von vornherein eine Trennung zwischen Pflicht und pflichtbegründender Lage vorgenommen[281]. So zutreffend das vom Boden des Gesamttatbestandes aus ist, so wenig konsequent ist es gegenüber der Behandlung der anderen Rechtspflichtmerkmale. Man sollte doch meinen, daß die Kenntnis der rechtspflichtbegründenden Umstände entweder immer erforderlich sei oder nie. Und andererseits: Wenn hier eine solche Differenzierung vorgenommen wird, warum dann nicht auch bei den anderen Rechtspflichtmerkmalen?

Immerhin stimmt unsere Lösung mit derjenigen Welzels bei den unechten Unterlassungsdelikten insoweit überein. Dann aber trennen sich die Wege. Während wir die der Begründung der Garantenstellung dienenden Umstände wie gewöhnliche Tatbestandsmerkmale behandeln, hat Welzel[282] sie zunächst als Voraussetzungen der Rechtspflichtentstehung zur Rechtswidrigkeit gezählt; neuerdings rechnet er sie — wie wir — zum objektiven Tatbestand, behandelt sie aber trotzdem nicht wie Tatbestandsmerkmale, sondern erkennt ihnen eine Sonderstellung zu:

Erstens brauchen sie nach seiner Meinung nicht vom Vorsatz, sondern nur von der Kenntnis des Täters umfaßt zu sein. Diese Aussage ist zutreffend, wenn man — wie Welzel — den Vorsatzbegriff auf das aktuelle Bewußtsein im Augenblick der Tat einschränkt: Der Bademeister, der seinen Feind in der Anstalt ertrinken läßt, braucht dabei nicht ständig daran zu denken, daß er Bademeister ist; es genügt, wenn er es „weiß". Es besteht aber kein Grund, dieses „Wissen" nicht zum Vorsatzbestandteil zu machen. Daß bei allen unrechtsbegründenden Umständen stets ein aktuelles Bewußtsein im Augenblick der Tat vorliegen müsse, ist ein unbewiesenes Dogma. Hier sind diffizile Unterscheidungen nötig, die einer gesonderten Abhandlung bedürften[283].

Zweitens aber zieht Welzel aus seiner Trennung von „Vorsatz" und „Kenntnis" auch sachliche Konsequenzen. Während nämlich bei fehlendem Vorsatz u. U. eine Bestrafung wegen fahrlässiger Tat erfolgen kann, soll bei fehlender Kenntnis eine Bestrafung wegen eines

[281] Vgl. oben S. 9/10, 31.
[282] Vgl. oben S. 9—11.
[283] Vgl. auch schon oben S. 124—126.

unechten Unterlassungsdelikts überhaupt nicht mehr möglich sein[284]. Wenn also der Vater es unterläßt, ein in den Wellen treibendes Kind zu retten, das er — sei es auch grob fahrlässig — nicht als das seine erkennt, so kann er nicht wegen fahrlässiger Tötung, sondern allenfalls nach § 330c bestraft werden[285]. Das ist wenig einleuchtend[286]. Warum sollte, wer an seine Vaterschaft nicht denkt, wegen vorsätzlichen Totschlages, wer auf seinen Sohn aber überhaupt nicht achtet, nicht einmal wegen fahrlässiger Tat bestraft werden können? Eine Norm, darauf zu achten, ob das eigene Kind nicht in Gefahr geraten sei, ist doch nicht sinnlos, wie Welzel[285] meint!

Befriedigend ist demnach allein die jetzt vordringende Auffassung, wonach die äußeren Voraussetzungen der Garantenstellung als echte Tatbestandsmerkmale zu behandeln sind. Ihre Unkenntnis schließt den Vorsatz aus, läßt aber die Möglichkeit einer Bestrafung wegen fahrlässiger Tat offen.

Dagegen ist Welzels Lösung bei den echten Unterlassungsdelikten im Ergebnis vollkommen überzeugend. Es genügt für den Vorsatz die Kenntnis der pflichtbegründenden Situation. Ein Irrtum über die sich daraus ergebende Handlungspflicht ist Verbots- (hier besser: Gebots-)irrtum. Dieser Auffassung will anscheinend auch der BGH jetzt folgen.

Demgegenüber ist die Ansicht Maurachs, daß eine Bestrafung wegen eines echten Unterlassungsdeliktes bei einem reinen Irrtum über die Verpflichtung zur Hilfeleistung, Verbrechensanzeige usw. nicht erfolgen könne, vom Standpunkt der hier und auch von Maurach vertretenen Schuldtheorie abzulehnen.

cc) die „Befugnis"

Unsere Lösung ist einfach. Wer über seine Befugnis irrt, befindet sich im Tatbestandsirrtum, sofern er Umstände annimmt, die, wenn sie vorlägen, seine Handlung zu einer befugten machen würden: er glaubt z. B. an das Vorhandensein einer unrechtsausschließenden Einwilligung oder Genehmigung. Kennt er aber die Sachlage und hält sich trotzdem zu einer verbotenen Handlung für befugt, so liegt ein Verbotsirrtum vor. Das muß auch für die Fälle gelten, in denen Welzel das Wort „unbefugt" — wie in §§ 132, 132a, 107a — neuerdings als einschränkungslos zum Tatbestand gehörendes negatives Tätermerkmal ansieht und damit, wie mir scheint, nach der anderen Seite zu weit geht. Wer sich als Zivilperson mit der Ausübung eines öffentlichen Amtes befaßt, weil er sich bei voller Kenntnis der Sachlage ohne allen Grund eine Berechtigung dazu angemaßt hat, hat im Verbotsirrtum gehandelt. Die gegenteilige Lösung ist mit der Schuldtheorie kaum zu vereinbaren.

[284] Vgl. LB S. 67 (6).
[285] Vgl. LB S. 184 (6).
[286] Überzeugend dazu Gallas, ZStW, Bd. 67, 1955, S. 26/27.

dd) *Die „Zuständigkeit"*

Eine entsprechende Unterscheidung ist beim Begriff der „Zuständigkeit" zu machen. Wenn ein Eidespflichtiger falsch schwört, weil er den eidabnehmenden Beamten für einen Staatsanwalt hält[287], so ist sein Vorsatz ausgeschlossen; denn das, was der Täter wollte, ist — objektiv betrachtet — nicht verboten. Staatsanwälte haben überhaupt kein Recht zur Vereidigung[288]; wenn sie dennoch widerrechtlich Eide abnehmen, ist der Gesetzgeber an der Bestrafung solcher falschen „Eide" nicht interessiert. Anders ist es, wenn der Zeuge weiß, daß er vor Gericht steht, und infolge falscher Auslegung der die Zuständigkeit des Richters regelnden Normen sich für berechtigt hält, eine falsche Aussage abzugeben. Dieser Irrtum über die Zuständigkeit ist ein reiner Verbotsirrtum, denn der Täter irrt bei voller Kenntnis aller unrechtskonstituierenden Merkmale allein über die Rechtswidrigkeit seiner Handlung[288a].

Die Lösung deckt sich im Ergebnis und auch teilweise in der Begründung mit der Ansicht, die H. von Weber vertritt[289]. Seine Unterscheidung von Tatsachen- und Rechtsirrtum[290] und die Wiederbelebung der Lehre von den Komplexbegriffen sind freilich etwas mißverständlich[291].

Zu einer Gefährdung der Rechtspflege führt die hier vertretene Ansicht nicht. Es gilt insoweit mutatis mutandis dasselbe wie im Falle des § 113 StGB[292]. Irrtümer über die „Zuständigkeit", die sich auf unrechtsbegründende Umstände beziehen (sie werden sich bei den Eidesdelikten im wesentlichen auf Fälle von Behördenverwechselungen beschränken) sind praktisch sehr selten und können fast ganz dadurch ausgeschaltet werden, daß man „abstrakte" Zuständigkeiten genügen läßt. Im übrigen müßte nach der heute herrschenden Lehre und Rechtsprechung, wonach es sich um ein reines Tatbestandsmerkmal handelt, der Vorsatz schon beim leichtfertigsten Irrtum über die Zuständigkeit entfallen, auch wenn der Täter aus bloßer Rechtsunkenntnis zur Annahme der Unzuständigkeit gelangt. Das ist auch kriminalpolitisch wenig befriedigend.

Auf die Versuchsprobleme, die bei irrtümlicher Annahme der „Zuständigkeit" im Falle des § 154 StGB eine Rolle spielen, wird unten noch einzugehen sein[293].

---

[287] Vgl. zu diesem Fall von Weber, GA 1953, S. 166.

[288] Henkel, Strafverfahrensrecht, S. 266.

[288a] Ein kürzlich veröffentlichtes Urteil des BGH (BGHSt 10, 8—15) kommt, obwohl es eine Abweichung von BGHSt 3, 248 ff. vermeiden will, der hier vertretenen Lösung recht nahe, wenn es dort heißt (Leitsatz 3): „Die Meinung eines in einem Strafverfahren eidlich Vernommenen, der Richter sei zu seiner Verteidigung nicht befugt, kann je nach dem Inhalt seiner Vorstellungen über seine Stellung im Verfahren Tatbestands- oder Verbotsirrtum sein."

[289] Vgl. dazu oben S. 25/26.

[290] die auch BGHSt 1, 13 verwandt hatte.

[291] Vgl. dazu noch eingehend unten S. 149—153.

[292] Siehe oben S. 140—142

[293] Vgl. S. 158—166.

ee) Die „Rechtsgültigkeit"

Bei diesem Merkmal ist der Lösung Welzels in vollem Umfang zuzustimmen. Wer in der irrigen Annahme der Rechtsungültigkeit zum Widerstand gegen ein Gesetz oder gegen eine Verordnung aufruft, befindet sich stets im Verbotsirrtum; andernfalls würde man mit dem Bewußtsein der Rechtsgültigkeit gleichzeitig das Bewußtsein der Rechtswidrigkeit des eigenen Handelns zum Vorsatzerfordernis machen, was sich mit der Schuldtheorie nicht vertrüge. Ein Irrtum über tatbeschreibende, vom Bewußtsein des Verbotenseins der Ungehorsamsaufforderung abtrennbare Umstände ist beim Merkmal der „Rechtsgültigkeit" nicht denkbar.

ff) Weitere Beispiele

In entsprechender Weise ist auch bei den anderen, von Welzel nicht aufgeführten, von uns aber zu den rechtswidrigkeitsumschließenden Umständen gezählten Merkmalen zu verfahren[294].

Wenn im Falle des § 292 StGB („wer unter Verletzung fremden Jagdrechts dem Wilde nachstellt" usw.) der Täter sich über das Merkmal der Jagdrechtsverletzung deshalb irrt, weil er eine Erlaubnis des Jagdberechtigten zu besitzen glaubt, so befindet er sich im Tatbestandsirrtum; anders ist es, wenn er etwa meint, eine Verletzung fremden Jagdrechts liege nicht vor, weil es erlaubt sei, ein auf eigenem Gebiet gestelltes oder angeschossenes Wild in fremdes Revier zu verfolgen.

Ähnlich läßt sich auch bei jenen subjektiven Tatbestandselementen differenzieren, die vom Täter die Absicht rechtswidriger Zueignung, Bereicherung usw. verlangen (§§ 242, 253, 263)[295]. Fehlt z. B. jemandem, der einem anderen eine Sache weggenommen hat, die Absicht rechtswidriger Zueignung deshalb, weil er einen vertraglichen Anspruch auf Übereignung dieser Sache zu besitzen glaubt, so entfällt der Vorsatz, ganz gleich, ob der Irrtum auf „tatsächlichen" oder „rechtlichen" Erwägungen beruht[296]; denn das Bestehen eines vertraglichen Übereignungsanspruches schließt nach Rechtsprechung und herrschender Lehre die Rechtswidrigkeit aus[297], so daß dieser Irrtum genau so zu behandeln ist wie der über andere Rechtfertigungsmerkmale. Ein Verbotsirrtum liegt dagegen vor, wenn der Täter die Absicht rechtswidriger Zueignung deshalb nicht hat, weil er etwa glaubt, es sei gestattet, sich für Schadensersatzansprüche durch Wegnahme von Sachen des Schädigers selbst zu befriedigen[298].

---

[294] Siehe oben S. 85/86.

[295] Siehe oben S. 85.

[296] Ebenso für § 253 BGHSt 4, 105.

[297] Vgl. nur RGSt 64, 212 und LK, 8. Aufl., Vorb. D VIII vor § 242, S. 327.

[298] Vgl. zum ganzen den sehr instruktiven Aufsatz von Schröder: Rechtswidrigkeit und Irrtum bei Zueignungs- und Bereicherungsabsicht, DRiZ 1956, S. 69—72, dessen Ergebnissen in vollem Umfange zuzustimmen ist.

Welzel würde in den beiden Beispielsfällen unterschiedslos einen Verbotsirrtum annehmen, weil er die „Rechtswidrigkeit" der Zueignung usw. nicht als Tatbestandsmerkmal ansieht[299]. Damit verträgt es sich aber schlecht, daß im Falle der §§ 253, 263 StGB ein vorsatzausschließender Tatbestandsirrtum vorliegen soll, wenn der Täter durch Drohung oder Täuschung einen irrtümlich angenommenen Anspruch eintreiben will; hier handelt es sich nach Welzels Meinung um einen Irrtum über das Tatbestandsmerkmal des „Vermögensschadens", weil die Durchsetzung einer Forderung dem Schuldner keinen Schaden verursache[300]. Diese im Ergebnis richtige Ansicht ist — wenn man vom wirtschaftlichen Vermögensbegriff ausgeht — nicht nur in ihrer Begründung zweifelhaft[301], sondern vor allem auch inkonsequent gegenüber der Behandlung des entsprechenden Irrtums im Falle des § 242. Daran zeigt sich, daß die hier vertretene Ansicht zu sachgerechteren Lösungen führt.

Schließlich kann man auch bei einem Irrtum über das Vorliegen eines Steueranspruchs wieder unterscheiden; irrt der Täter über den Steueranspruch, weil er sich über einen unrechtsbegründenden Umstand (etwa die Höhe seines Vermögens) getäuscht hat, so befindet er sich im Tatbestandsirrtum; wenn er aber bei voller Kenntnis der die Steuerpflicht begründenden Voraussetzungen glaubt, er brauche keine Steuern (oder nicht so viele) zu bezahlen, so ist dieser Irrtum über den Steueranspruch ein bloßer Pflichtirrtum, der nach den Regeln des Verbotsirrtums zu behandeln ist. Welzels Annahme, es handele sich einschränkungslos um einen Tatbestandsirrtum[302], ist weder richtig noch konsequent[303].

Diese Beispiele sollen genügen. Sie sind keineswegs erschöpfend, denn es geht uns nicht um Vollständigkeit, sondern um die Verdeutlichung eines vielfältig anwendbaren Prinzips an Hand einiger exemplarischer Fälle. Es soll auch nicht geleugnet werden, daß im Einzelfall die Trennung zwischen unrechtsbestimmenden und lediglich unrechtsbezeichnenden Bestandteilen einmal Schwierigkeiten bereiten kann. Einen Grenzfall bildet z. B. das Merkmal der „Fremdheit". Daß man fremde Sachen nicht ohne weiteres beschädigen (§ 303) oder sich zueignen (§ 242) darf, folgt (auch bei einer Beurteilung in der Laiensphäre) aus dem richtig verstandenen Begriff der Fremdheit. Man könnte deshalb geneigt sein, in Anwendung der hier entwickelten Grundsätze die auf rechtlich falscher Eigentumszuordnung beruhende Annahme, eine Sache sich zueignen oder beschädigen zu dürfen, als Verbotsirrtum anzusehen. Das wäre jedoch irrig. Während nämlich bei Merkmalen wie der „Rechtmäßigkeit der

---

299 Vgl. oben S. 85.
300 Vgl. LB S. 305, 309 (6); NJW 1953, S. 652—653 und oben S. 21.
301 Dagegen wohl zutreffend Schröder, DRiZ 1956, S. 71.
302 NJW 1953, S. 486—488.
303 Gegen Welzel auch Warda, Die Abgrenzung von Tatbestands- und Verbotsirrtum bei Blankettstrafgesetzen, 1955, S. 46, und Lange, JZ 1956, S. 79, Anm. 62.

Amtsausübung" und der „Zuständigkeit", wenn man die zum Eingreifen berechtigten Personen und berechtigenden Situationen abtrennt, diese Begriffe einen weiteren Inhalt als den der Pflichtkennzeichnung nicht mehr haben, ist bei der „Fremdheit" eine solche Zerlegung unmöglich. Wenn man die tatsächlichen und rechtlichen Umstände, die das Eigentum eines anderen begründen, abtrennt, kennzeichnet die „Fremdheit" — anders als in den oben behandelten Fällen — keineswegs nur die Verpflichtung Dritter, diese Sachen sich nicht zueignen oder beschädigen zu dürfen, sondern sie beschreibt die umfassende, sich im Abwehrrecht gegenüber Dritten nicht erschöpfende, von ihm aber auch nicht abzuspaltende Beherrschungsmacht des Eigentümers. Wer sich also über die „Fremdheit" irrt, irrt anders als bei den Rechtspflichtmerkmalen in unserem Sinne in allen Fällen außer über seine Befugnis zugleich über tatbeschreibende Umstände. Er befindet sich daher — worauf immer seine falsche Annahme beruhen möge — im Tatbestandsirrtum[303a]; daß in einem solchen Fall die Anwendung der Regeln über den Verbotsirrtum etwas eingeschränkt wird, muß in Kauf genommen werden.

Solche Schwierigkeiten im Einzelfall ändern aber nichts daran, daß die hier entwickelten Abgrenzungskriterien im allgemeinen durchaus praktikabel sind und daß die hier vertretene Lösung die einfachste und klarste ist, weil sie die Unterscheidung von Tatbestands- und Verbotsirrtum auf eine allen Strafbestimmungen gemeinsame, von der stilistischen Fassung der Einzelparagraphen unabhängige Grundlage stellt.

Auf die Abweichung der hier entwickelten Auffassung von den sonst vertretenen Lehren ist wiederholt hingewiesen worden. Übereinstimmung mit der herrschenden Ansicht besteht nur insoweit, als der Irrtum über ein Rechtspflichtmerkmal auf der irrtümlichen Annahme unrechtsausschließender Umstände beruht. Im übrigen vertritt — wenn man von Übereinstimmungen in Einzelfällen absieht — nur H. von Weber[304] generell eine im Ergebnis gleiche Lösung wie wir. Er schreibt zu den Rechtspflichtmerkmalen[305]: „Ich komme zu denselben Ergebnissen wie Welzel, sofern der Täter über die Merkmale (z. B. der Rechtmäßigkeit der Amtsausübung, der Zuständigkeit der Behörde) irrt, weil er den gegebenen und von ihm erkannten Sachverhalt rechtlich unrichtig bewertet. Dagegen unterscheide ich mich von ihm, wenn es sich um eine irrige Annahme eines Sachverhaltes selbst handelt, der bei richtiger rechtlicher Bewertung dem Merkmal unterfallen würde...". Das entspricht im wesentlichen unserer Lösung. Von Weber begründet seine Ansicht jedoch nicht mit den hier entwickelten Argumenten, sondern mit Erwägungen über den Subsumtionsirrtum und mit der Lehre von den sog. Kom-

303a Vgl. zum ganzen die teilweise übereinstimmende Analyse Welzels zu den Begriffen der „Fremdheit" und „Zuständigkeit", JZ 1953, S. 120/121.

304 GA 1953, S. 161—166; Gutachten S. 279—281.

305 Gutachten S. 280.

plexbegriffen, während nach unserer Meinung diese Fragen für das Problem der Rechtspflichtmerkmale nicht entscheidend sind[306].

Eine Annäherung an den hier vertretenen Standpunkt verraten auch die Bemerkungen Mezgers[307]: „Das Erfordernis der Kenntnis der strafbegründenden Tatumstände bezieht sich ausnahmslos auf alle Tatumstände. Dies gilt auch für die sog. Rechtspflichtmerkmale ... Daß ein Irrtum über die tatsächlichen Grundlagen dieser Merkmale dem § 59 I unterfällt, ist sicher; darüber sollte nicht gestritten werden. Dagegen ist zweifelhaft, inwieweit sich der Täter nach § 59 I auf eine irrtümliche rechtliche Bewertung berufen kann, also z. B. darauf, daß er trotz richtiger Kenntnis des tatsächlichen Sachverhaltes irrtümlich die Amtsausübung für nicht ‚rechtmäßig', die Behörde für nicht zuständig gehalten habe usw. Denn hier steht auf der einen Seite der Satz, daß der § 59 I auch die ‚Bedeutungskenntnis' des Täters fordert, und auf der anderen Seite der Satz, daß ein Subsumtionsirrtum den Vorsatz unberührt läßt ..."

In einem Punkte besteht also volle Übereinstimmung mit Mezger: alle unrechtsbestimmenden Tatumstände gehören dem Tatbestand an. Was Mezger über die „tatsächlichen Grundlagen" der Rechtspflichtmerkmale sagt, verdient daher Zustimmung. Seine Zweifel, ob sich der Täter auf eine irrige rechtliche Beurteilung dieser Merkmale berufen kann, sind jedoch unbegründet. Es ist zwar richtig, daß § 59 I die Bedeutungskenntnis — auch bei Merkmalen rechtlicher Art — fordert. Dieser Grundsatz gilt aber — wie gezeigt wurde — dort nicht, wo die „Bedeutungskenntnis" im Regelfall mit der Kenntnis der formellen Rechtswidrigkeit der Tat untrennbar verknüpft ist. Mezger selbst hat das am klarsten gesehen, wenn er an anderer Stelle die nach § 59 I erforderliche rechtliche Bewertung von der Bewertung „des Unrechts der Tat" so abgrenzt, „daß es sich einmal um die Bewertung eines einzelnen Tatbestandsmerkmals, das andere Mal um die Bewertung der Gesamttat handelt"[308]. Wenn Mezger der Ansicht folgen würde, daß die rechtswidrigkeitsumschließenden Merkmale nicht nur eine Einzelbewertung, sondern zugleich die Bewertung der Gesamttat enthalten, müßte er dem hier gewonnenen Ergebnis zustimmen.

b) Einwendungen

aa) Tat- und Rechtsirrtum

Ein erster Einwand gegen die entwickelte Lösung könnte dahin gehen, daß es sich hier um nichts weiter handele als um eine Wiederbelebung der alten, längst als unhaltbar erwiesenen und überwundenen Unterscheidung von Tat- und Rechtsirrtum. Daran ist insofern

---

306 Dazu unten S. 149—153.
307 LK, 8. Aufl., § 59, Anm. 10, S. 483/484.
308 NJW 1953, S. 5.

ein Körnchen Wahrheit, als der Verbotsirrtum nach der hier vertretenen Auffassung stets ein reiner Rechtsirrtum und niemals ein Tatirrtum ist. Im übrigen aber geht der Einwand fehl. Wir sind weit davon entfernt, nur Tatsachen zum Tatbestand zu rechnen. Es gehören dazu vielmehr sämtliche normativen Merkmale[309], selbst jene rein rechtlicher Art[310], sofern nur die zu ihrer Kenntnis erforderliche Wertung sich von der Gesamtbewertung der Tat trennen läßt und sich nicht in ihr erschöpft. Diese letzte Einschränkung aber hat mit der Unterscheidung von Tat- und Rechtsirrtum nichts zu tun: denn daß an irgendeinem Punkt der Irrtum über die rechtliche Bewertung von allen anderen Irrtümern abgegrenzt wird, gehört zum Wesen der Schuldtheorie. Ja, selbst eine Vorsatztheorie, die das Bewußtsein der formellen Rechtswidrigkeit als Voraussetzung vorsätzlichen Handelns ansieht, kann an dieser Unterscheidung nicht ganz vorbeigehen: sie dürfte sonst für die vorsätzliche Verwirklichung normativer Merkmale nicht die „Parallelwertung in der Laiensphäre" ausreichen lassen, sondern müßte eine exakte juristische Subsumtion verlangen. Wenn sie es nicht tut, gesteht sie damit selbst ein, daß es gewisse Rechtsirrtümer gibt, die eine Sonderbehandlung verdienen[311].

Daraus folgt: Eine Wiederbelebung der Trennung von Tat- und Rechtsirrtum liegt nicht schon dann vor, wenn man die auf die rechtliche Wertung der Gesamttat bezogenen Irrtümer der Sphäre des Verbotsirrtums vorbehält, sondern erst dann, wenn man jede falsche rechtliche Bewertung aus dem Bereich des Tatbestandsirrtums herauszieht. Davon aber ist bei uns nicht die Rede.

bb) Die Lehre von den Komplexbegriffen

Mehr Berechtigung hat der Einwand, daß unsere Lösung in der Lehre von den sog. Komplexbegriffen ihre Grundlage finde. Nach dieser namentlich von Frank[312], Merkel[313] und v. Hippel[314] begründeten Theorie ist bei manchen Tatumständen für den Vorsatz nicht die Kenntnis des Rechtsbegriffes selbst erforderlich, sondern es genügt, daß der Täter sich die den Rechtsbegriff konstituierenden Merkmale vorstellt. Wenn v. Hippel schreibt, daß sehr oft der Gesetzgeber in einem Begriff nur „eine Reihe von tatsächlichen, möglicherweise auch von rechtlichen Momenten, zusammenfaßt, deren Verwirklichung unter Strafe gestellt werden soll"[315] und daß Vorsatz schon bei Kenntnis dieser zugrundeliegenden Merkmale anzunehmen

---

[309] Vgl. oben S. 75.
[310] Oben S. 75—76.
[311] Vgl. oben S. 117.
[312] 18. Aufl., § 59 II, letzter Abs., S. 183 f.
[313] JW 1925, S. 897.
[314] Vorsatz, Fahrlässigkeit, Irrtum. Vergl. Darst., Allg. Teil III, S. 561/562; Strafr. II, S. 332.
[315] Vergl. Darst., S. 562.

sei, so kommt er damit einem auch von uns für die Behandlung der Rechtspflichtmerkmale vorgebrachten Argument sehr nahe[316].

Dennoch ist unsere Lösung keine Übernahme dieser Theorie, weil sie den begründeten Einwendungen gegen die Verwendung der Komplexbegriffe nicht ausgesetzt ist.

Diese Lehre ist in erster Linie deshalb nicht durchgedrungen, „weil es ihr nicht gelang, Kriterien aufzustellen, an denen man Komplexbegriffe erkennen kann"[317]. Das heißt: Man konnte keine festen Richtlinien dafür gewinnen, wann man den Rechtsbegriff und wann man nur die den Begriff begründenden Merkmale kennen muß.

Der Vorwurf ist gegenüber der bisherigen Handhabung dieser Theorie berechtigt. Uns trifft er jedoch nicht. Wir nehmen nicht willkürlich bald hier, bald dort Komplexbegriffe an. Wir verwenden auch den Gedanken der Begriffszerlegung weder bei allen, noch bei allen normativen, noch bei allen rechtlich-normativen Merkmalen, sondern ausschließlich bei der verhältnismäßig fest umgrenzten Gruppe der rechtswidrigkeits-umschließenden Begriffe. Die Trennung zwischen Rechtsbegriff und konstituierenden Umständen beschränkt sich also auf eine klar überschaubare Gruppe von Merkmalen, die sich von den Tatumständen deutlich abheben[318]. Wir lehnen also im Gegensatz zu v. Hippel[319] bei Tatumständen wie „Urkunde" und „Unzucht" den Gedanken des Komplexbegriffes ab und verlangen mit der heute herrschenden Lehre eine „Parallelwertung in der Laiensphäre".

Aus diesem Grunde trifft auch der an sich berechtigte Einwand von Engisch[320] für uns nicht zu: Er meint, wenn jemand nur die konstituierenden Merkmale eines Begriffes kenne, so halte er wohl die Teile in seiner Hand, doch leider fehle ihm oft „das geistige Band". „Was dem Richter möglicherweise die Subsumtion erleichtert (der Rückgang auf die konstituierenden Merkmale), braucht noch nicht dem Täter die ‚Bedeutungskenntnis' zu vermitteln".

Dieses Argument zeigt sehr deutlich, daß die von uns vertretene Lösung mit der Theorie der Komplexbegriffe im Grunde nur sehr wenig zu tun hat: Denn nach unserer Meinung muß der Täter ja gerade, um vorsätzlich zu handeln, s ä m t l i c h e unrechtsbegründenden Merkmale e i n s c h l i e ß l i c h ihrer sozialen Bedeutung kennen. Wenn wir die Welzelschen Rechtswidrigkeitsmomente in unrechtsbegründende und lediglich unrechtsbezeichnende Merkmale auflösen, so zerschneiden wir damit nur ein einziges Band, und zwar das, mit dem die Kenntnis der formellen Rechtswidrigkeit in den Tatbestand hineingeflochten worden ist. Das aber ist kein Nachteil, sondern ein

---

[316] Oben S. 138.

[317] von Weber, GA 1953, S. 162.

[318] Oben S. 75 ff.

[319] Vergl. Darst., S. 562. — Auch von Weber, GA 1953, S. 161—166, nimmt diese Einschränkung nicht vor.

[320] Mezger-Festschrift, S. 160.

wesentlicher Vorteil, weil dadurch nicht nur die auf dieser Scheidung beruhende Schuldtheorie gerechtfertigt wird, sondern weil auch jede andere Theorie auf der Grundlage der herrschenden „Subsumtionslehre" konsequenterweise diese Unterscheidung machen müßte. Selbst die scheinbar abweichende Lehre von der Parallelwertung geht von diesem Prinzip aus, denn sie verlangt — genau wie wir — vom Täter zwar Bedeutungskenntnis, aber nicht Kenntnis der formellen Rechtswidrigkeit: Der Täter muß wissen, daß das von ihm gefälschte Schriftstück im Rechtsverkehr Vertrauen genießt, aber er braucht sich nicht darüber klar zu sein, daß es sich um eine Urkunde im Sinne des § 267 StGB handelt.

Der Satz von der durch die Parallelwertung vermittelten „Bedeutungskenntnis" ist also cum grano salis zu verstehen: Die volle rechtliche Bedeutung einer Tat kann man immer nur bei exakter juristischer Subsumtion erfassen. Ihre Kenntnis wird daher auch nirgends zur Voraussetzung des Vorsatzes gemacht. Wenn unsere Lösung die Kenntnis der Rechtswidrigkeit aus dem Tatbestande entfernt, befindet sie sich daher in voller Übereinstimmung mit der allgemeinen Auffassung, die nur deshalb die Rechtspflichtmerkmale als ausschließlich zum Tatbestand gehörig ansieht, weil sie nicht erkannt hat, daß damit die Rechtswidrigkeit gewissermaßen zum Tatbestandsmerkmal gemacht wird.

Daraus folgt: Man kann — wenn man so will — die Rechtspflichtmerkmale „Komplexbegriffe" nennen, weil sie aus Tatbestands- und Rechtswidrigkeitselementen zusammengesetzt sind. Die Zertrennung dieses komplexen Gebildes ist aber nur eine Konsequenz der Schuldtheorie und steht mit der Lehre von der Parallelwertung nicht in Widerspruch. Die hier vertretene Lösung stellt daher keine Neuauflage der Lehre von den Komplexbegriffen im überkommenen Sinne dar.

Auch ein letztes Argument, das gegen die Lehre von den Komplexbegriffen vorgebracht worden ist, berührt unsere Auffassung nicht. Eichmann[321] hat darauf hingewiesen, daß mit der Lehre, zum Vorsatz genüge bei Rechtsbegriffen die Kenntnis ihrer konstituierenden Merkmale, noch nichts Endgültiges gesagt sei. Denn man könne auch die auf diese Weise gewonnenen Merkmale wieder in ihre konstituierenden Elemente auflösen, aus diesen Elementen weitere Unterbegriffe bilden und so beliebig fortfahren. Es ließe sich daher bei dieser Methode nicht feststellen, welche Umstände als endgültig „konstituierend" anzusehen seien und vom Vorsatz umfaßt sein müßten.

Es möge dahinstehen, ob dieser Einwand im übrigen stichhaltig ist: für unsere Behandlung der Rechtspflichtmerkmale gilt er jedenfalls nicht. Denn bei uns handelt es sich keineswegs darum, einen Begriff bis in seine kleinsten Bestandteile zu zerlegen; es kommt allein

[321] Der Vorsatz bei normativen Tatbestandselementen, S. 40—45.

darauf an, das Element der formellen Rechtswidrigkeit aus dem Tatbestand zu eliminieren. Sobald dieses Ziel erreicht ist, findet eine weitere Zerlegung der unrechtskonstituierenden Umstände nicht mehr statt, mögen sie auch noch so komplexer Natur sein.

cc) Der Wille des Gesetzgebers

Man könnte schließlich noch folgendes einwenden:

Der Gesetzgeber hat zwar mit Hilfe der Rechtspflichtmerkmale die Rechtswidrigkeit in den Tatbestand eingeführt; das ist aber für uns kein Anlaß, sie wieder herauszunehmen. Es bedeutet vielmehr, daß der Gesetzgeber in diesen Fällen nur den bewußten Verstoß gegen die Rechtspflichten für strafwürdig hält. Man handelt dieser Intention des Gesetzgebers zuwider, wenn man den Tatbestand solcher Delikte auf die unrechtsbegründenden Merkmale beschränkt.

Dieser Einwand ist nicht leicht zu nehmen. Selbst wenn man es grundsätzlich für richtig hält, die Irrtumsprobleme vom Boden der Schuldtheorie aus zu lösen, ist es nicht unmöglich, daß der Gesetzgeber in Einzelfällen diese Regel ausnahmsweise durchbricht.

Uns scheint diese Schwierigkeit aber durch folgende Erwägung behoben zu sein: Der Gesetzgeber hat in zahlreichen Fällen das Wort „rechtswidrig" in die einzelnen Tatbeschreibungen eingefügt. Es ist eine heute unbestrittene Erkenntnis, daß damit die Rechtswidrigkeit nicht etwa zum Tatbestandsmerkmal dieser Bestimmungen gemacht wird. Dieses Wort wird vielmehr bei Ermittlung des Tatbestandes ganz unberücksichtigt gelassen. Warum sollte es anders sein, wenn das Wort „rechtswidrig" in einer durch die Verbindung mit unrechtsbegründenden Elementen verhüllten Form in den Tatbestand eingeführt wird? Dafür ist ein plausibler Grund um so weniger ersichtlich, als — anders als bei der Aufnahme des Wörtchens „rechtswidrig" — bei den Rechtspflichtmerkmalen die Stellung des Rechtswidrigkeitserfordernisses innerhalb der Tatbeschreibung sich zwanglos aus sprachlichen Gründen erklärt[322].

Die Behandlung der abweichenden Fälle

Nach den entwickelten Prinzipien sind auch die Irrtumsfragen bei den Merkmalen zu lösen, die Welzel zwar als „Rechtswidrigkeitsmomente" ansieht, die aber nicht unmittelbar zu den Rechtspflichtmerkmalen in unserem Sinne gehören[323].

Wo ein Handeln ohne polizeiliche bzw. behördliche Erlaubnis oder Genehmigung unter Strafe gestellt ist, muß man unterscheiden: Glaubt der Täter irrig, eine Erlaubnis zu besitzen, so entfällt der

---

322 Vgl. oben S. 138.
323 Vgl. oben S. 83 ff.

Vorsatz; wenn er aber meint, auch ohne Erlaubnis handeln zu dürfen, befindet er sich im Verbotsirrtum[324].

Anders steht es mit dem Merkmal der „Verwerflichkeit" in §§ 240 II, 253 II StGB. Hier ist zunächst eines sicher: Ein Irrtum über die sachlichen Voraussetzungen der Verwerflichkeit ist ein Tatbestandsirrtum. Der Fall, in dem jemand einen anderen durch Drohung mit Strafanzeige zur Erfüllung eines vermeintlichen Anspruches bewegen wollte, weil er irrtümlicherweise glaubte, einen Schadensersatzanspruch wegen einer strafbaren Handlung gegen ihn zu besitzen[325], ist also vom BGH mit vollem Recht als Tatbestandsirrtum qualifiziert worden[326]. Hätte der Täter den Anspruch wirklich besessen, so läge, wie der BGH hier richtig erkennt, nicht einmal eine tatbestandsmäßige Nötigung vor. Deshalb ist es auch nicht zutreffend, wenn der BGH in seiner großen Irrtumsentscheidung[327] meint, der Gesetzgeber habe „die Grenzen des Nötigungstatbestandes so weit gezogen, daß er nunmehr auch ungezählte Fälle des täglichen Lebens" erfasse, „in denen die Nötigung trotz Drohung mit einem empfindlichen Übel für das natürliche Rechtsgefühl rechtmäßig" sei. Diese Aussage gilt nur für die zufällige gesetzliche Fassung des § 240 I, die weder dafür entscheidend sein kann, welche Umstände vom Vorsatz umfaßt sein müssen, noch dafür, welche Merkmale systematisch zum Tatbestande zu rechnen sind. Die Tatsache, daß es in den Fällen der §§ 240, 253 weitgehend dem Richter überlassen bleibt, den Begriff der Verwerflichkeit zu konkretisieren und die Umstände festzustellen, bei deren Vorliegen eine Nötigung verwerflich ist, führt nicht dazu, daß der Irrtum über solche Umstände kein Tatbestandsirrtum mehr sei. Vielmehr ist dem Richter gerade die Ausfüllung des Tatbestandes durch Feststellung der die Verwerflichkeit konstituierenden Umstände aufgegeben. Eine Nötigung ist daher nur dann tatbestandsmäßig, wenn die sachlichen Voraussetzungen der Verwerflichkeit vorliegen[328].

---

[324] Die oben, S. 83/84, aufgeworfene Frage, ob man das Wörtchen „erforderlich" bei allen diesen Tatbeständen vor „Erlaubnis, Genehmigung" usw. einschieben solle, ist also praktisch bedeutungslos, weil das Ergebnis sich dadurch nicht ändern würde.

[325] Siehe oben S. 19.

[326] LM, Nr. 3 zu § 240; mit Recht zustimmend Vianden-Grüter, GA 1954, S. 359—364.

[327] Siehe oben S. 18.

[328] Allerdings hat ein Irrtum über Umstände, die die Verwerflichkeit begründen, die Eigenheit, daß er nicht nur den Vorsatz, sondern auch die Verwerflichkeit der Handlung selbst in Fortfall bringt; es sei denn, man wollte einen „objektiven", von der Willensrichtung des Täters unabhängigen Verwerflichkeitsbegriff aufstellen. Im übrigen zeigt sich hier ein aufschlußreiches Beispiel für die schon oben (S. 131) erörterte, die Durchführung der strengen Schuldtheorie unmöglich machende Wirkung der gesinnungshaltigen Merkmale. Wer die die Verwerflichkeit konstituierenden sachlichen Umstände nicht kennt, handelt nach der hier vertretenen Auffassung nicht vorsätzlich; aber auch wer das bestreitet, muß — wie Welzel — die Strafbarkeit wegen fehlender Verwerflichkeit entfallen lassen, kann also nicht, wie es die strenge Schuldtheorie an sich verlangen würde, bei Vermeidbarkeit dieses Irrtums wegen vorsätzlicher Tat strafen.

Was nun den subjektiven Tatbestand anlangt, so fragt es sich, ob man es ausreichen lassen soll, daß der Täter das sachliche Substrat des Verwerflichkeitsurteils kennt, oder ob man darüber hinaus auch noch die (laienhafte) Kenntnis der „Verwerflichkeit" selbst verlangen soll. Diese Frage ist schwer zu beantworten. Es ist nicht zu verkennen, daß das Verwerflichkeitsurteil nicht die Bewertung eines einzelnen Tatumstandes, sondern eine Gesamtbewertung enthält. Darin gleicht die „Verwerflichkeit" den von uns beschriebenen Rechtspflichtmerkmalen, bei denen wir einen Irrtum über die Gesamttatbewertung als Verbotsirrtum erkannt haben. Sie unterscheidet sich aber von ihnen darin, daß das Verwerflichkeitsurteil nur eine soziale und nicht eine formellrechtliche Gesamtbewertung enthält. Man könnte nun sagen: Da es sich bei der „Verwerflichkeit" nicht um einen rechtswidrigkeitsumschließenden Umstand handelt, weil ihre Kenntnis mit dem Bewußtsein des Verbots nicht notwendig verknüpft ist, und da ferner der Vorsatz sich nicht allein auf „Tatsachen" erstreckt, sondern die Bedeutungskenntnis (außer der Verbotskenntnis) mit umfaßt, können wir von Vorsatz nur dann sprechen, wenn der Täter laienhafterweise weiß, daß eine Handlung wie die seine unter ehrenwerten Leuten als „verwerflich" oder „unanständig" betrachtet wird. Auch bei Merkmalen wie „Beleidigung", „Unzucht", „ruhestörender Lärm" usw. begnügt man sich ja heute nicht mehr mit einer „Tatsachenkenntnis", sondern fordert, daß der Täter sich des beleidigenden, unzüchtigen oder ruhestörenden Charakters der Handlung in seiner Laiensphäre bewußt sei. Warum sollte es bei der Verwerflichkeit anders sein?

Demgegenüber ist aber zu berücksichtigen, daß die Forderung nach „Bedeutungskenntnis" nicht so weit gehen darf, das Urteil über die soziale Gesamtbewertung einer Tat dem subjektiven Belieben des Täters zu überantworten. Es ist schon bei der Auseinandersetzung mit der Vorsatztheorie II (die das Bewußtsein der materiellen Rechtswidrigkeit zum unerläßlichen Vorsatzerfordernis macht) auf das hingewiesen worden, was auch im Falle der §§ 240, 253 StGB gelten muß: ein verwerflich handelnder Täter darf nicht allein deshalb straffrei ausgehen, weil er persönlich sein Verhalten nicht für verwerflich hält. Eine solche Annahme wäre als unbeachtlicher Subsumtionsirrtum anzusehen. Man wird daher einem Bewertungsirrtum höchstens dann vorsatzausschließende Kraft beimessen können, wenn dem Täter der Sinn seiner Handlung wegen eines Irrtums über „objektive Wertungsgegebenheiten" verborgen geblieben ist: er verkennt etwa infolge unrichtiger Beurteilung des sozialen Bedeutungsgehaltes seiner Tat die Stärke des ausgeübten Motivationsdruckes oder die Art der Mittel-Zweck-Relation. Doch diese schwierigen Fragen bedürften im einzelnen einer weitläufigeren Untersuchung.

Auf den Irrtum über die soziale Adäquanz kann hier nur kurz eingegangen werden. Wahrscheinlich wird dieser etwas vage und gegenüber den Unrechtsausschließungsgründen schwer abzugrenzende Begriff bei den Vorsatzstraftaten ganz entbehrt werden können. Auch Welzel bezeichnet die Sozialadäquanz jetzt nur noch als gewohnheitsrechtlichen Rechtfertigungsgrund[329]. Aber wie dem auch sei: Wenn man überhaupt die soziale Adäquanz als unrechts- (und damit nach unserer Meinung tatbestands-)ausschließend betrachtet, so muß ein Irrtum über Umstände, die bei ihrem Vorliegen die Tat sozialadäquat machen würden, ein Tatbestandsirrtum sein. Dagegen würde die irrige Annahme, eine in ihren äußeren Voraussetzungen richtig erkannte Tat sei sozialadäquat, ein Irrtum über die Grenzen eines Unrechtsausschließungsgrundes und damit ein Verbotsirrtum sein.

Für die Tätermerkmale gilt folgendes: Die sachlichen Voraussetzungen der täterschaftlichen Pflichten, also z. B. die Eigenschaft als Zeuge oder Sachverständiger (§§ 153 ff.), Vormund, Erzieher (§ 174), Rechtsanwalt (§§ 300, 352, 356), Arzt (§ 300) usw. müssen dem Täter bekannt sein; andernfalls liegt ein Tatbestandsirrtum vor. Die Annahme von Armin Kaufmann[329a], es sei in diesen Fällen stets ein Verbotsirrtum gegeben, der aber immer[329b] unvermeidbar sei und zur Straflosigkeit führe, kommt zwar praktisch zum gleichen Ergebnis; sie ist aber, obwohl sie die Konstruktion eines offenen Tatbestandes bei den Tätermerkmalen im Gegensatz zu Welzel streng durchführt, dogmatisch äußerst unbefriedigend. Wenn Kaufmann bei einer ganzen Gruppe von Verbotsirrtümern ungeprüft annimmt, sie könnten nicht vermieden werden und machten den Täter straffrei, so ist das eine reine Fiktion. Außerdem wird dadurch die auch von Kaufmann vertretene Schuldtheorie, die doch gerade auf der Unterscheidung von Tatbestands- und Verbotsirrtum und auf der Möglichkeit beruht, im zweiten Fall trotz des Irrtums wegen vorsätzlicher Tat zu strafen, ihrer Wirksamkeit beraubt.

Ein Beamter muß also, um nach der hier vertretenen Auffassung vorsätzlich zu handeln, zumindest Art und Umstände der behördlichen Einstellung und den zugewiesenen Aufgabenkreis kennen. Im übrigen hängt das, was er wissen muß, von der Definition des strafrechtlichen Beamtenbegriffes ab. Verlangt man hoheitliches Handeln, so muß der (nicht staatsrechtliche) Beamte sich des hoheitlichen Charakters der Handlung in seiner Parallelsphäre bewußt geworden sein. Begnügt man sich damit, daß die Tätigkeit zum „Wesen" der Dienststelle gehört, so muß der Täter sich darüber in seiner Sphäre klar sein; stellt man darauf ab, ob jemand zu Dienstverrichtungen berufen ist, die aus der Staatsgewalt abzuleiten sind und staatlichen Zwecken

---

329 LB S. 73/74 (6).

329a Lebendiges und Totes, S. 159, Anm. 227.

329b Etwas einschränkend a. a. O. S. 170/171: „in der Regel" sei der Verbotsirrtum unvermeidbar. Hier wird also die Möglichkeit einer Bestrafung wegen vorsätzlicher Tat trotz fehlender Kenntnis der sachlichen Voraussetzungen der Täterposition nicht ganz ausgeschlossen; das stimmt zwar mit den Prinzipien der Schuldtheorie wieder überein, führt aber dafür zu schwer erträglichen, auch von Welzel nicht gebilligten praktischen Ergebnissen.

dienen[330], so muß der Täter das laienhafterweise erkannt haben. In allen Fällen stellt sich aber die Frage: Muß der Täter außerdem noch das Bewußtsein seiner gesteigerten Treupflicht haben? Der BGH verneint das in seiner neuesten Entscheidung[331]. Mit den Erwägungen, auf denen unsere Behandlung der Rechtspflichtmerkmale beruht, läßt sich eine solche Ablehnung nicht begründen, weil die Kenntnis der allgemeinen Treupflicht von der Verbotskenntnis im konkreten Fall unabhängig ist[332]. Doch dürfte diese Frage praktisch kaum Schwierigkeiten machen. Die besondere Treupflicht kann sich bei der Parallelbeurteilung im Täterbewußtsein nur so äußern, daß der Täter weiß, er habe innerhalb des ihm übertragenen Aufgabenkreises seine Pflichten nach bestem Wissen wahrzunehmen und sei dafür mehr verantwortlich als andere, denen solche Pflichten nicht übertragen seien — dieses Wissen kann dem Täter aber nicht fehlen, wenn er, was ohnehin für den Vorsatz notwendig ist, über Art und Umfang seiner Tätigkeit Bescheid weiß. Es erscheint daher unbedenklich, auch das Bewußtsein der allgemeinen Treupflicht (freilich nicht ihrer Verletzung) für den Vorsatz zu verlangen. Dagegen liegt ein Verbotsirrtum vor, wenn der Täter etwa Geschenke annimmt (§§ 331, 332), in fremde Häuser eindringt (§ 342) oder Aussagen erpreßt (§ 343) und dabei glaubt, das sei erlaubt und vertrage sich mit seiner Dienstpflicht.

Auch die Frage, wie weit dem Täter bei der Begünstigung die rechtliche Qualifizierung der Vortat bekannt sein muß, läßt sich mit den für die Rechtspflichtmerkmale entwickelten Kriterien nicht lösen, weil die rechtliche Einstufung der Vortat von der Pflichtkenntnis des Täters unabhängig ist. Man wird so unterscheiden müssen: Bei der persönlichen Begünstigung muß der Täter wissen, daß die Vortat strafbar, bei der sachlichen, daß sie mit Strafe bedroht ist. Nimmt der Täter sachliche Umstände an, die die Vortat zu einer Übertretung machen würden, so liegt entgegen der Annahme Welzels ein Tatbestandsirrtum vor; dagegen ist es unbeachtlich, wenn der Täter — was praktisch kaum vorkommen wird — die Vortat in ihren sachlichen Voraussetzungen kennt, sie aber irrig als Übertretung qualifiziert. Auch wenn man für den Vorsatz „Bedeutungskenntnis" verlangt, ist in diesem Falle die Annahme eines Subsumtionsirrtums gerechtfertigt, weil die Bezeichnung als „Vergehen" oder „Übertretung" nur rechtstechnischen Charakter hat und bei Kenntnis des äußeren Ablaufs der Vortat den materiellen Unrechtsgehalt der Begünstigung nicht zu erhöhen vermag. —

Der Irrtum über die Verbindlichkeit eines Befehls im Wehrstrafrecht ist wie im Falle des § 113 StGB zu behandeln: Er kann also trotz des weitgefaßten Wortlautes von § 22 WStG sowohl Tat-

---

330 RG JW 1939, S. 625.
331 BGHSt 8, S. 321/325.
332 Vgl. eingehend oben S. 66—68.

bestands- wie Verbotsirrtum sein[332a]. Ob außerdem der Begriff der „Eigenmächtigkeit" von Welzel als spezielles Schuldmerkmal richtig gedeutet wird, erscheint zweifelhaft. Wer irrtümlich eine Erlaubnis der zuständigen Dienststelle zum Verlassen der Truppe annimmt, kann nicht wegen eigenmächtigen Verlassens bestraft werden; darin ist Welzel recht zu geben. Das liegt aber nach der hier vertretenen Auffassung an der irrtümlichen Annahme eines unrechtsausschließenden Umstandes und nicht daran, daß die Eigenmächtigkeit notwendig die Kenntnis des Berechtigungsmangels voraussetzt. Soll wirklich ein Soldat, der leichtsinnigerweise glaubt, seine Truppe ohne besondere Erlaubnis verlassen zu dürfen, nicht nach § 15 WStG bestraft werden können? Hier müßte doch wohl die Eigenmächtigkeit bejaht und ein Verbotsirrtum angenommen werden.

II. Die Bedeutung der Rechtspflichtmerkmale für die Versuchslehre

1. Die Abgrenzung von untauglichem Versuch, Wahnverbrechen und vollendetem Delikt

Die Bedeutung des Irrtumstatbestandes liegt nicht nur in der Scheidung von Tatbestands- und Verbotsirrtum, sondern auch in der Abgrenzung des Wahnverbrechens vom strafbaren Versuch[333]. Man hat diese über die Strafbarkeit entscheidende und daher sehr wichtige Trennung im allgemeinen nicht nach selbständigen, der Versuchslehre entnommenen Gesichtspunkten getroffen, sondern sich in einfacher Umkehrung der Irrtumsgrundsätze an die Grenzlinie zwischen Tatbestand und Rechtswidrigkeit gehalten. Es ist daher üblich geworden, beim strafbaren Versuch von „umgekehrtem Tatbestandsirrtum" und beim Wahnverbrechen von einem „umgekehrten Verbotsirrtum" zu sprechen[334].

Wir können diese Grundsätze für die Behandlung der Rechtspflichtmerkmale nur übernehmen, wenn sie nicht lediglich dem Bedürfnis nach einem harmonischen Systemaufbau, sondern auch den durch die Versuchslehre selbst vorgezeichneten Regeln entsprechen. Wir müssen uns allerdings bei der Erörterung dieser Frage mit knappen Ausführungen begnügen, weil die Trennung von Versuch und Wahndelikt nicht bei allen Rechtspflichtmerkmalen praktisch bedeutsam wird [335] und daher gegenüber der Abgrenzung von Tat-

---

332a So auch Arndt, Wehrstrafrecht, S. 164 ff.

333 Vgl. schon oben S. 108; dabei wird im folgenden stets von der Strafbarkeit des untauglichen Versuches ausgegangen. — In bestimmten Fällen (bei der Unkenntnis unrechtsausschließender Umstände) kann die Fassung des Irrtumstatbestandes sogar für die Abgrenzung von untauglichem Versuch und vollendetem Delikt von Bedeutung werden. Darüber gleich unten.

334 Vgl. nur Welzel, LB S. 169 (6), und Bruns, Der untaugliche Täter im Strafrecht, S. 6.

335 Vgl. oben S. 17 ff.

bestands- und Verbotsirrtum an Wichtigkeit zurücktritt. — Macht man sich von den systematischen Bindungen einmal frei und versucht, das Wesen des Wahnverbrechens aus sich selbst heraus zu bestimmen, so ergibt sich folgendes:

Man kann zur Bestrafung des Wahndelikts nur dann kommen, wenn man den Grund für die Strafbarkeit des Versuchs allein darin erblickt, daß der Täter den Willen hatte, den Geboten des Gesetzgebers ungehorsam zu sein; denn dieser Wille kann beim Wahnverbrechen im selben Maße vorhanden sein wie bei der Begehung einer wirklich strafbaren Tat. Da jedoch das Verbrechen nicht im Ungehorsam besteht[335a], muß eine solche Auffassung notwendig falsch sein.

Der Grund für die Bestrafung des Versuchs liegt vielmehr in der Gefährdung eines durch die Strafgesetze geschützten Rechtsgutes in Verbindung mit der auf die Verletzung dieses Gutes gerichteten Willenseinstellung des Täters. Diese beiden Faktoren müssen zusammenwirken. Es genügt weder die Gefährdung allein[336] (denn der fahrlässige Versuch ist nicht strafbar), noch der bloße böse Wille des Täters (denn das würde zum Gesinnungsstrafrecht führen)[337].

Auf dieser Grundlage ergibt sich zwangsläufig die Straflosigkeit des Wahndelikts. Wenn sich z. B. eine Frau der lesbischen Liebe in der Meinung hingibt, damit eine strafbare Handlung zu begehen, so trifft keiner der beiden Gründe für die Strafbarkeit des Versuches zu. Die Gefährdung eines Rechtsgutes liegt nicht vor, weil der Rechtsordnung die Bedrohung der Sittlichkeit durch die Betätigung lesbischer Liebe gleichgültig ist. Auch ein böser Wille ist nicht vorhanden: Was die Täterin unternahm, war — bei objektiver Betrachtung — zulässig und verdient darum keinen rechtlichen Vorwurf.

Dieselben Regeln gelten beim umgekehrten Subsumtionsirrtum: Jemand fälscht etwa ein Zeichen, das er irrtümlich für eine Urkunde hält. Hier will zwar der Täter ein Rechtsgut verletzen, das wirklich geschützt ist (die Reinheit des Beweisverkehrs), aber er will es außerhalb des vom Strafrechtsschutz erfaßten Rahmens tun. Das ist der Rechtsordnung gleichgültig, und darum ist auch hier ein Wahnverbrechen anzunehmen.

Wir kommen zum Ergebnis: Ein Wahnverbrechen liegt immer dann vor, wenn der Täter ein Gut verletzen will, das strafrechtlich entweder überhaupt nicht oder nicht in dem bei der Tat angenommenen Umfang geschützt ist. In allen anderen Fällen ist ein (freilich nicht immer strafbarer) Versuch gegeben.

335a Vgl. oben S. 116.

336 abgesehen von den Gefährdungsdelikten.

337 In den Fällen des untauglichen Versuchs muß man sich freilich damit begnügen, daß a) ein auch bei objektiver Betrachtung „böser“ Wille des Täters vorliegt und b) eine Gefährdung vorliegen würde, wenn die Vorstellung des Täters richtig wäre.

Diesem Ergebnis wird die von uns gezogene Grenze zwischen Tatbestand und Rechtswidrigkeit gerecht. Da unser Tatbestand alle strafrechtlich geschützten Rechtsgüter jeweils in vollem Umfange umfaßt, muß die irrtümliche Annahme von Umständen, die in ihrer Gesamtheit einen Tatbestand erfüllen würden, stets den Versuch begründen, während die bloße Annahme der Rechtswidrigkeit ein Wahnverbrechen ist, weil die in dieser Annahme begangene Tat kein geschütztes Rechtsgut verletzt. Es ist also kein Zufall, sondern — bei unserer Tatbestandsauffassung — in der Sache selbst begründet, wenn man die Unterscheidung von Tatbestands- und Verbotsirrtum für die Versuchslehre nützlich macht. Ein Wahnverbrechen liegt vor, wenn der Täter seine Tat nur infolge eines Verbotsirrtums für rechtswidrig hält, ein Versuch, wenn er infolge eines Tatbestandsirrtums ein Delikt zu begehen glaubt.

Anders ist es bei der Tatbestandsauffassung Welzels. Auch er scheidet zwar den Versuch vom Wahnverbrechen an der Grenze zwischen Tatbestand und Rechtswidrigkeit. Ganz in unserem Sinne bezeichnet er das Wahndelikt als „umgekehrten Verbotsirrtum“[338]. Es zeigt sich aber auf Schritt und Tritt, daß sein Tatbestand diesen Grundsätzen nicht gerecht wird.

Beispiel: A erschießt seinen Feind B, ohne zu wissen, daß dieser bereits die Hand am Abzug seines Revolvers hatte, um den A zu töten. Es lagen also auf Seiten des A objektiv die Voraussetzungen der Notwehr vor. Er wußte nur nichts davon.

Da die irrtümliche Annahme der Notwehrvoraussetzungen nach Welzel einen Verbotsirrtum begründet, ergibt sich zwangsläufig, daß die Unkenntnis des Vorliegens der Notwehrvoraussetzungen ein umgekehrter Verbotsirrtum ist. Folgerichtig müßte Welzel hier ein Wahndelikt annehmen. Diese Lösung würde zwar seiner Tatbestandskonzeption folgen, wäre aber nicht sachgerecht, denn es ist ja nicht so, daß der Täter ein gar nicht oder nicht in diesem Umfang geschütztes Rechtsgut verletzen will. Die in der Absicht des A liegende Tötung eines Menschen ohne Grund und Rechtfertigung ist von der Rechtsordnung vielmehr unter schwerste Strafe gestellt.

Welzel muß sich hier zwischen den Geboten dogmatischer Folgerichtigkeit und sachlicher Notwendigkeit entscheiden. Die Entscheidung für die zweite Alternative wird ihm dadurch erleichtert, daß in Schrifttum und Rechtsprechung schon seit längerer Zeit die Rechtfertigung einer Notwehrtat vom Verteidigungswillen des Täters abhängig gemacht wird[339], obwohl das Gesetz nicht unbedingt zu dieser Folgerung zwingt[340]. Die Notwendigkeit, das Erfordernis eines Verteidigungswillens einzuschieben, zeigt auf jeden Fall, daß mit einer einfachen Umkehrung der Welzelschen Irrtumsregeln die Problematik des Wahnverbrechens nicht gelöst ist. Welzel bestraft auch

---

[338] LB S. 169 (6).
[339] Vgl. nur RGSt 54, 199; 60, 262.
[340] Darüber von Weber, JZ 1951, S. 263.

nicht etwa wegen versuchter Tat, sondern (in Übereinstimmung mit der herrschenden Lehre) wegen eines vollendeten Mordes oder Totschlags. Dieses Ergebnis ist jedoch genau so wenig sachgerecht, wie es die Annahme eines Wahndelikts wäre; denn die Tötung weist zwar den vollen Handlungsunwert eines Mordes oder Totschlags, aber keinen Erfolgsunwert auf[341]. Die Herbeiführung des Erfolges (die Erschießung des rechtswidrigen Angreifers) war von der Rechtsordnung gestattet; der Getötete genoß bei seinem Angriff keinen rechtlichen Schutz. Darum ist — wie in allen anderen Fällen, in denen der volle Handlungsunwert bei fehlendem Erfolgsunwert vorliegt — wegen versuchter Tat zu strafen.

Diese richtige Lösung folgt auch aus unserer Tatbestandsauffassung. Des Notankers der subjektiven Rechtfertigungselemente, mit dem man noch nicht einmal zum besten Ergebnis kommt, bedarf es nicht. Da das Vorliegen der Rechtfertigungsumstände den Tatbestand ausschließt, befindet sich der A in unserem Beispielsfalle nicht in einem umgekehrten Verbotsirrtum, sondern in umgekehrtem Tatbestandsirrtum, so daß die Bestrafung wegen versuchten Mordes oder Totschlages selbstverständlich ist.

Die Unterschiede zwischen unserer Auffassung und derjenigen Welzels zeigen sich besonders deutlich in den Fällen, in denen Welzel bis vor kurzem die Rechtfertigung nicht von subjektiven Umständen abhängig machte: etwa in dem Fall, daß „der Dieb einen Angriff eines Räubers auf die gestohlene Sache abwehrt und den Räuber dabei irrig für den Eigentümer hält“[342]. Hier nahm Welzel ein Wahndelikt an[342]. Das war — von der Tatbestandslehre her gesehen — konsequent: Wenn die irrige Annahme der Notwehrvoraussetzungen den Vorsatz nicht ausschließt, ist nach dem Grundsatz vom umgekehrten Verbotsirrtum die irrige Nichtannahme dieser Umstände ein Wahndelikt. Es war aber sachlich unrichtig: denn der Täter nimmt Umstände an, die, wenn sie vorlägen, seine Tat nach § 252 StGB strafbar machen würden. Außerdem war auch von Welzels Standpunkt aus nicht recht einzusehen, warum hier anders als im ersten Beispielsfall das subjektive Rechtfertigungselement des Verteidigungswillens nicht erforderlich sein sollte. In den letzten Auflagen des Lehrbuches ist das Beispiel gestrichen[343]; stattdessen wird jetzt im Anschluß an Niese[344] und Maurach[345] jede Rechtfertigung vom Vorliegen subjektiver Rechtfertigungstendenzen abhängig gemacht[346]. Welzel würde also nunmehr nicht ein Wahndelikt, sondern einen vollendeten räuberischen Diebstahl annehmen. Richtig ist aber

[341] Vgl. Welzel selbst, Neues Bild, 2. Aufl., S. 57 (Anm. von S. 54).
[342] LB S. 66 und 259 (4).
[343] LB S. 74 und 275 (5), 79, 289 (6).
[344] Finalität, Vorsatz und Fahrlässigkeit, S. 17 ff.
[345] Allgemeiner Teil, S. 272 ff.
[346] LB S. 75 (6).

nach unserer Auffassung keines von beiden: Es liegt ein versuchter räuberischer Diebstahl vor[347].

In ähnliche Schwierigkeiten gerät Welzels Tatbestandskonzeption auch bei anderen Rechtfertigungsgründen. Von Weber[348] bildet folgendes Beispiel: Ein Soldat faßt den Entschluß, seinen Vorgesetzten in der Dämmerung zu töten, wenn er die Posten kontrolliert. Er schießt in der Tat auch auf eine Gestalt, die er für seinen Vorgesetzten hält, die aber in Wirklichkeit ein Mann eines feindlichen Spähtrupps ist.

Die Annahme eines versuchten Mordes ist hier die notwendige Folge unserer Tatbestandskonzeption[349]: Das Vorliegen einer gerechtfertigten Kriegshandlung schließt die Tatbestandserfüllung aus, und die Unkenntnis der „Rechtfertigungsumstände" stellt einen versuchsbegründenden umgekehrten Tatbestandsirrtum dar. Welzel dagegen müßte den Soldaten nach seiner Tatbestandsauffassung freisprechen, weil ein umgekehrter Verbotsirrtum vorliegt. Tatsächlich schien ihm auch in seiner Antwort auf das Beispiel von Webers die Annahme eines Wahndelikts durchaus vertretbar[350]; eine Bestrafung des Soldaten hielt er nur für „möglich unter der sehr erwägenswerten Voraussetzung, daß auch die Rechtfertigung von Kriegshandlungen eines subjektiven Rechtfertigungselements (eines gegen den Feind gerichteten Angriffs- oder Verteidigungswillens) bedarf . . .". Nachdem Welzel nun den damals nur erwogenen Schritt vollzogen hat, wird er den Soldaten wohl wegen vollendeten Mordes bestrafen müssen[351].

Diese Schwankungen, die Ergebnisse und die Notwendigkeit des Einbaus der subjektiven Rechtfertigungselemente zeigen, daß sich mit Welzels Tatbestandsauffassung auch die Versuchsprobleme nicht befriedigend lösen lassen. Es ist ein weiterer Nachteil dieser Konstruktion, daß damit — wie schon stellenweise beim „einfachen"[352] — auch beim „umgekehrten" Irrtum neben Tatbestands- und Verbotsirrtum eine dritte Irrtumsart eingeführt würde: der Irrtum über die Voraussetzungen eines Unrechtsausschließungsgrundes. Liegen sie vor, ohne daß der Täter es erkennt, so hat diese Fehlvorstellung die Kraft, eine anderenfalls rechtmäßige Tat in ein vollendetes Delikt zu verwandeln. Diese Lösung, die wenigstens im Falle der Notwehr und der Einwilligung auch der herrschenden Lehre entspricht, ist weder dogmatisch (von der Irrtumslehre her gesehen) noch sachlich überzeugend. Es kann doch bei völlig gleichem äußeren Sachablauf nicht lediglich von der Vorstellung des Täters abhängen, ob eine rechtmäßige Handlung oder ein vollendetes Verbrechen vorliegt!

---

347 wobei das Verhältnis dieser Bestimmung zu dem vollendeten einfachen Diebstahl nach § 242 hier unerörtert bleiben soll.

348 JZ 1951, S. 263.

349 Übereinstimmend von Weber a. a. O.

350 Neues Bild, 2. Aufl., S. 57 (Anm. 1 zu S. 54).

351 und nicht nur wegen versuchter Tat, wie er früher annahm (Neues Bild a. a. O.).

352 Siehe oben S. 20, 27, 31.

Das zeigt: Alle „übergreifenden“ Tatbestände — ob sie nun „offen“ oder „geschlossen“ sind — eignen sich zur Abgrenzung des Versuchs vom Wahndelikt genau so wenig wie zur Trennung von Tatbestands- und Verbotsirrtum. Auch hier ermöglicht ein alle unrechtsbestimmenden Umstände zusammenfassender Gesamttatbestand einfache und sachgerechte Ergebnisse. Sie bedeuten eine genaue Umkehrung der Irrtumsregeln:

Die irrtümliche Annahme von Merkmalen, die, wenn sie vorlägen, strafbares Unrecht begründen würden, oder die Unkenntnis von Umständen, die das Unrecht ausschließen würden, führen zum Versuch, der bloße Glaube an die Rechtswidrigkeit einer in ihren sachlichen Merkmalen genau übersehenen Handlung ist ein Wahnverbrechen.

2. Die Folgerungen für die Rechtspflichtmerkmale

Für die Behandlung der Rechtspflichtmerkmale ist dieses Ergebnis von recht erheblicher Bedeutung. Dort, wo die Rechtspflichtmerkmale positiv unrechtsbegründende Umstände enthalten, wird unsere Lösung bei den Tatbeständen wichtig, die den Versuch mit Strafe bedrohen: hier entscheidet sie über die Abgrenzung von strafbarem Versuch und Wahndelikt. Dort, wo die Rechtspflichtmerkmale unrechtsausschließende Umstände umgreifen, geht es, wenn man jede Rechtfertigung vom Vorhandensein subjektiver Rechtfertigungselemente abhängig macht, um die Entscheidung zwischen (evtl. straflosem) Versuch und stets strafbarer vollendeter Tat. Das wirkt sich im einzelnen so aus[353]:

Für die „Rechtmäßigkeit der Amtsausübung“ gilt: Wenn der Täter dem rechtswidrigen und von ihm in seinen sachlichen Voraussetzungen erkannten Vorgehen eines Beamten Widerstand leistet, dabei jedoch irrtümlicherweise die Amtsausübung für rechtmäßig, sich also für duldungspflichtig hält, so ist das ein Wahndelikt (ebenso Welzel). Wenn der Widerstandleistende aber deshalb an die Rechtmäßigkeit der rechtswidrigen Beamtenhandlung glaubt, weil er der Anordnung (etwa infolge eines Hörfehlers) einen Sinn beilegt, der, wenn sie ihn wirklich hätte, die Beamtenhandlung rechtmäßig machen würde, so liegt ein (heute strafloser) Versuch vor. Welzel würde auch hier ein Wahndelikt annehmen, weil er die „Rechtmäßigkeit der Amtsausübung“ als reines Rechtswidrigkeitsmoment und ihre irrtümliche Annahme als umgekehrten Verbotsirrtum betrachtet. Er könnte aber ebenso gut — und hier zeigt sich die praktische Bedeutung des Auffassungsunterschiedes — ein vollendetes und damit strafbares Vergehen nach § 113 annehmen: denn da die Rechtswidrigkeit der Beamtenhandlung das Recht zur Notwehr begründet, irrt

---

353 Die folgenden Beispiele sind keineswegs erschöpfend, sondern dienen nur zur Illustration der praktischen Konsequenzen unserer Lösung.

der Täter über das Vorliegen der Notwehrvoraussetzungen; er hat also nicht den von Welzel sonst geforderten Verteidigungswillen, so daß seine Tat als nicht gerechtfertigtes vollendetes Vergehen angesehen werden müßte. Richtig ist aber nur die Annahme eines Versuchs; denn der Widerstandsleistung fehlt bei vollem Handlungsunwert (der Täter will etwas bei objektiver Betrachtung Rechtswidriges) der Erfolgsunwert.

Bei den unechten Unterlassungsdelikten liegt es so: Glaubt der Täter eine Erfolgsabwendungspflicht zu haben, ohne daß er dabei sachliche Umstände annimmt, die eine solche Pflicht begründen würden, so begeht er nur ein Wahnverbrechen (ebenso Welzel); dagegen müßte die noch herrschende Lehre, die die Erfolgsabwendungspflicht als reines Tatbestandsmerkmal ansieht, konsequenterweise einen Versuch annehmen. Es liegt aber auch nach unserer Auffassung ein Versuch vor, wenn der Täter irrtümlicherweise Umstände für gegeben hält, die eine Garantenstellung begründen würden: Ein Vater glaubt z. B., das in den Wellen treibende Kind sei sein eigenes, und unternimmt absichtlich nichts zu seiner Rettung, um es loszuwerden. Demgegenüber hält Welzel diese Tat (was § 211 StGB anlangt) für ein Wahndelikt[354].

Bei den Delikten, die „unbefugtes" Handeln unter Strafe stellen, kann, da der Versuch straflos ist und außerdem der Begriff der „Unbefugtheit" nur eine Zusammenfassung von Unrechtsausschließungsgründen darstellt, die Unterschiedlichkeit der Auffassungen sich nur bei der Abgrenzung von straflosem Versuch und strafbarer vollendeter Tat auswirken. Hat z. B. jemand die Erlaubnis, einen fremden Brief zu öffnen, weiß er das aber nicht (weil er es etwa vergessen hat) und öffnet trotzdem den Brief, so liegt nach der hier vertretenen Auffassung ein (strafloser) Versuch (§§ 299, 43) vor, während Welzel ein vollendetes und damit strafbares Vergehen annimmt[355]. Entsprechendes gilt für die Tatbestände, die ein Handeln ohne behördliche Erlaubnis oder Genehmigung unter Strafe stellen.

Ein im Schrifttum viel erörtertes Beispiel für die Abgrenzung von Versuch und Wahndelikt bietet der Irrtum über die Zuständigkeit bei den Eidesdelikten[356]. Der besonders umstrittene Fall der versuchten eidesstattlichen Versicherung (§ 156 StGB) ist jetzt wieder straflos. Das Problem besteht aber weiter für § 154 StGB. Hier sieht der Bundesgerichtshof neuestens wieder die „Zuständigkeit" als reines Tatbestandsmerkmal an und bestraft den falsch Schwörenden, der sich für verpflichtet hielt, vor einem in Wirklichkeit vollkommen unzuständigen Gericht einen Eid abzulegen, wegen versuchten Meineids[357].

---

[354] wie aus LB S. 67, 170, 184 (6) indirekt hervorgeht.
[355] LB S. 85 (6).
[356] Vgl. darüber im einzelnen schon oben S. 35/36.
[357] BGHSt 3, S. 253 ff.; s. schon oben S. 24.

Dem ist aber nicht zuzustimmen. Der Glaube an die formelle Rechtswidrigkeit allein kann nach den dargelegten Grundsätzen nicht bestraft werden, weil in diesen Fällen der Täter etwas unternimmt, was bei objektiver Betrachtung gestattet ist und was nur der Täter selbst für verboten hält. Ein solches Wahndelikt liegt z. B. vor, wenn jemand einem Verkehrspolizisten, der ihm widerrechtlich einen Eid abnimmt und den er fälschlich zu diesem Tun für berechtigt hält, die Unwahrheit sagt.

Hier denkt der Täter: Ich bin verpflichtet, vor Verkehrspolizisten wahrheitsgemäß zu schwören.

In Wirklichkeit besteht diese Verpflichtung nicht. Ein gewöhnlicher Polizist hat kein Recht zur Eidesabnahme. Daher ist es unbestrittenermaßen nicht strafbar, einem Schutzmann die Unwahrheit zu sagen, wenn er unter Mißbrauch seiner Befugnisse einen Eid abnimmt.

Der Täter hält also etwas für strafbar, was in Wirklichkeit nicht unter Strafe steht. Er übersieht die Sachlage genau; er weiß, daß ein einfacher Polizist vor ihm steht und die Beeidigung einer bestimmten Aussage oder eines Vorganges von ihm verlangt. Sein einziger Irrtum besteht darin, daß er einen falschen Schwur vor einem Verkehrsschutzmann — also eine straflose Tat — für strafbar hält. Das ist der typische Fall eines Wahnverbrechens — ein umgekehrter Verbotsirrtum.

Der Bundesgerichtshof würde hier trotzdem wegen versuchten Meineides strafen, obwohl der Gesetzgeber überhaupt kein Interesse daran haben kann, die Eidesabnahme durch Verkehrspolizisten unter strafrechtlichen Schutz zu stellen; er hat ihnen ja im Gegenteil das Recht dazu versagt. Was der Täter will, gefährdet kein durch die Strafgesetze geschütztes Rechtsgut. Darum muß er nach der hier — in Übereinstimmung mit Welzel — vertretenen Auffassung straflos bleiben.

Dennoch ist nach unserer Lehre nicht jede irrtümliche Annahme der Zuständigkeit ein Wahndelikt. Sobald es sich um die irrige Annahme unrechtsbegründender Umstände handelt, liegt ein Versuch vor. Das ist etwa der Fall, wenn jemand den Staatsanwalt, der ihm unberechtigterweise einen Eid abnehmen will, für einen Richter hält und trotzdem falsch schwört. Auch hier glaubt zwar der Täter an die Zuständigkeit einer unzuständigen Behörde. Aber er irrt nicht über die bloße Rechtswidrigkeit bei voller Kenntnis der Tatvoraussetzungen, sondern er glaubt an das Gegebensein eines sachlichen Umstandes, der, wenn er wirklich vorläge, das Unrecht begründen würde: Wenn wirklich ein Richter vor ihm stünde, hätte er die Pflicht, die Wahrheit unter Eid auszusagen. Darum liegt kein Wahnverbrechen, sondern strafbarer Versuch vor. Der Täter will das Rechtsgut der Reinheit des Beweisverkehrs auf einem Gebiete verletzen, wo es nicht nur vermeintlich, sondern wirklich unter strafrechtlichem Schutz steht: Der Zeugenmeineid vor einem Richter soll gerade durch § 154 StGB bestraft werden. Der Unterschied zum vorher besprochenen Fall liegt zutage. Trotzdem muß Welzel hier konsequenterweise wegen Wahndelikts freisprechen, während die Rechtsprechung — diesesmal zutreffenderweise — Versuch annimmt[358].

In entsprechender Weise ist auch in allen anderen in Rede stehenden Fällen zu verfahren. Das braucht im einzelnen nicht ausgeführt zu werden, weil die oben gebrachten Beispiele zur Verdeutlichung unseres Lösungsprinzips genügen. Nur mit zwei Worten soll noch die besonders umkämpfte Frage gestreift werden, wie die irrtümliche Annahme der Beamteneigenschaft zu bewerten sei. Nach unserer Auffassung müssen dem Täter Art und Umfang seiner Amtsstellung bekannt sein: sein Vorsatz entfällt also, wenn er irrtümlich eine Stellung innezuhaben glaubt, die, wenn er sie wirklich einnähme, ihn nicht zum Beamten im strafrechtlichen Sinne machen würde: daher besteht vom Standpunkt der Irrtumslehre aus kein Hindernis, den Irrtum des Nichtbeamten, der sich in einer Stellung zu befinden wähnt, die ihn, wenn er sie hätte, zum Beamten machen würde, als versuchsbegründend anzusehen[359]. Eine weitere Frage ist es allerdings, ob man nicht aus anderen Gründen, die im Wesen der Täterschaft bei Sonderdelikten liegen, in solchen Fällen eine Bestrafung ablehnen soll[360]. Dazu kann hier nicht Stellung genommen werden.

D. DER SYSTEMTATBESTAND

I. Einleitung

Wir hatten gesehen: Die Feststellung des Irrtumstatbestandes braucht die Ausformung des Tatbestandes als des strafrechtssystematischen Grundbegriffes nicht notwendig zu präjudizieren[361]. Es ist keineswegs ausgeschlossen, den Vorsatz von der Kenntnis aller unrechtsbestimmenden Merkmale abhängig zu machen und doch den Systemtatbestand auf einen Teil dieser Merkmale zu beschränken. Wenn wir die Konstruktion der offenen Tatbestände nicht als zutreffende Lösung für die Irrtumsprobleme anerkennen konnten, so ist es doch möglich, daß der Welzelsche Tatbestand in seiner inhalt-

---

[358] In dem von ihm in JZ 52, S. 134, besprochenen besonders gelagerten Fall, wo ein Staatsanwalt, dessen Ernennung zum Richter formell noch nicht ganz in Ordnung war, einen Eid abgenommen hatte, vermeidet Welzel zwar dieses Ergebnis, indem er sagt, das Gericht sei zwar unvorschriftsmäßig besetzt, aber doch zur Abnahme des Eides zuständig gewesen; er kommt dann zur Annahme eines vollendeten Meineides. Die Lösung dieses Sonderfalles ändert aber nichts an seiner prinzipiellen Auffassung. — Zu Welzels gegen diese Lösung eingewendeten (praktisch wohl niemals vorkommenden) Beispielen vgl. von Weber, GA 1953, S. 164, Anm. 13.

[359] wie es ja auch neuerdings Bruns, Der untaugliche Täter im Strafrecht, in eingehender Erörterung der gesamten Problematik annimmt.

[360] Vgl. hierüber Welzel, LB S. 170 (6).

[361] Vgl. oben S. 111.

lichen Ausgestaltung und dogmatischen Auffassung mehr als alle anderen Lehren einen sachgerechten Verbrechensaufbau gestattet.

Dabei ist aber eines zu bedenken: Es liegt im Wesen eines Systems, daß es nach Harmonisierung strebt. Der Komplex von Merkmalen, dem — wie wir gezeigt haben — in der Irrtums- und Versuchslehre so wesentliche Bedeutung zukommt, hat von vornherein die Neigung, über seine unmittelbare Zweckbestimmung hinaus sich einen Platz im System zu erobern. Denn ein System ist nicht um seiner selbst willen da, sondern es ist ein technisches Hilfsmittel, das klar und übersichtlich die wesentlichen Elemente eines vielschichtigen Geschehens in reinlicher Auseinanderfaltung für die praktische Handhabung aufbereiten soll. Wenn man vom Tatbestand sagen könnte, daß er nicht nur seiner Funktion als Element des Verbrechensaufbaus gerecht werde, sondern auch noch die Aufgabe erfülle, das Beziehungsobjekt des Vorsatzes zu bilden und außerdem die Möglichkeit biete, den Versuch vom Wahndelikt sauber abzugrenzen, so wäre das gleichzeitig ein Argument für die Fruchtbarkeit des systematischen Begriffs. Wir werden daher dem Systemtatbestand nur dann einen vom Vorsatztatbestand abweichenden Inhalt geben, wenn es zur Erkenntnis anderer dogmatischer Erscheinungen unerläßlich ist.

Wir werden daher zunächst prüfen, ob Welzels Tatbestand auf systematischem Gebiet die allein richtige Lösung bringt. Seine Stellung in der Entwicklung der Tatbestandslehre ist schon eingehend geschildert worden[362]. An die dort gewonnenen Ergebnisse wird im folgenden angeknüpft werden.

Wir werden dabei mit der Prüfung der offenen Tatbestände beginnen und nach ihrer Ablehnung eine kurze Darlegung der eigenen Tatbestandsauffassung liefern.

II. Offene Tatbestände als Grundlage des Verbrechensaufbaus

1. Entsprechen die offenen Tatbestände den systematischen Erfordernissen?

Auch wenn man auf eine selbständige Beantwortung der Frage nach dem Inhalt des Tatbestandsbegriffes verzichten und sich insoweit der Auffassung Welzels anschließen wollte, könnten die offenen Tatbestände für den Verbrechensaufbau nur dann fruchtbar werden, wenn sie die unerläßlichen funktionalen Voraussetzungen eines Systembegriffes erfüllten. Damit ist folgendes gemeint: Ein strafrechtlicher Grundbegriff wie der Tatbestand muß, wenn er systematisch irgend tauglich sein soll, „Grundelement" und „Grenzelement" zugleich sein[363]. Das bedeutet: Alle für das Strafrecht in Betracht kommenden Handlungen müssen durch ihn auf eine gemeinsame

---

[362] Vgl. oben S. 44—52.

[363] Wir verwenden dabei zwei von Maihofer, Handlungsbegriff, S. 6, in anderem Zusammenhang geprägte Ausdrücke.

Grundlage zurückgeführt werden (Grundelement), und dieser Begriff muß in der Lage sein, nur die für das Strafrecht wesentlichen Vorgänge in sich zu begreifen (Grenzelement).

Wenn wir uns die offenen Tatbestände daraufhin ansehen, so müssen wir feststellen, daß sie keiner dieser beiden Forderungen gerecht werden.

Offene Tatbestände sind als Grundelement des Verbrechensaufbaus ungeeignet, weil nicht ersichtlich ist, worin die wesensmäßige Gemeinsamkeit der verschiedenen, von Welzel als tatbestandsmäßig angesehenen Handlungen bestehen soll. Seine Bemühungen, dem Tatbestandsbegriff eine inhaltliche Bedeutung zu geben und tatbestandliches Tun als ein aus den sozialen Ordnungen in schwerwiegender Weise herausfallendes Verhalten zu umschreiben, scheitern gerade an den offenen Tatbeständen: denn sozialadäquate und der unrechtsindizierenden Wirkung entbehrende Handlungen bewegen sich innerhalb der sozialen Ordnung und sollen trotzdem tatbestandsmäßig sein.

Es dürfte überhaupt kaum möglich sein, alle von Welzel als tatbestandsmäßig angesehenen Handlungen (also offene wie geschlossene Tatbestände) inhaltlich auf einen Nenner zu bringen. Man kann zwar in beiden Fällen feststellen, daß es sich um „menschliche Verhaltensweisen" handelt, aber diese Erkenntnis bringt bereits der dem Tatbestand vorgelagerte Handlungsbegriff. Wenn die Bildung des Tatbestandes einen Sinn haben soll, muß sie ein strafrechtlich bedeutsames inhaltliches Plus gegenüber dem Handlungsbegriff aufweisen. Worin dieses Plus liegen soll, ist bei den offenen Tatbeständen nicht ersichtlich, und auch Welzel hat es nicht aufzeigen können. Es fehlt daher dem Tatbestandsbegriff nach Einführung der offenen Tatbestände die gemeinsame Grundlage.

Auch als „Grenzelement" bewähren sich die offenen Tatbestände nicht. Die „absolute untere Grenze strafrechtlicher Betrachtung" wird bereits durch den Handlungsbegriff abgesteckt[364]. Der Tatbestand muß daher einen Schritt weitergehen. Er darf nicht mehr jede beliebige Handlung umfassen, sondern er muß aus dem Bereich der Handlungen das strafrechtlich bedeutsame Verhalten heraussondern. Das ist auch die Ansicht Welzels. Gerade er erblickt die Grenzfunktion des Tatbestandes darin, daß dieser Begriff die Sphäre des rechtlich Bedeutsamen von der des rechtlich Irrelevanten abtrennt[365]. Auch hier bleibt jedoch unklar, wie die offenen Tatbestände dieser Forderung gerecht werden sollen. Die Aussage, daß tatbestandsmäßiges Handeln wegen seiner strafrechtlichen Relevanz nur ausnahmsweise gerechtfertigt werden könne[366], trifft auf die offenen Tatbestände nicht zu, denn diese sollen gerade kein Unrechtsindiz

[364] Vgl. Maihofer, Handlungsbegriff, S. 9.
[365] ZStW Bd. 67, 1955, S. 211.
[366] Neues Bild, 2. Aufl., S. 55 (Anm. 1 zu S. 54).

bilden[367]; worin sonst ihre strafrechtliche Bedeutsamkeit liegen soll, ist nicht ersichtlich.

Daran zeigt sich, daß die offenen Tatbestände nicht in der Lage sind, die strafrechtlich erheblichen von den unerheblichen Handlungen zu trennen. Durch ihre Anerkennung werden zahllose, im strafrechtlichen Sinne „beliebige" Handlungen in den Tatbestand eingeführt. Ein Tatbestand, der auch Handlungen umfaßt, „die sich völlig innerhalb des Rahmens der geschichtlich gewordenen sozialethischen Ordnung des Gemeinschaftslebens bewegen"[368], entbehrt der Grenzfunktion, die Welzel ihm selbst zuschreibt.

Die Fragwürdigkeit offener Tatbestände als Grundlage des Verbrechensaufbaus hat anscheinend auch Welzel selbst gespürt. Er hatte darum wenigstens für die Fahrlässigkeitstatbestände und die Unterlassungsdelikte eingeräumt, daß man bei ihnen nur „in einem uneigentlichen Sinne noch von ‚Tatbeständen' sprechen kann"[369]. Das gilt aber auch für andere offene Tatbestände: „Eigentlich" ist die sozialübliche Nötigung (§ 240), die Führung des Bundeswappens (§ 360 Ziff. 7), das Veranstalten einer öffentlichen Lotterie (§ 284), die Errichtung einer Feuerstätte (§ 368 Ziff. 3) usw. keine Tatbestandserfüllung, weil alle diese Handlungen sich im Regelfall innerhalb der sozialen Ordnungen bewegen und deshalb etwas strafrechtlich Relevantes nicht darstellen können.

Wenn Welzel diese Mängel bei der Festlegung eines Grund- und Grenzelements in Kauf nimmt, so kann ihn dabei nur ein Drittes geleitet haben, was ich die „Erkenntnisfunktion" eines Systembegriffes nennen möchte: Man kann an den offenen Tatbeständen die von Welzel gezogene Grenze zwischen Tatbestand und Rechtswidrigkeit und — bis zu einem gewissen Grade — zwischen Versuch und Wahndelikt ablesen. Ob dieser Vorzug die systematischen Schwächen aufwiegt, oder ob es nicht besser gewesen wäre, Irrtums- und Systemtatbestand zu trennen, indem man die Rechtspflichtmerkmale systematisch beim Tatbestand gelassen und nur in den Irrtumsfragen anders behandelt hätte[370] — das braucht an dieser Stelle nicht entschieden zu werden. Denn da nach unseren Ergebnissen die von Welzel gewonnene Grenzlinie zwischen Tatbestands- und Verbotsirrtum, Versuch und Wahndelikt nicht als zutreffend anerkannt werden kann, entbehren die offenen Tatbestände auch des Erkenntniselements: den wirklichen Grenzverlauf kann man aus ihnen nicht ablesen.

Die offenen Tatbestände sind also, selbst wenn man Welzels Auffassungen zugrundelegt, abzulehnen, weil sie die Einheitlichkeit

---

[367] LB S. 72 (6).

[368] LB S. 74 (6) über den Parallelfall der sozialadäquaten Handlungen.

[369] Neues Bild, 2. Aufl., S. 19; neuerdings wird diese Einschränkung nicht mehr erwähnt, außerdem ist Welzel bei den Unterlassungsdelikten zur Annahme eines geschlossenen Tatbestandes zurückgekehrt, vgl. oben S. 10.

[370] Solche Lösungen werden von Busch, Mezger-Festschrift, S. 175/176, und Engisch, Mezger-Festschrift, S. 162/163, erwogen.

des Tatbestandsbegriffes zerstören und daher eher systemsprengende als zusammenschließende Kraft haben. Der Begriff des Tatbestandes ist mit der Einführung der offenen Tatbestände zu einer formalen Kategorie ohne greifbaren Inhalt geworden.

2. Entsprechen die offenen Tatbestände dem Wesen des Tatbestandes?

Beim Aufbau des Verbrechenssystems ist die Verwendung offener, im Hinblick auf das Unrecht wertfreier Tatbestände darüber hinaus auch deshalb unmöglich, weil sie dem Wesen des Tatbestandes zuwiderlaufen würde.

Die Auffassung Welzels, der Gesetzgeber habe mit der Aufstellung der Tatbestände nur die rechtliche Relevanz bestimmter Verhaltensweisen hervorheben, sich jedoch einer Bewertung der von ihm umschriebenen Handlungen als rechtswidrig oder rechtmäßig ganz enthalten wollen[371], ist nicht richtig. Da alle Strafrechtsnormen dem Staatsbürger ein Tun oder Unterlassen befehlen, bewerten sie zugleich ein diesem Befehl widersprechendes Verhalten als wenigstens grundsätzlich mißbilligenswert. Wenn der Gesetzgeber den Diebstahl, die Erpressung oder die Blutschande in einer Strafbestimmung umschreibt, so denkt er dabei nicht: „Ich stelle in den einzelnen Paragraphen einige rechtlich beachtenswerte Vorgänge dar, enthalte mich aber jeder Meinung darüber, ob ich die Verwirklichung der geschilderten Handlungen für gut oder schlecht ansehe. Meine Beschreibung soll nur darauf hinweisen, daß diese Handlungen nicht ganz gleichgültig, sondern entweder rechtmäßig oder rechtswidrig sind“, sondern er sagt sich: „Diese Vorgänge sind sozial unerträglich und werden von mir mißbilligt; darum will ich sie unter Strafe stellen und durch die Tatbestände umschreiben.“

Es trifft also nicht zu, daß sich die Frage nach dem Unrecht erst an die Ermittlung eines insoweit vollkommen wertneutralen Tatbestandes anschlösse, sondern es ist gerade umgekehrt: Am Anfang steht ein gesetzgeberisches Unwerturteil, das sich dann in den einzelnen Strafbestimmungen niederschlägt. Daher kann es nicht — wie Welzel meint — Aufgabe des Tatbestandes sein, rechtlich zwar relevante, aber in keiner Hinsicht unwertgefärbte Verhaltensweisen zu umschreiben. Der Tatbestand ist vielmehr schon ein Ausfluß des Unwerturteils und kann nur von ihm her verstanden werden.

Diese Auffassung deckt sich in vollem Umfang mit der Meinung, die sich im Anschluß an Sauer und Mezger in der gesamten modernen Entwicklung der Tatbestandslehre durchgesetzt[372] und an der auch Welzel zunächst teilgenommen hatte[373]. Danach besteht, wenn man von dem Streit um den systematischen Standort der sogenannten nega-

---

[371] ZStW, Bd. 67, 1955, S. 211, Anm. 30; LB S. 49/50 (6).
[372] Vgl. oben S. 40/41.
[373] Vgl. oben S. 46.

tiven Tatbestandsmerkmale einmal absieht[374], wenigstens darin weitgehende Einigkeit, daß der Tatbestand der Einzelstrafbestimmungen typisiertes Unrecht und nicht eine im Hinblick auf die Rechtswidrigkeit wertfreie Rubrik ist. Auch die jüngste Untersuchung über das Wesen des Tatbestandes, die Gallas[375] vorgenommen hat, kommt zu dem Ergebnis, daß der „Schritt von der Wertfreiheit des klassischen zu der Wertbezogenheit des modernen Tatbestandsbegriffes getan" werden müsse und sieht im Tatbestand den „Träger des typischen Strafwürdigkeitsgehalts der jeweiligen Verbrechensart"[376]. Auf ähnlicher Linie liegen die Ausführungen von Hardwig[376a]: „... der Tatbestand ist Unrecht, weil er nur und ausschließlich Unrecht (wenn auch unvollständig!) beschreibt. Das Unrecht ist mithin der Gegenstand der Beschreibung des Tatbestandes."

Die Überzeugung vom Unrechtscharakter des Systemtatbestandes hat sich im Schrifttum mit Recht so sehr durchgesetzt, daß die Kritik an der Konstruktion der offenen Tatbestände und Rechtspflichtmerkmale oft ohne weitere Begründung nur von dieser Wesensdeutung des Tatbestandes her vorgenommen wird. So begründet z. B. Busch[377] den tatbestandlichen Charakter der rechtswidrigkeitsumschließenden Umstände mit den Worten: „Jene Merkmale ... unterscheiden sich von den übrigen Tatmerkmalen, was ihre unrechtsbegründende Funktion anlangt, ersichtlich nicht", und sehr ähnlich sagt Engisch[378]: „Für den Unrechtstatbestand leuchten die Thesen Welzels nicht ein." Das entspricht der hier vertretenen Meinung.

Wir kommen also zu dem Ergebnis: Die Konstruktion der offenen Tatbestände ist weder systematisch brauchbar noch entspricht sie dem Wesen des Tatbestandes. Es besteht daher kein Anlaß, um ihretwillen eine jahrzehntelange systematische Entwicklung preiszugeben und zu Beling zurückzukehren. Der Tatbestand ist nicht „bezüglich der Rechtswidrigkeit wertfrei", sondern er ist ein Unrechtstatbestand.

Diese Ablehnung der offenen Tatbestände muß auch für die fahrlässigen Delikte gelten. Die Verletzung der objektiven Sorgfaltspflicht, die man ursprünglich im Rahmen der Schuld geprüft hatte und die nach einer jetzt vordringenden Meinung zur Rechtswidrigkeit gehört[379], ist in Wahrheit bereits eine Voraussetzung der Tatbestandserfüllung. Es gibt kein durchschlagendes Argument dagegen, auch diese Tatbestände wie alle anderen als Unrechtstatbestände auszuformen. Im Gegenteil: Da eine Norm sinnvollerweise nur Erfüllbares gebieten kann, wäre es widersinnig, wenn in diesen Fällen vom

---

374 Darüber gleich unten, S. 173 ff.
375 ZStW, 67. Bd., 1955, S. 16 ff.
376 a. a. O. S. 17.
376a ZStW, 68. Bd., S. 32, Anm. 26.
377 Mezger-Festschrift, S. 175.
378 Mezger-Festschrift, S. 162.
379 Siehe dazu oben S. 34 ff.

Täter mehr als die Aufwendung der objektiv gebotenen Sorgfalt verlangt würde. Wie sollte der Täter einen Normverstoß begehen, wenn er die objektiv gebotene Sorgfalt nicht im mindesten verletzt? Der auf die reine Verursachung abstellende Wortlaut der Gesetzesbestimmungen kann nicht maßgebend sein. Auch hier gehört daher die Verletzung der objektiven Sorgfaltspflicht systematisch zum Tatbestand. Aber selbst wenn man von dem hier entwickelten Tatbestandsbegriff absieht und von den Grundlagen des finalistischen Systems ausgeht, dürfte das Ergebnis für die fahrlässigen Delikte kein anderes sein. Welzel rechnet zwar neuerdings — vielleicht im Anschluß an Henkel[380] — die objektive Vorhersehbarkeit (= adäquate Verursachung) zum Tatbestand, doch bleibt die Verletzung der objektiv gebotenen Sorgfalt für ihn weiterhin eine Frage, die erst in der Ebene der Rechtswidrigkeit auftritt. Das ist nicht nur deshalb eigenartig, weil in dem Parallelfall der unechten Unterlassungsdelikte die Verletzung der Erfolgsabwendungspflicht jetzt zum Tatbestande gezählt wird, ohne daß daraus die Konsequenz für die fahrlässigen Delikte gezogen würde. Es widerspricht auch Welzels eigener, grundlegender Analyse der fahrlässigen Handlung: Wenn es nämlich bei ihm heißt[381], daß der strafrechtlich wesentliche Teil der fahrlässigen Delikte nicht in der bloßen Erfolgsverursachung, sondern in der (wegen Verletzung der im Verkehr gebotenen Sorgfalt) fehlerhaften Handlung liege, so müßte doch die Prüfung der Fehlerhaftigkeit dieser Handlung im Rahmen des Tatbestandes, wo die Handlung ihren sonst unbestrittenen systematischen Standort hat, vorgenommen werden! Auch hier wird also der zweiteilige Verbrechensaufbau mit seinem Unrechtstatbestand dem Wesen der Sache und den Ansätzen des finalistischen Systems besser gerecht als ein offener Tatbestand[381a].

Im Rahmen des Strafrechtssystems ist somit für offene Tatbestände kein Raum.

Damit ist nicht gesagt, daß dieser Begriff nicht vielleicht in anderer Weise fruchtbar werden könnte. Es ist durchaus sinnvoll, eine

---

380 NJW 1956, S. 1451/1452.

381 LB (6), Vorwort, S. VI.

381a Es kommt noch hinzu, daß die Annahme, die objektive Sorgfaltspflichtverletzung sei eine Voraussetzung nur der Rechtswidrigkeit, der auch von Welzel vertretenen Lehre, wonach die Rechtswidrigkeit auf allen Rechtsgebieten nach denselben Kriterien zu bestimmen sei, widerstreitet; denn weder im Zivilrecht (etwa im Falle der verbotenen Eigenmacht) noch im Verwaltungsrecht (etwa bei der Frage der Fehlerhaftigkeit eines Verwaltungsaktes) kann die Rechtswidrigkeit von einer derartigen Sorgfaltspflichtverletzung generell abhängig gemacht werden, wie neuestens Stratenwerth, Verantwortung und Gehorsam, S. 174 ff., überzeugend dartut. Seiner Annahme einer besonderen Strafrechtswidrigkeit bedarf es aber nicht. Da die Verletzung der objektiv gebotenen Sorgfalt bei den fahrlässigen Delikten nach der hier vertretenen Auffassung eine Voraussetzung der Tatbestandserfüllung ist, kann bei ihrem Fehlen wegen fahrlässigen Delikts nicht gestraft werden, auch wenn die Tat nach allgemeinen Kriterien rechtswidrig sein mag; es gibt ja auch sonst viele rechtswidrige Handlungen, die nicht tatbestandsmäßig sind.

Bestimmung wie § 240 StGB, die das Vorliegen strafbaren Unrechts von der „Verwerflichkeit" der Nötigungshandlung abhängig macht, als „offenen" Tatbestand zu kennzeichnen, weil es dem Gesetzgeber hier nicht möglich gewesen ist, das verbotene Verhalten in eine selbständige Beschreibung einzufangen. Dieser Begriff würde dann all jene Tatbestände bezeichnen, bei denen der Gesetzgeber die gerade im Strafrecht besonders bedenkliche „Flucht in die Generalklauseln" angetreten hat. Wenn man in dieser Weise von „offenen" Tatbeständen sprechen will, muß man aber bedenken, daß der in erster Linie für die Methode der Rechtsfindung wichtige Begriff strafrechtssystematisch ohne Bedeutung ist; die Umstände, die die „Verwerflichkeit" einer Handlung im Sinne des § 240 StGB begründen, gehören systematisch auf jeden Fall zum Tatbestand, auch wenn sie erst vom Richter aufgefunden werden müssen. Zur Lösung der Irrtumsfragen würde dieser Begriff ebenfalls nichts beitragen können[382]. Er hat also insofern keine Verwandtschaft mit Welzels offenen Tatbeständen; auch in der Auswahl der als „offen" zu bezeichnenden Tatbestände besteht kaum ein Zusammenhang mit der Lehre Welzels[383], denn Begriffe wie die der „Zuständigkeit", „Unbefugtheit", „polizeilichen Genehmigung" usw. sind klar umgrenzt und inhaltlich genau bestimmt. Nur in den Fällen der §§ 240, 253 StGB bestehen Berührungspunkte; bei ihrer Kennzeichnung klingt auch in der Darstellung Welzels ein wenig von der hier erwogenen Bedeutung des Begriffes der offenen Tatbestände an[384].

III. Der Gesamttatbestand als Grundlage des Verbrechensaufbaus

Mit der Ablehnung offener, die Rechtswidrigkeit nicht indizierender Tatbestände ist die systematische Stellung der Rechtspflichtmerkmale noch nicht endgültig entschieden. Da diese Merkmale nicht allein positiv unrechtsbegründende, sondern oft auch negative unrechtsausschließende Umstände umfassen, ergibt sich die Frage, ob man den Systemtatbestand auf die in den Einzelbestimmungen des Besonderen Teils enthaltenen Merkmale beschränken soll, oder ob auch die sachlichen Voraussetzungen der Unrechtsausschließungsgründe, die sog. Rechtfertigungsmerkmale, systematisch als Elemente des Tatbestandes anzusehen sind. Daß in der Irrtumslehre beide Merkmalsarten gleich behandelt werden müssen, daß also die Unkenntnis unrechtsbegründender Umstände den Vorsatz ebenso ausschließt wie die fälschliche Annahme unrechtsausschließender Umstände, ist bereits dargelegt worden[385]. Diese für den Irrtumstatbestand maßgebende Tatsache ist aber nicht entscheidend dafür, wie der Tatbestand als systematischer Grundbegriff aussehen soll. Es wird

---

[382] Vgl. darüber schon oben S. 154.
[383] Vgl. schon oben S. 3 ff., 59.
[384] LB S. 72 (6).
[385] Oben S. 111—158.

daher im folgenden eine kurze Darstellung der Vorzüge eines solchen Gesamttatbestandes geliefert, der sich eine Auseinandersetzung mit den wesentlichsten gegen diese Lösung erhobenen Einwänden anschließen wird.

1. Die Vorzüge des Gesamttatbestandes

a) Die Wesensgerechtheit des Gesamttatbestandes

Die Erkenntnis, daß im Tatbestand das gesetzgeberische Unwerturteil seinen Ausdruck findet, spricht dafür, auch die unrechtsausschließenden Umstände systematisch dem Tatbestande zuzurechnen; denn sie tragen zur Bestimmung des Unrechts genau so bei wie die Merkmale der Einzeltatbeschreibung. Sie tun es freilich in anderer Art: Während die Tatbestände des Besonderen Teils unmittelbar das strafrechtliche Unrecht beschreiben, wird durch die Rechtfertigungsmerkmale ein Verhalten beschrieben, das gerade nicht Unrecht ist[386]. Diese Beschreibung rechtmäßigen Verhaltens dient aber nichtsdestoweniger allein der Kennzeichnung des strafbaren Unrechts, indem sie die zu weit gefaßte Tatbeschreibung einschränkt und die Grenzen des strafbaren Unrechts kenntlich macht[387]; es ist also durchaus zutreffend, diese Umstände als „einschränkende Tatbestandsmerkmale" zu bezeichnen[388].

Es erscheint zwar angesichts der erwähnten Unterschiede beider Merkmalsgruppen als durchaus sinnvoll, einen unrechtsbeschreibenden und einen unrechtsausschließenden Tatbestand einander gegenüberzustellen und bei der Fallprüfung so zu verfahren, daß man zuerst den unrechtsbegründenden und dann den unrechtsausschließenden Tatbestand untersucht. Trotzdem empfiehlt es sich, systematisch beide Tatbestände zu einem Gesamttatbestand zusammenzuschließen, weil sie der Herausarbeitung des strafrechtlichen Unrechts, in dem das Wesen des Tatbestandes liegt, in gleicher Weise dienen. Das ist schon deshalb ratsam, weil die Unterscheidung zwischen unrechtsbegründenden und unrechtsausschließenden Umständen mehr formaler als materialer Natur ist. So ist es z. B. — um nur ein Rechtspflichtmerkmal herauszugreifen — ziemlich gleichgültig, ob man im

---

[386] Es ist zweifelhaft, ob man die negativen Merkmale nicht wenigstens mittelbar auch als u n r e c h t s beschreibend ansehen kann, weil sie die durch das Verbot wirklich betroffenen Verhaltensweisen erkennbar werden lassen. Dagegen mit Entschiedenheit Hardwig, GA 1956, S. 376/377. Doch dürfte es sich hier mehr um eine terminologische Frage handeln: an dem unrechtsbestimmenden Charakter der Rechtfertigungsmerkmale kann nicht gezweifelt werden.

[387] Es ist allerdings fraglich, ob man das Nichtvorliegen rechtfertigender Merkmale als unrechts b e g r ü n d e n d e n Umstand bezeichnen kann, wie es so oft geschieht. Diese Sprechweise dürfte deshalb nicht ganz korrekt sein, weil etwas Nichtvorhandenes schwerlich zur Begründung eines Vorhandenen dienen kann. Deshalb werden die rechtfertigenden Umstände hier nur als „unrechtsbestimmende" Merkmale bezeichnet. Im übrigen ist — wie immer man diese Merkmale nennt — sicher, daß sie nicht vorliegen dürfen, wenn der Tatbestand erfüllt sein soll.

[388] Engisch, Vorsatz und Fahrlässigkeit, S. 11.

Falle des § 113 StGB das Vorliegen der Voraussetzungen für ein Einschreiten des Vollstreckungsbeamten als einen Umstand ansieht, der das Unrecht der Widerstandleistung begründet, oder ob man — sachlich gleichbedeutend — die Überschreitung der Beamtenbefugnisse als einen Umstand betrachtet, der das Unrecht der Widerstandleistung ausschließt. Der Wechsel in der Blickrichtung muß für die systematische Eingruppierung dieser Umstände ohne Bedeutung bleiben.

Der Gesamttatbestand entspricht auch deshalb besser dem Unrechtscharakter des Tatbestandes, weil er allein endgültig dem Einwand entgehen kann, daß jemand, der eine tatbestandsmäßige, aber gerechtfertigte Handlung vornehme, damit „an sich rechtswidrig" handele[389]. Für ihn ist eine gerechtfertigte Handlung gar nicht mehr tatbestandsmäßig und eine tatbestandsmäßige Handlung stets rechtswidrig.

b) Der Tatbestand als ratio essendi der Rechtswidrigkeit

Allein der Gesamttatbestand verwirklicht ohne Einschränkung die Forderung der modernen Tatbestandstheorie, daß der Tatbestand die ratio essendi der Rechtswidrigkeit sein müsse. Wenn man die sachlichen Voraussetzungen der Rechtfertigung nicht dem Systemtatbestand zuzählt, gerät man immer dann in Schwierigkeiten, wenn eine Handlung zwar tatbestandsmäßig, aber nicht rechtswidrig ist, wie im Falle der Notwehr. Es ist schwer zu begreifen, wenn man in einem solchen Falle hören muß, daß zwar der Seinsgrund der Rechtswidrigkeit gegeben sei, daß aber trotzdem eine rechtmäßige Tat vorliege.

Man kann diese Unstimmigkeit zwar dadurch vermeiden, daß man wie Gallas[390] in der Tatbestandserfüllung die „ratio essendi für die Zugehörigkeit der Tat zum Unrechtstypus, dagegen nur ratio cognoscendi für deren Rechtswidrigkeit im konkreten Fall" sieht.

Das ist konsequent. Es ist aber auch eine deutliche Einschränkung der Grundposition: Der Tatbestand ist dann eben nicht mehr Seinsgrund des strafbaren Unrechts, sondern nur noch des Unrechtstyps. Diese Lehre ist nicht mehr, wie Gallas[391] meint, „in gewissem Sinne die Gegenposition" zu Welzels Tatbestandskonzeption, sondern sie nimmt eine Mittelstellung zwischen ihr und der hier vertretenen Auffassung ein.

Daraus ergibt sich aber auch: Wenn der Tatbestand wirklich ratio essendi des Unrechts (und nicht nur des Unrechtstyps) sein soll, muß man alle unrechtsbestimmenden Merkmale positiver wie negativer Art in ihn einbeziehen. Der Tatbestand, der nur einen Unrechtstyp, nicht aber schon das Unrecht darstellt, bleibt auf halbem Wege stehen.

---

389 Vgl. dazu oben S. 42.
390 ZStW, Bd. 67., 1955, S. 23, Anm. 53 a.
391 a. a. O. S. 22.

c) Der Gesamttatbestand als Grund- und Grenzelement

Ein Tatbestand, der sämtliche unrechtsbestimmenden Umstände zusammenfaßt, ist als Grund- wie als Grenzelement des Verbrechensaufbaus gleichermaßen geeignet.

Alle Handlungen, die ihm unterfallen, zeichnen sich durch ein gemeinsames Grundelement aus: Sie werden vom Gesetzgeber mißbilligt, sind sozialschädlich und damit materiell unrecht. Infolge dieses einheitlichen Kriteriums ist die Zugehörigkeit eines Merkmals zum Tatbestand unabhängig von allen Äußerlichkeiten und Zufälligkeiten: Es kommt nicht darauf an, ob ein Tatumstand in einer Deliktsbestimmung des Besonderen Teils oder in einer Ergänzungsvorschrift des Allgemeinen Teils enthalten ist (negative Tatbestandsmerkmale!), ob er vom Gesetzgeber selbst umschrieben worden ist oder erst vom Richter im Wege der auslegenden Deskriptivierung eines vagen wertausfüllungsbedürftigen Begriffs gewonnen werden muß (§§ 240 II, 253 II!), ob eine die Tatsituation umreißende Handlung nur durch den Rückgriff auf die Normen des Verwaltungsrechts (§ 113!) oder des Strafprozeßrechts (§ 154!) eindeutig festgelegt wird oder ob die das Unwerturteil konstituierenden Umstände überhaupt nicht umschrieben sind und erst durch Rechtsprechung und Wissenschaft herausgearbeitet werden mußten (unechte Unterlassungsdelikte, fahrlässige Taten!). All diese in anderer Beziehung gewiß bedeutsamen, systematisch aber nur verwirrenden Unterscheidungen bleiben unberücksichtigt.

Dadurch erhält der Tatbestand eine von aller Willkürlichkeit gelöste, seinem Wesen als Unrechtstatbestand entsprechende, gewissermaßen apriorische Grundlage. Sprachliche Unzulänglichkeiten, Fehler und Lücken des Gesetzes wirken sich nicht nachteilig aus. Sofern sich überhaupt eine Verbotsmaterie, ein Gegenstand des Unwerturteils, ermitteln läßt — und das ist bei jedem gültigen Strafgesetz der Fall — kann auch der Tatbestand jedes Delikts auf gemeinsamer Grundlage festgelegt werden.

Dieselben Vorzüge weist der Gesamttatbestand auch als Grenzelement auf. Nur er bietet die Gewähr, daß allein die strafrechtlich wirklich erheblichen Verhaltensweisen vom Tatbestandsbegriff erfaßt werden, und nur er ermöglicht eine einigermaßen zweifelsfreie Grenzziehung.

d) Die Erkenntnisfunktion des Gesamttatbestandes

Der Gesamttatbestand wird seiner Erkenntnisfunktion besser gerecht als alle übergreifenden Tatbestände: Er ist nicht nur System-, sondern gleichzeitig auch Irrtumstatbestand[392], so daß man die Grenze von Tatbestands- und Verbotsirrtum, von Versuch und Wahndelikt an ihm ablesen kann. Bei Verwendung eines nur un-

---

[392] Vgl. dazu schon S. 166—167.

rechtsindizierenden Tatbestandes kommt man dagegen entweder zu unbilligen Ergebnissen in den Irrtumsfragen (wie Welzel bei der Putativnotwehr usw.) oder man muß zu Analogien greifen, um Irrtümer, die „eigentlich“ keine Tatbestandsirrtümer sind, dennoch „wie“ solche behandeln zu können, weil sie dem Tatbestandsirrtum „regelmäßig weit näher stehen als dem bloßen Verbotsirrtum“[393].

Bei der Abgrenzung von Versuch und Wahnverbrechen versagt der Indiztatbestand überhaupt. Die — noch nicht einmal zu ganz richtigen Ergebnissen führende — Konstruktion subjektiver Rechtfertigungselemente muß die Unebenheiten ausgleichen[394]. All diese Analogien und Hilfskonstruktionen werden durch den Gesamttatbestand überflüssig.

e) Der Gesamttatbestand als Konsequenz des personalen Unrechtsbegriffs

Nur der Gesamttatbestand wird auch einer weiteren dogmatischen Schöpfung Welzels gerecht: dem personalen Unrechtsbegriff. Der Widerspruch, in dem diese Lehre sowohl zu den offenen wie zu den geschlossenen Tatbeständen steht, ist eingehend erörtert worden[395]. Er kann nur durch den Gesamttatbestand vermieden werden:

Wenn der Handlungsunwert der vorsätzlichen Delikte in der bewußten Verwirklichung einer gemeinschaftswidrigen Tat liegt, so bringt ein alle unrechtsbestimmenden Umstände umfassender Tatbestand die „Einstellung“ des Täters, durch die er „der Tat seinen Stempel aufdrückt“[396], sehr deutlich zum Ausdruck; das geschieht jedenfalls dann, wenn die Tat einen materiellen Unrechtsgehalt aufweist. Tritt einmal ein Fall auf, in dem die Kenntnis aller Tatumstände den gesinnungsmäßigen Aktunwert und damit die personale Seite des Unrechts nicht hervortreten läßt, so liegt das nicht an einer Unvollkommenheit des Gesamttatbestandes, sondern an der betreffenden Strafbestimmung: Es handelt sich dann um ein Delikt des Ordnungsstrafrechts, dem ein materieller Unrechtsgehalt weitgehend fehlt.

Der Gesamttatbestand wird daher dem personalen Unrechtsbegriff so weitgehend gerecht, wie es überhaupt nur möglich ist: nach ihm muß der Täter alle für das Unrecht maßgebenden Umstände bewußt verwirklichen, wenn ihm der Vorwurf vorsätzlich unrechten Handelns gemacht werden soll. Das ist sowohl von Finalisten wie Schaffstein[397] als auch von Gegnern der finalen Handlungslehre wie Lang-Hinrichsen[398] klar erkannt worden. Die Einwendungen, die

---

[393] So argumentiert der BGH, BGHSt 3, 105 ff. Ebenso jetzt die Mehrheit der Großen Strafrechtskommission, vgl. Welzel, LB S. 150 (6).
[394] Vgl. oben S. 160 ff.
[395] Oben S. 86—91.
[396] LB, S. 52 (5).
[397] MDR 1951, S. 196—200.
[398] JR 1952, S. 184 ff.

Welzel dagegen vorbringt, schlagen nicht durch[399]: Der Gesamttatbestand ist die notwendige Konsequenz eines personalen Unrechtsbegriffs.

f) Der Gesamttatbestand als Ausdruck des sozialen Bedeutungsgehaltes der Tat

Der Gesamttatbestand ermöglicht ferner die Erfüllung der weiteren, von Welzel in Übereinstimmung mit der modernen Lehre aufgestellten Forderung, daß der Tatbestand neben den äußeren, sinnlich wahrnehmbaren Vorgängen auch den vollen sozialen Bedeutungsgehalt einer Tat erfassen müsse. Die übergreifenden Tatbestände sind dazu nicht in der Lage[400]. Ein Mord und eine Tötung in Notwehr mögen zwar für die rein sinnliche Wahrnehmung mitunter das gleiche Bild ergeben. Der Bedeutungsgehalt dieser Taten ist jedoch grundverschieden. Wenn für die Tatbestandserfüllung lediglich die Kenntnis der Tötung nötig sein soll, während alle weiteren Umstände der Tat und die Vorstellung, die sich der Täter von ihnen macht, hierfür ganz gleichgültig sind, so werden gerade die für die Bedeutung der Tat entscheidenden Elemente aus dem Tatbestand herausgerissen.

Der Gesamttatbestand dagegen erfaßt alle für die Rechtswidrigkeit maßgebenden Umstände in ihrer vollen sozialen Bedeutung. Er allein überwindet endgültig die Trennung von Wert und wertfreiem Sein und stellt die von allen naturalistischen Abstraktionen befreite werthaltige Wirklichkeit in den Mittelpunkt des Strafrechtssystems.

Es zeigt sich also, daß der Gesamttatbestand als strafrechtssystematischer Grundbegriff zahlreiche Vorzüge aufweist: Er verwirklicht in vollkommener Weise die moderne Erkenntnis vom Unrechtscharakter des Tatbestandes (a), zeigt ihn eindeutig als ratio essendi des strafbaren Unrechts (b), ist systematisch als Grund- und Grenzelement gleich brauchbar (c), hat für die Irrtums- und Versuchslehre erhebliche didaktische Bedeutung (d) und wird nicht zuletzt auch Welzels eigenen Forderungen und den dogmatischen Errungenschaften der finalen Handlungslehre besser gerecht als irgendein anderer Tatbestand, indem er das personale Unrecht (e) und die soziale Sinnhaftigkeit der Handlung (f) so deutlich wie möglich zum Ausdruck bringt.

Die Position des „Unrechts-Gesamttatbestandes" kann aber erst dann als endgültig gesichert gelten, wenn wir uns kurz mit den wesentlichsten Einwänden auseinandergesetzt haben, die gegen die Einführung des Gesamttatbestandes in das System des Verbrechensaufbaus erhoben worden sind.

---

[399] Vgl. oben S. 90/91.
[400] Darüber eingehend oben S. 91—95.

2. Die Einwände gegen den Gesamttatbestand

a) Die Verkennung elementarer Wertunterschiede des Rechts

Ein Tatbestand, der sämtliche unrechtsbestimmenden Merkmale umfaßt, läßt für eine besondere Prüfung der Rechtswidrigkeit keinen Raum mehr. Wenn man die sachlichen Voraussetzungen der Unrechtsausschließungsgründe als negative Tatbestandsmerkmale in den Systemtatbestand eingliedert und auch die Handlungspflichtmerkmale der unechten Unterlassungsdelikte hinzunimmt, ist alles tatbestandsmäßige Verhalten ohne weiteres rechtswidrig[401].

Dagegen läßt sich geltend machen, daß diese Lösung strafrechtlich bedeutsame Wertunterschiede einebne. Welzel weist immer wieder darauf hin, daß bei einer solchen Auffassung die Tötung eines Menschen in Notwehr rechtlich genau dasselbe sei wie die Tötung einer Mücke: „beides tatbestandslose Vorgänge"[402]. Nach seiner Ansicht ist diese Lehre

> „offenkundig falsch . . . Sie verkennt eine besondere Wertungsstufe des Rechts, nämlich die Sphäre des Erlaubten gegenüber der des rechtlich Irrelevanten. Die Tötung einer Mücke ist, weil sie tatbestandslos ist, rechtlich irrelevant. Die Tötung eines Menschen in Notwehr ist eine rechtlich relevante, darum tatbestandsmäßige Handlung, aber erlaubt. Es gibt rechtlich relevantes — tatbestandsmäßiges — Verhalten, das verboten (rechtswidrig) ist, es gibt rechtlich relevantes — tatbestandsmäßiges — Verhalten, das erlaubt (rechtmäßig) ist, und es gibt die unübersehbare Fülle des rechtlich irrelevanten, tatbestandslosen Geschehens. Die Rechtfertigungsgründe sind Erlaubnissätze, deren Vorliegen die Verwirklichung rechtlich relevanten, tatbestandsmäßigen Verhaltens gestattet . . ."[403].

Diese Kritik wäre berechtigt, wenn die von Welzel mit solcher Entschiedenheit herausgestellte Unterscheidung des rechtlich Irrelevanten und des Erlaubten systematisch so fruchtbar wäre, daß ein Verzicht auf sie mit dem Opfer systematischer Klarheit und wesentlicher dogmatischer Einsichten erkauft werden müßte.

Das ist jedoch zu bezweifeln. Für die Strafrechtssystematik ist mit dieser Unterscheidung nur sehr wenig gewonnen.

Erstens ist sie genau so unscharf wie der überkommene Begriff des Unrechtstyps. Rechtlich irrelevante und erlaubte Handlungen sind nicht klar voneinander abzugrenzen. Es ist mehrfach gezeigt worden, daß das materiale Kriterium, mit dem Welzel die Trennung durchführen will — das Merkmal des sozial Ungewöhnlichen — diesen Dienst nicht leisten kann[404]. Schon dieser Umstand tut der systematischen Verwendbarkeit der Unterscheidung Abbruch.

---

401 Vgl. schon oben S. 43.

402 ZStW, 67. Bd., 1955, S. 210; zu den in diesem Zusammenhang auftauchenden Irrtumsproblemen vgl. oben S. 128.

403 a. a. O. S. 211.

404 Vgl. nur oben S. 129/130.

Zweitens aber ist — auch wenn man von den Schwierigkeiten der Grenzziehung absieht — nicht recht ersichtlich, wieso hier „elementare Wertunterschiede des Rechts" liegen[405]. Es ist zwar sicherlich wahr, daß es einen wesentlichen Unterschied ausmacht, ob ich eine Mücke erschlage oder einen angreifenden Mörder in Notwehr erschieße; die Frage ist nur, ob dieser Unterschied sich auf die strafrechtliche Beurteilung entscheidend auswirkt. Das muß verneint werden. In beiden Fällen wird die Handlung nicht einmal von einem Schatten rechtlicher Mißbilligung getroffen. Die unleugbare soziale Verschiedenartigkeit beider Akte wirkt sich strafrechtlich überhaupt nicht aus — und darauf kommt es an.

Wenn man aber den Unterschied darin sehen will, daß im einen Fall immerhin mit der strafrechtlichen Prüfung begonnen werden müsse, während der andere von vornherein gänzlich außerhalb des Kreises strafrechtlicher Erwägungen bleibe, so ist darauf hinzuweisen, daß auch viele andere Handlungen ernsthafte rechtliche Prüfung verlangen und insofern „rechtlich relevant" sind, obwohl sich am Ende herausstellt, daß es sich um einen tatbestandslosen Vorgang handelt. Man denke etwa an die Ersatzhehlerei: Sie scheidet keineswegs schon auf den ersten Blick, sondern nur nach gründlicher Untersuchung aus dem Bereiche des strafrechtlich Bedeutsamen aus.

Andererseits ist nach Welzels Auffassung die richterliche Eröffnung eines Briefes in einem Strafverfahren, die gemäß §§ 99, 100 StPO vorgenommen wird, strafrechtlich erheblich und muß vom Bereiche des Irrelevanten klar geschieden werden, obwohl hier ohne weiteres ersichtlich ist, daß eine strafbare Handlung ernsthaft nicht in Betracht kommt[405a].

Auch wenn man also als „rechtlich relevant" alles in den Blickpunkt strafrechtlicher Erörterung tretende Verhalten bezeichnen wollte, verläuft die Grenze zum strafrechtlich Gleichgültigen nicht dort, wo Welzel sie zieht. Es gibt dann rechtlich relevante tatbestandslose Handlungen und strafrechtlich ziemlich irrelevante Tatbestandserfüllungen.

Schließlich ist noch auf die Argumentation von Gallas einzugehen, der trotz Ablehnung der Rechtspflichtmerkmale[406] sich mit Welzel einig weiß „in der Gegnerschaft gegen den Versuch, die Rechtfertigungsgründe als sog. negative Tatbestandsmerkmale systematisch mit dem Begriff des Tatbestandes in Verbindung zu bringen"[407]. Er begründet seine Ablehnung mit der Erwägung, „daß der Tatbestand als Verkörperung des Deliktstypus nicht auch Momente

---

[405] a. a. O. S. 210.

[405a] Im Sinne der hier vertretenen Auffassung für das Handeln von Beamten jetzt auch bemerkenswerterweise der Welzel-Schüler Stratenwerth, Verantwortung und Gehorsam, S. 177: „Der Beamte, der einen sachlich begründeten Hoheitsakt vornimmt, übertritt nicht etwa erlaubterweise eine Verbotsnorm, sondern er befolgt pflichtgemäß eine Gebotsnorm."

[406] Über die Widersprüche, in die er dadurch gerät, vgl. oben S. 105 ff.

[407] ZStW, Bd. 67, 1955, S. 27/28.

umfassen kann, die außerhalb dieses Typus liegen". Durch den Gesamttatbestand werde „die typisierende Funktion des Tatbestandes preisgegeben"[408]. Diese Aussage ist richtig, wenn man unter dem Typischen nur das „Regelmäßige" versteht: Die Tatbestandserfüllung ist nach der hier vertretenen Auffassung nicht nur regelmäßig, sondern stets Unrecht. Das wäre jedoch kein Argument gegen den Gesamttatbestand, sondern eine bloße Feststellung. Gallas will denn auch mit dem Worte „Typus" mehr bezeichnen. Ein Typus ist ihm ein Denkgebilde, das eine „Sinneinheit" darstellt, das einen „sachlichen Eigen-Sinn" besitzt. „Die Deliktstypen sind nicht bloße juristische Kunstprodukte, vielmehr von Lebensvorgängen abgezogen, die als solche eine Sinneinheit darstellen". Diese Sinneinheit — so darf man wohl folgern — würde nach Meinung von Gallas durch den Gesamttatbestand zerstört.

Die Sinneinheit der durch den Indiztatbestand umschriebenen Vorgänge ist jedoch zu leugnen. Der brutale Totschlag, die zur Verteidigung notwendige Niederschießung eines Räubers und die Tötung eines Feindes im Kriege — drei nach Gallas im Sinne des § 212 StGB tatbestandsmäßige Handlungen — stellen keinen einheitlichen Handlungstypus mit einem „sachlichen Eigen-Sinn" dar. Nicht nur rechtlich, sondern auch in moralischer, sozialer und psychologischer Hinsicht handelt es sich um völlig verschiedenartige Vorgänge, deren einziger Zusammenhang in einer gewissen Ähnlichkeit des äußerlich-naturalistischen Tatbildes liegt. Der Typ „Tötung eines Menschen" ist tatsächlich ein „juristisches Kunstprodukt" ohne „Eigen-Sinn", und ein systematischer Mangel kann in seiner Vernachlässigung nicht erblickt werden. Erst die Begriffe „Totschlag", „Tötung im Kriege" und „Tötung in Notwehr" umschreiben echte soziale Sinneinheiten; hier liegen in Wahrheit die „elementaren Wertunterschiede des Rechts", die durch die künstliche Zusammenfassung in einem einheitlichen Begriff unnötig verdeckt werden. Recht betrachtet, entspricht also der Gesamttatbestand den Intentionen Gallas' besser als ein Indiztatbestand.

Es kann daher nicht anerkannt werden, daß der Gesamttatbestand strafrechtlich wirklich bedeutsame Wertunterschiede einebne.

b) Die Subjektivierung des Unrechts

Ein zweiter wesentlicher Einwand richtet sich gegen die durch den Gesamttatbestand herbeigeführte Subjektivierung namentlich der Unrechtslehre. Wenn man sämtliche unrechtsbestimmenden Umstände nebst dem auf sie bezogenen Vorsatz zum Tatbestande rechnet, werden zahlreiche Handlungen, die früher erst bei Prüfung der Schuld ausgeschieden wurden, schon in der Ebene des Tatbestandes eliminiert. Die Putativnotwehr ist nicht einmal mehr tatbestands-

---

[408] a.a.O., Anm. 58a.

mäßig. Daher schreibt z. B. Lang-Hinrichsen[409]: „Nach ihr (scil. dieser Lehre) wird, sofern die irrtümliche Annahme von Rechtfertigungsmerkmalen nicht vermeidbar war, grundsätzlich jeder Unterschied zwischen echten und putativen Rechtfertigungsgründen, also wirklicher und vermeintlicher Notwehr, Einwilligung usw. aufgehoben. Beide schließen die Rechtswidrigkeit aus. In weitem Umfang wird damit die Rechtswidrigkeit von den Vorstellungen des Täters abhängig gemacht; sie entscheiden darüber, was rechtswidrig und was rechtmäßig ist."

Diese Bedenken treffen weniger den Gesamttatbestand als die finale Handlungslehre, denn sie treten natürlich nur dann auf, wenn man den Vorsatz in die Ebene des Tatbestandes versetzt. Ob das nötig und richtig sei, ist eine Frage, die hier nicht entschieden zu werden braucht. Jedenfalls haben schon lange vor Entwicklung der finalen Handlungslehre Engisch und Radbruch alle unrechtsbegründenden Umstände systematisch unter den Tatbestandsbegriff gebracht[410], und auch Lang-Hinrichsen selbst, der den Begriff des Gesamttatbestandes geprägt hat, tut das[411].

Man kann also sagen: Der Gesamttatbestand nimmt im Streit um den dogmatischen Standort des Vorsatzes eine neutrale Stellung ein. Er schließt weder eine finale, noch eine kausale Handlungslehre von vornherein aus. Wenn man ihn allerdings mit einem finalen Handlungsbegriff koppelt, ist zuzugeben, daß er gegenüber dem Welzelschen Tatbestandsbegriff eine Subjektivierung des Unrechts bringt. Das ist aber nur die natürliche Konsequenz des personalen Unrechtsbegriffs[412].

Außerdem sind die Folgen dieser Subjektivierung nicht so bedenklich, wie es zunächst den Anschein hat. Es ist nicht richtig, daß damit die Rechtswidrigkeit von den Vorstellungen des Täters abhängig gemacht würde und in einen unglücklichen Gegensatz zur objektiven Rechtswidrigkeitslehre des Zivilrechts geriete, wie es Lang-Hinrichsen annimmt. Der Satz, daß alles tatbestandsmäßige Verhalten rechtswidrig sei, darf nicht dahin mißverstanden werden, daß *nur* tatbestandsmäßiges Verhalten rechtswidrig sein könne. Eine spezifisch strafrechtliche Rechtswidrigkeit gibt es gerade nicht[413]. Das alte Belingsche Bild der beiden sich schneidenden Kreise[414], mit dem das Verhältnis von Tatbestandsmäßigkeit und Rechtswidrigkeit wiedergegeben werden sollte, bedarf daher nur einer geringen Korrektur: Man muß sich zwei ineinanderliegende Kreise denken, von denen der kleinere den Tatbestand und der größere die Rechtswidrigkeit darstellt. Dann erkennt man, daß es zwar kein tat-

---

409 JR 1952, S. 187.
410 Vgl. oben S. 43.
411 JR 1952, S. 307.
412 Vgl. dazu eingehend oben S. 86—91.
413 So mit Recht Welzel, LB S. 48; vgl. auch oben, Anm. 381 a.
414 Lehre vom Verbrechen, S. 146.

bestandsmäßiges Verhalten gibt, das nicht in den Bereich der Rechtswidrigkeit fällt, daß aber rechtswidriges Verhalten keineswegs tatbestandsmäßig sein muß. Daraus folgt: Wenn ein Irrtum die Erfüllung des subjektiven Tatbestandes und damit die Tatbestandsmäßigkeit überhaupt ausschließt, ist damit nicht zugleich auch die Rechtswidrigkeit ausgeschlossen, weil die Handlung immer noch nach den Normen des Zivilrechts oder anderer Rechtsgebiete rechtswidrig sein kann. Ist das der Fall, so ist sie auch im Sinne des § 53 StGB rechtswidrig und eine Notwehr gegen sie ist zulässig. Der Gesamttatbestand nötigt also auch vom Boden der finalen Handlungslehre aus nicht zu einer Aufspaltung in einen besonderen strafrechtlichen und einen sonstigen — für § 53 gültigen — Rechtswidrigkeitsbegriff. Darum braucht die finalistische Variante des Gesamttatbestandes nicht zu der Folgerung zu führen, „daß ein und dieselbe Handlung gegenüber ein und derselben Person zugleich rechtswidrig und rechtmäßig sein ... könne“[415].

Anders steht es mit dem Begriff des strafrechtlichen Unrechts, das allerdings einen nur dem Strafrecht eigenen Sondercharakter aufweist. „Strafbares Unrecht“ ist ein tatbestandsmäßig-rechtswidriges Verhalten, und dieses Unrecht wird in der Tat durch einen finalistischen Gesamttatbestand zum Teil von den Vorstellungen und den Gesinnungen des Täters abhängig gemacht. Das ist aber keine wohl oder übel in Kauf genommene Nebenfolge, sondern gerade eines der wesentlichen Anliegen der finalen Handlungslehre, dem der „personale“ Unrechtsbegriff seine Entstehung verdankt. Ob dieser Unrechtsbegriff wirklich um der Menschenwürde und der Rechtssicherheit willen abzulehnen ist[416], dürfte doch fraglich sein. Vieles spricht dafür, daß er eine tiefere Einsicht in das Wesen des strafrechtlichen Unrechts ermöglicht als die nur auf den Erfolgsunwert abstellende überkommene Lehre. Doch das ist hier nicht näher zu erörtern.

Eine bedenkliche systematische Verwirrung würde erst dann eintreten, wenn das Bewußtsein der Rechtswidrigkeit in den Bereich des Unrechts hineingezogen würde; das wäre der Fall, wenn man die Rechtspflichtmerkmale einschränkungslos dem Tatbestande zuzählte[417]. Doch diese Gefahr wird durch unsere Lösung gebannt: Da der Täter sich nur die tatbeschreibenden Elemente der rechtswidrigkeitsumschließenden Merkmale vorzustellen braucht, ist das Bewußtsein der Rechtswidrigkeit keine Voraussetzung der Erfüllung des subjektiven Tatbestandes.

Zum Schluß noch ein Wort zur Subjektivierung der Schuldlehre[418]: Der Gesamttatbestand als Irrtumstatbestand vermindert zwar, wenn man ihn mit der Schuldtheorie verbindet, die Zahl der Verbotsirrtümer gegenüber der Welzelschen Lehre, wird aber den Grundsätzen der Verantwortungsethik

---

415 Lang-Hinrichsen, JR 1952, S. 187.
416 wie es Würtenberger, Die geistige Situation, S. 47—67, annimmt.
417 Vgl. darüber oben S. 102.
418 Vgl. oben S. 99 ff.

immer noch weit mehr gerecht als die Vorsatztheorie. Warum er auch für die Irrtumslehre die geeignete Grundlage abgibt, ist eingehend geschildert worden[419]. Hier genügt die wiederholende Feststellung, daß er keineswegs zu einer unerträglichen Subjektivierung der Strafbarkeit führt, sondern Vorsatz- und Fahrlässigkeitsstrafe in einer sachlich genau angemessenen Weise voneinander abgrenzt.

Wir kommen somit zu dem Ergebnis: Der Vorwurf, daß der Gesamttatbestand subjektivistische Strömungen im Strafrecht begünstige, ist unbegründet. Er ist erstens von der finalen Handlungslehre unabhängig und ermöglicht daher eine weitgehend objektive Unrechtslehre, und er führt zweitens auch bei finalistischem Verbrechensaufbau nirgends zu systematischen Verwirrungen und dogmatischen Unzuträglichkeiten.

c) Die Unvereinbarkeit von Gesamttatbestand und Schuldtheorie

Der letzte Einwand, den wir zu besprechen haben, setzt die Identität von System- und Irrtumstatbestand voraus. Da auch nach den bisherigen Ergebnissen unserer Untersuchung beide sich darin decken, daß sie alle für die Rechtswidrigkeit maßgebenden objektiven Umstände umfassen, können wir an den daraus abgeleiteten Bedenken nicht vorübergehen. Lange[420] hat sie dahin formuliert, „daß eine ... Zusammenfassung von Objekt der Wertung und Wertung des Objekts, wie sie in diesem Begriff des ‚Unrechtstatbestandes' erfolgte, methodisch nicht zu einem Schuldaufbau paßt, der darauf beruht, daß beides streng auseinanderzuhalten sei"; das bedeutet: Je mehr man die Begriffe von Tatbestand und Unrecht aneinanderrückt, desto weniger lassen sich Tatbestands- und Unrechtskenntnis scheiden, desto weniger ist also auch die Schuldtheorie zur Lösung der Irrtumsprobleme geeignet[421]. Lange findet es daher im Hinblick auf die Rechtspflichtmerkmale „nur folgerichtig, wenn Welzel jetzt das Verhältnis Tatbestandsmäßigkeit — Rechtswidrigkeit dem Verhältnis Vorsätzlichkeit — Vorwerfbarkeit anpassen will".

Schlagwortartig zugespitzt, ließe sich dieser Gedanke vielleicht so ausdrücken: Wenn alles tatbestandsmäßige Verhalten rechtswidrig ist, muß die Kenntnis des Tatbestandes auch die Kenntnis der Rechtswidrigkeit bedeuten — womit die Schuldtheorie widerlegt wäre; oder, bei einer Umkehrung des Arguments: Wenn die Schuldtheorie richtig sein soll, muß der Tatbestand möglichst weit von der Rechtswidrigkeit getrennt, d. h. möglichst „wertfrei" ausgestaltet werden. Die Argumentation läuft also darauf hinaus, daß der Gesamttatbestand mit der Schuldtheorie unvereinbar sei.

---

[419] Oben S. 113 ff.
[420] JZ 1953, S. 13.
[421] Diese Meinung vertritt auch mit besonderem Nachdruck Lang-Hinrichsen, JR 1952, S. 356 und JZ 1953, S. 366/367.

Dieser zunächst bestechende Einwand hält jedoch einer genaueren Betrachtung nicht stand. Er übersieht, daß die notwendige Verbindung von Tatbestand und gesetzlicher Mißbilligung, die objektiv vorliegt, keineswegs immer auch subjektiv vom Täter vollzogen werden muß. Man kann das nicht besser ausdrücken als es Busch[422] getan hat mit den Worten: „Es ist offensichtlich zweierlei, ein (mißbilligtes) Verhalten im sozialen Raum zu beschreiben und dieses Verhalten zu mißbilligen, mit dem Unwerturteil „Unrecht" zu versehen. Dementsprechend ist es zweierlei, das (mißbilligte) Verhalten in seinen für die Mißbilligung Anlaß gebenden Merkmalen, in seinem So-Sein, das nicht als naturalistischer, sondern als sinnerfüllter sozialer Vorgang aufzufassen ist, zu erkennen und dieses dergestalt in seinen Merkmalen erkannte Verhalten zu mißbilligen". Vom logisch-theoretischen Standpunkt aus schließt also die Einheit von Tatbestand und Unrecht die Trennung von Tatbestands- und Unrechtskenntnis nicht aus.

Es fragt sich nur, ob nicht doch praktisch beides ineinander übergeht, weil schon in die Beschreibung des Unrechts die gesetzgeberische Mißbilligung so sehr einfließt, daß eine Trennung beider nicht mehr möglich ist. Besonders Lang-Hinrichsen hat darauf hingewiesen, daß man jedes einzelne Tatbestandsmerkmal nicht aus sich selbst heraus, sondern nur in Beziehung zum Unrecht der Gesamttat verstehen könne. Das gelte selbst für die deskriptiven Merkmale; es sei „der Hund ... im Sinne einer Hundesteuerverordnung immer der Rechtshund und der Käse im Sinne einer Wirtschaftsverordnung immer der Rechtskäse ... Die Einzelbewertung setzt mithin immer die Gesamtbewertung voraus und kann nur von dieser her erfaßt werden"[423].

Damit mündet die Fragestellung in das große Problem ein, das sich durch die ganze Entwicklung der Tatbestands- und Irrtumslehre hindurchzieht[424]: ob nämlich die vom Täter zu vollziehende Einzelbewertung, seine „Bedeutungskenntnis", sich von der rechtlichen Gesamttatbewertung trennen läßt. Das ist eine für jede Schuldtheorie entscheidende Frage, mit deren Lösung sie steht oder fällt. Sie braucht hier nicht mehr ausführlich behandelt zu werden, weil die vorliegende Arbeit als ganzes ein Beitrag zur Klärung dieses Problems sein soll. Wir haben gesehen, daß bei den Rechtspflichtmerkmalen eine solche Trennung nicht mehr durchführbar ist, wenn man sie als reine Tatumstände behandelt. Deshalb mußten sie in tatbeschreibende und gesamttatbewertende Elemente zerlegt werden. Die Einsicht, die dieser Lösung zugrundeliegt, gilt auch allgemein: Zur Tatbestandskenntnis gehört die Sinnerfassung des sich abspielenden Vorganges[425] — soweit sie sich von der rechtlichen Gesamtbewertung tren-

---

422 Mezger-Festschrift, S. 171.

423 JZ 1953, S. 367.

424 Vgl. dazu oben S. 35—52 und 91—95, bes. 92.

425 weshalb ein bloßer Indiztatbestand unzureichend ist, oben S. 91—95, 178.

nen läßt. Darin erblicke ich auch den tieferen Sinn der Theorie von der Parallelwertung in der Laiensphäre: Der Täter braucht nicht exakt zu subsumieren, sondern es genügt eine gleichlaufende Beurteilung im sozialen Raum. Eben deshalb braucht er nicht zu wissen, daß es sich um den „Rechtskäse" im Sinne einer bestimmten Verordnung handelt, sondern es ist nur erforderlich, daß ihm die sachlichen Eigenschaften der betreffenden Käseart, die zu ihrer Aufnahme in einen Straftatbestand geführt haben, bekannt sind.

Auch bei den negativen Merkmalen des Gesamttatbestandes läßt sich die Trennung von Tatbestands- und Unrechtskenntnis in dieser Weise durchführen. Ein typisches Rechtspflichtmerkmal ist z. B. der Begriff der „Rechtswidrigkeit" des Angriffs in § 53 StGB. Wer einen auf ihn unternommenen Angriff für „nicht rechtswidrig", d. h. rechtmäßig, hält[426], kann notwendigerweise nicht mehr des Glaubens sein, daß er Widerstand leisten dürfe. Das Wörtchen „rechtswidrig", das auf den ersten Blick nur ein einzelnes Tatbestandsmerkmal (das Wort „Angriff") näher zu kennzeichnen scheint, bewertet also in Wahrheit gleichzeitig die Gesamttat. Daher kann auch nicht jede irrige Annahme der „Rechtswidrigkeit" eines Angriffs den Vorsatz des Widerstandleistenden ausschließen[427], sondern man muß wieder danach unterscheiden, ob der Täter über sachliche, unrechtsbestimmende Umstände oder allein über die Rechtswidrigkeit seines Verhaltens irrt. Dieses Beispiel eines „negativen" Rechtspflichtmerkmals zeigt mit besonderer Deutlichkeit, daß rechtswidrigkeitsumschließende Merkmale nicht nur bei „offenen", sondern auch bei unrechtsindizierenden „Tatbeständen" auftreten.

Aus diesen Darlegungen ist folgender Schluß zu ziehen: Wenn man den Systemtatbestand als Gesamttatbestand auffaßt, hat der Einwand, daß die Identität von Tatbestand und Unrecht methodisch und systematisch nicht zu der scharfen Trennung von Vorsatz und Unrechtsbewußtsein passe, einiges Gewicht. Er wird jedoch bei gewöhnlichen Tatbestandsmerkmalen durch die „Parallelwertungstheorie" und in den besonders schwierigen Fällen der rechtswidrigkeitsumschließenden Umstände durch die hier vertretene „Zerlegungstheorie" entkräftet. Daher kann auch dieses Argument die Notwendigkeit eines wertfreien oder auf einen Teil der unrechtsbegründenden Merkmale beschränkten Tatbestandes nicht erweisen.

3. Ergebnis

Die gegen den Gesamttatbestand als Grundlage des Verbrechensaufbaus vorgebrachten Einwände sind nicht stichhaltig. Er ist vielmehr in systematischer, dogmatischer und praktischer Hinsicht einem nur die Merkmale der Einzelstrafbestimmungen enthaltenden Indiz-

---

[426] Diese Umkehrung ist wegen der negativen Natur des Merkmals erforderlich.
[427] wie Schaffstein, MDR 1951, S. 197, anzunehmen scheint.

tatbestand vorzuziehen[428]. Erst er ist ein wirklich „geschlossener" Tatbestand, weil er das gesamte Substrat des Unrechtsurteils umfaßt.

Daraus folgt: Alle beschreibenden und unrechtsbestimmenden Umstände, die durch die Rechtspflichtmerkmale in verhüllter und verkürzter Form zusammengefaßt werden, sind auch systematisch Teile des Tatbestandes. Die Voraussetzungen, unter denen ein Beamter einschreiten darf, die Umstände und Situationen, die für den Unterlassenden eine Erfolgsabwendungspflicht begründen, die verschiedenen Behörden, die zur Abnahme von Eiden berechtigt sind, die sachlichen Voraussetzungen einer „Befugnis" — sie alle sind bei Prüfung des Tatbestandes zu untersuchen. Es ist dabei unerheblich, ob es sich um Tatumstände des Indiztatbestandes oder um Rechtfertigungsvoraussetzungen handelt.

Daraus geht hervor, daß auch bei einer getrennten Lösung der Irrtumsfragen und der systematischen Probleme der Irrtums- und der Systemtatbestand sich wenigstens insoweit decken, als sie die objektiven Voraussetzungen des Unrechtsurteils umfassen. Im übrigen muß das Verhältnis beider Tatbestandsarten im Rahmen dieser Arbeit ungeklärt bleiben. Ob der Vorsatz und andere subjektive Elemente, wie die Gesinnungen, Absichten und Tendenzen des Täters, systematisch zum Tatbestand oder zur Schuld gehören, ob sie vom Irrtumstatbestand umfaßt werden, d. h. ob der Täter wissen muß, daß er grausam usw. handelt, ob die Voraussetzungen der Schuldausschließungsgründe, etwa des Notstandes, zum Irrtumstatbestand gehören, so daß ein Irrtum über sie den Vorsatz ausschließt — alle diese wichtigen und zum großen Teil ungeklärten Fragen können im Rahmen dieser Arbeit nicht untersucht werden.

Hier konnte nur versucht werden, die durch die Rechtspflichtmerkmale gestellten Probleme der Irrtumslehre, der Versuchsabgrenzung und des Systemaufbaus einer Klärung näher zu führen.

E. SCHLUSS

Das in dieser Arbeit gewonnene Ergebnis läßt sich in wenigen Sätzen zusammenfassen:

I. „Offene" Tatbestände im Sinne Welzels gibt es nicht. Ob man den Tatbestand in Anlehnung an § 59 StGB als Beziehungsobjekt des Vorsatzes (Irrtumstatbestand) oder, unabhängig davon, als systematischen Grundbegriff (Systemtatbestand) auffaßt: in beiden Fällen kann es einen gegenüber der Rechtswidrigkeit neutralen Tatbestand, der noch nicht einmal das Unrecht indiziert, nicht geben. Der Tatbestand umfaßt vielmehr in diesem wie in jenem Sinne alle für das strafbare Unrecht maßgebenden Umstände, nicht aber die Rechtswidrigkeit. Diese ist die notwendige Folge, nicht ein Bestandteil der Tatbestandserfüllung.

[428] Vgl. noch einmal oben S. 178.

II. „Rechtspflichtmerkmale“ dagegen gibt es. Sie sind zwar durch Welzels Kriterien nicht ganz richtig umschrieben und auch nicht eindeutig abgegrenzt, bilden aber dennoch eine gemeinsame Gruppe: Es handelt sich bei ihnen nicht um „spezielle Rechtswidrigkeitsmomente“, sondern um rechtswidrigkeitsumschließende Umstände, die der Unrechtsbegründung oder dem Unrechtsausschluß dienen und gleichzeitig immer oder im Regelfall die gesamte formelle Rechtswidrigkeit in sich bergen. Die Klärung sowohl ihrer systematischen Stellung als auch der durch sie entstehenden Irrtums- und Versuchsprobleme wird durch ihre Zerlegung in unrechtsbestimmende und gesamttatbewertende Elemente ermöglicht. Soweit sie sachliche, zum Substrat des Unwerturteils gehörende Umstände enthalten, gehören sie systematisch zum Tatbestand, ihre Unkenntnis schließt den Vorsatz aus, und ihre irrtümliche Annahme wirkt versuchsbegründend; soweit sie aber darüber hinaus die Rechtswidrigkeit hervorheben, betonen sie lediglich die notwendige Folge tatbestandlichen Handelns, deren Unkenntnis den Vorsatz unberührt läßt und deren irrtümliche Annahme zum Wahndelikt führt.

LITERATURVERZEICHNIS

Arndt, Wehrstrafrecht, 1958.
Baumann, Schuldtheorie und Verbotsirrtum im Zivilrecht? in: Archiv für die civilistische Praxis, 155. Bd., 1956, S. 495—519.
Beling, Die Lehre vom Verbrechen, 1906 (Abk.: L. v. V.).
Beling, Grundzüge des Strafrechts, 8. u. 9. Aufl., 1925.
Beling, Die Lehre vom Tatbestand, 1930.
Bemmann, Zur Frage der objektiven Bedingungen der Strafbarkeit, 1957.
Binding, Lehrbuch des Gemeinen Deutschen Strafrechts, Besonderer Teil, Zweiter Band, Zweite Abteilung, 1905.
Binding, Die Normen und ihre Übertretung, Band I—IV, 1914—1919.
Binding, Die Schuld im deutschen Strafrecht, 1919.
Bindokat, Kritisches zum Verbotsirrtum, in: JZ 1953, S. 71—75.
Bockelmann, Über das Verhältnis von Täterschaft und Teilnahme, 1949.
Bockelmann, Über das Verhältnis der Begünstigung zur Vortat, in: NJW 1951, S. 620—624.
Bockelmann, Nochmals über das Verhältnis von Täterschaft und Teilnahme, in: GA 1954, S. 193—210.
Börker, Der Irrtum des Unterlassungstäters über die Rechtspflicht zum Handeln, in: JR 1956, S. 87—90.
Bruns, Hermann, Kritik der Lehre vom Tatbestand, 1932.
Bruns, H.-J., Besprechung der 3. Aufl. des Lehrbuches von Welzel, in JZ 1954, S. 713—715.
Bruns, H.-J., Der untaugliche Täter im Strafrecht, 1955.
Busch, Über die Abgrenzung von Tatbestands- und Verbotsirrtum, in: Festschrift für Edmund Mezger, 1954, S. 165—181.
Dahm, Verbrechen und Tatbestand, 1935.
Dalcke, Strafrecht und Strafverfahren, 36. Aufl., 1955.
Dohna, Graf zu, Die Rechtswidrigkeit, 1905.
Dohna, Graf zu, Der Aufbau der Verbrechenslehre, 4. Aufl., 1950.
Dreher-Maassen, Strafgesetzbuch, 2. Aufl., 1956.
Eichmann, Der Vorsatz bei normativen Tatbestandselementen, Strafrechtliche Abhandlungen, Heft 255, 1929.
Engisch, Untersuchungen über Vorsatz und Fahrlässigkeit im Strafrecht, 1930.
Engisch, Der finale Handlungsbegriff, in: Probleme der Strafrechtserneuerung, Festschrift für Kohlrausch, 1944, S. 141—179.
Engisch, Die normativen Tatbestandselemente im Strafrecht, in: Festschrift für Edmund Mezger, 1954, S. 127—163.
Engisch, Zum Begriff des Mordes, in: GA 1955, S. 161—167.
Engisch, Bemerkungen zu Theodor Rittlers Kritik der Lehre von den subjektiven Tatbestands- und Unrechtselementen in: Festschrift für Theodor Rittler, 1957, S. 165—183.
Fischer, H. A., Die Rechtswidrigkeit, 1911.
Frank, Das Strafgesetzbuch für das Deutsche Reich, 18. Aufl., 1931.
Fukuda, Das Problem des Irrtums über Rechtfertigungsgründe, in: JZ 1958, S. 143—148.
Gallas, Anmerkung zum Urteil des BGH v. 12. 2. 52 (Beteiligung am Selbstmord), in: JZ 1952, S. 371—373.
Gallas, Zum gegenwärtigen Stand der Lehre vom Verbrechen, in: ZStW, 67. Band, 1955, S. 1—47.
Gerland, Deutsches Reichsstrafrecht, 2. Aufl., 1932.
Grünhut, Begriffsbildung und Rechtsanwendung im Strafrecht, 1926.

Hardwig, Die Gesinnungsmerkmale im Strafrecht, in: ZStW, 68. Bd., 1956, S. 14—40.
Hardwig, Sachverhaltsirrtum und Pflichtirrtum, in: GA 1956, S. 369—379.
Hartung, Die Entscheidung des Bundesgerichtshofs zur Frage des Verbotsirrtums, in: NJW 1952, S. 761—765.
Hartung, Der „Badewannenfall", JZ 1954, S. 430—431.
Hegler, Die Merkmale des Verbrechens, in: ZStW, Band 36, 1915, S. 19—44.
Heitzer, Der Schuldbegriff bei Delikten gegen den Staat, in: NJW 1952, S. 729—730.
Henkel, Strafverfahrensrecht, 1953.
Henkel, Zumutbarkeit und Unzumutbarkeit als regulatives Rechtsprinzip, in: Festschrift für Edmund Mezger, 1954, S. 249—309.
Henkel, Anmerkung zu einer Entsch. des OLG Stuttgart v. 17. 2. 1956 zu § 222 StGB, in: NJW 1956, S. 1451—1452.
Henkel, Recht und Individualität, 1958.
Hippel, R. v., Vorsatz, Fahrlässigkeit, Irrtum, in: Vergleichende Darstellung des Deutschen und Ausländischen Strafrechts, Allgemeiner Teil, III. Band, 1908, S. 373—599.
Hippel, R. v., Deutsches Strafrecht; Erster Band, 1925; Zweiter Band, 1930.
Hirsch, Ist die versuchte falsche eidesstattliche Versicherung noch strafbar? in: JZ 1955, S. 234—235.
Hofacker, Die Leipziger Kriegsprozesse, in: ZStW, Band 43, 1922, S. 649—674.
Kaufmann, Armin, Lebendiges und Totes in Bindings Normentheorie. Normlogik und moderne Strafrechtsdogmatik, 1954.
Kaufmann, Armin, Tatbestandseinschränkung und Rechtfertigung, in: JZ 1955, S. 37—41.
Kaufmann, Arthur, Das Unrechtsbewußtsein in der Schuldlehre des Strafrechts, 1949.
Kaufmann, Arthur, Zur Lehre von den negativen Tatbestandsmerkmalen, in: JZ 1954, S. 653—659.
Kaufmann, Arthur, Tatbestand, Rechtfertigungsgründe und Irrtum, in: JZ 1956, S. 353—358.
Kern, Anmerkung zu dem Urteil des RG v. 26. 9. 1930 zu §§ 284, 285, 59 StGB, in: JW 1930, S. 3857 f.
Kohlrausch-Lange, Strafgesetzbuch, 41. Aufl., 1956.
Lampe, Über den personalen Unrechtsbegriff im Strafrecht, ungedruckte Dissertation, Göttingen, 1954.
Lange, Besprechung der 2. Auflage von Welzels „Grundzügen", ZStW, Bd. 63, 1951, S. 470—477.
Lange, Irrtumsfragen bei der ärztlichen Schwangerschaftsunterbrechung. Zugleich ein Beitrag zur Tatbestands- und Irrtumslehre sowie zum ärztlichen Berufsrecht, in: JZ 1953, S. 9—15.
Lange, Der Strafgesetzgeber und die Schuldlehre, in: JZ 1956, S. 73—79.
Lange, Die Magna Charta der anständigen Leute, in JZ 1956, S. 519—524.
Lange, Nur eine Ordnungswidrigkeit? in: JZ 1957, S. 233—239.
Lang-Hinrichsen, Zur Problematik der Lehre von Tatbestands- und Verbotsirrtum, in: JR 1952, S. 184—192.
Lang-Hinrichsen, Tatbestandslehre und Verbotsirrtum, in: JR 1952, S. 302—307 und S. 356—358.
Lang-Hinrichsen, Die irrtümliche Annahme eines Rechtfertigungsgrundes in der Rechtsprechung des Bundesgerichtshofs, in: JZ 1953, S. 362—367.
Leipziger Kommentar, begründet von Ebermayer-Lobe-Rosenberg. Band 1, Einleitung und §§ 1—152, wenn nichts anderes vermerkt 8. Aufl., 1957. Band 2, §§ 153—370, Einführungsgesetz, 6. u. 7. Aufl., 1951; 8. Aufl., 1957/58 (Abkürzung: LK).
v. Liszt-Schmidt, Lehrbuch des Deutschen Strafrechts, 25. Aufl., 1927.
v. Liszt-Schmidt, Lehrbuch des Deutschen Strafrechts, Erster Band, 26. Aufl., 1932.
Maihofer, Der Handlungsbegriff im Verbrechenssystem, 1953.
Maurach, Deutsches Strafrecht, Allgemeiner Teil, 1954.

Maurach, Deutsches Strafrecht, Besonderer Teil, 1. Aufl., 1952, 2. Aufl., 1956.
Mayer, Hellmuth, Der Bundesgerichtshof über das Bewußtsein der Rechtswidrigkeit, in: MDR 1952, S. 392—394.
Mayer, Hellmuth, Strafrecht. Allgemeiner Teil, 1953.
Mayer, Hellmuth, Die gesetzliche Bestimmtheit der Tatbestände, in: JZ 1953, S. 105—106.
Mayer, Hellmuth, Die gesetzliche Bestimmtheit der Tatbestände, in: Materialien zur Strafrechtsreform, 1. Band, Gutachten der Strafrechtslehrer, 1954, S. 259—277.
Mayer, Max Ernst, Widerstand gegen die Staatsgewalt, in: Vergleichende Darstellung des Deutschen und Ausländischen Strafrechts, Besonderer Teil, I. Band, 1906, S. 349—541.
Mayer, Max Ernst, Der Allgemeine Teil des Deutschen Strafrechts, 2. Aufl., 1923.
Merkel, Schuld, Vorsatz, Fahrlässigkeit, Irrtum, in: JW 1925, S. 893—899.
Metzke, Handlexikon der Philosophie, 1949.
Mezger, Die subjektiven Unrechtselemente, in: Der Gerichtssaal, Band 89, 1924, S. 209—312.
Mezger, Vom Sinn der strafrechtlichen Tatbestände. Sonderabdruck aus der Festschrift für Traeger, 1926.
Mezger, Strafrecht. Ein Lehrbuch. 3. unveränderte Aufl., 1949.
Mezger, Strafrecht. Ein Studienbuch. Band I, Allgemeiner Teil, 7. Aufl., 1957. Band II, Besonderer Teil, 5. Aufl., 1956.
Mezger, Anmerkung zum Urteil des BGH v. 5. 1. 1951 (BGHSt 1, 15) zu §§ 156, 43, 253 StGB, in: JZ 1951, S. 179—181.
Mezger, Wandlungen der strafrechtlichen Tatbestandslehre, in: NJW 1953, S. 2—6.
Mühlmann-Bommel, Das Strafgesetzbuch, 1949.
Nagler, Die Problematik der Begehung durch Unterlassung, in: Der Gerichtssaal, Band 111, 1938, S. 1—131.
Niese, Finalität, Vorsatz und Fahrlässigkeit, 1951.
Niese, Wahnverbrechen oder untauglicher Versuch bei falschen eidesst..ttlichen Versicherungen vor unzuständigen Behörden? in: NJW 1949, S. 812—814.
Niethammer, Lehrbuch des Besonderen Teils des Strafrechts, 1950.
Nowakowski, Zur Lehre von der Rechtswidrigkeit, in: ZStW, Band 63, 1951, S. 287—331.
Nowakowski, Rechtsfeindlichkeit, Schuld, Vorsatz, in: ZStW, Band 65, 1953, S. 379—402.
Olshausen, Kommentar zum Strafgesetzbuch, 12. Aufl., 1942.
Radbruch, Zur Systematik der Verbrechenslehre, in: Festgabe für R. v. Frank, Band I, 1930, S. 158—173.
Radbruch, Vorschule der Rechtsphilosophie, 1948.
Roxin, Offene Tatbestände und Rechtspflichtmerkmale, Hamburger Dissertation, 1956.
Sauer, Grundlagen des Strafrechts nebst Umriß einer Rechts- und Staatsphilosophie, 1921.
Sauer, System des Strafrechts, Besonderer Teil, 1954.
Sauer, Allgemeine Strafrechtslehre, 3. Aufl., 1955.
Sax, Der Verbotsirrtum als strafrechtsdogmatisches Grenzproblem, in: Annales Universitatis Saraviensis, Rechts- und Wirtschaftswissenschaften, 1955, S. 415—424.
Schaffstein, Putative Rechtfertigungsgründe und finale Handlungslehre, in: MDR 1951, S. 196—200.
Schmidhäuser, Gesinnungsmerkmale im Strafrecht, 1958.
Schmidt, Eb., Besprechung des Werkes von Maurach, Deutsches Strafrecht, Allgemeiner Teil, in: JZ 1956, S. 188—190.
Schönke-Schröder, Kommentar zum Strafgesetzbuch, 8. Aufl., 1957.
Schröder, Tatbestands- und Verbotsirrtum, in: MDR 1951, S. 387—390.
Schröder, Die Irrtumsrechtsprechung des BGH, in: ZStW, Band 65, 1953, S. 178—209.

Schröder, Rechtswidrigkeit und Irrtum bei Zueignungs- und Bereicherungsabsicht, in: DRiZ 1956, S. 69—72.
Schwarz, Strafgesetzbuch mit Nebengesetzen und Verordnungen, 20. Aufl., 1957.
Schweikert, Die Wandlungen der Tatbestandslehre seit Beling, 1957.
Sieverts, Beiträge zur Lehre von den subjektiven Unrechtselementen im Strafrecht, 1934.
Stratenwerth, Verantwortung und Gehorsam, 1958.
Vianden-Grüter, Der Irrtum über Voraussetzungen, die für § 240 II StGB beachtlich sind, in: GA 1954, S. 359—364.
Warda, Die Verbotsirrtumsregelung des § 31 WStG in ihrer Abgrenzung gegen die allgemeine Irrtumsbestimmung des § 59 StGB, in: JR 1950, S. 546—551.
Warda, Die Abgrenzung von Tatbestands- und Verbotsirrtum bei Blankettstrafgesetzen, 1955.
von Weber, Anmerkung zu einer Entscheidung des OGHBZ v. 14. 6. 1949, in: MDR 1950, S. 119—120.
von Weber, Der Irrtum über einen Rechtfertigungsgrund, in: JZ 1951, S. 260—263.
von Weber, Vom Subsumtionsirrtum, in: GA 1953, S. 161—166.
von Weber, Wie würde sich die finalistische Lehre auf den Besonderen Teil eines neuen Strafgesetzbuchs auswirken? in: Materialien zur Strafrechtsreform, 1. Band, Gutachten der Strafrechtslehrer, 1954, S. 279—281.
von Weber, Negative Tatbestandsmerkmale, in: Festschrift für Mezger, S. 183—192.
Welzel, Das Deutsche Strafrecht. Eine systematische Darstellung.
6. (9.) Aufl., 1957. Abkürzung: LB (6).
5. (8.) Aufl., 1956. Abkürzung: LB (5).
4. (7.) Aufl., 1954. Abkürzung: LB (4).
3. (6.) Aufl., 1954.
Welzel, Das deutsche Strafrecht in seinen Grundzügen, 1. (4.) Aufl., 1947.
Welzel, Das neue Bild des Strafrechtssystems, 2. Aufl., 1952, 3. Aufl., 1957.
Welzel, Naturalismus und Wertphilosophie im Strafrecht, 1935.
Welzel, Vom irrenden Gewissen, 1949.
Welzel, Aktuelle Strafrechtsprobleme im Rahmen der finalen Handlungslehre, 1953.
Welzel, Naturrecht und materiale Gerechtigkeit, 2. Aufl., 1956.
Welzel, Anmerkung zum Beschluß des Großen Senats des Bundesgerichtshofs vom 18. 3. 1952 zur Frage des Verbotsirrtums, in: JZ 1952, S. 340—344.
Welzel, Der Irrtum über die Rechtmäßigkeit der Amtsausübung, in: JZ 1952, S. 19—20.
Welzel, Der Irrtum über die Zuständigkeit einer Behörde, in: JZ 1952, S. 133—136.
Welzel, Der Irrtum über die Amtspflicht, in: JZ 1952, S. 208—209.
Welzel, Studien zum System des Strafrechts, in: ZStW, Band 58, 1939, S. 491—566.
Welzel, Über die ethischen Grundlagen der sozialen Ordnung, in: SJZ 1947, Spalte 410—415.
Welzel, Nochmals der Verbotsirrtum, in: NJW 1951, S. 577—579.
Welzel, Anmerkung zu zwei Urteilen des BGH zum Irrtum über Rechtfertigungsgründe, in: JZ 1952, S. 596—599.
Welzel, Auf welche Bestandteile einer Strafvorschrift bezieht sich der Satz: nulla poena sine lege? in: JZ 1952, S. 617—618.
Welzel, Zur Abgrenzung des Tatbestandsirrtums vom Verbotsirrtum, in: MDR 1952, S. 584—590.
Welzel, Naturrecht und Rechtspositivismus, in: Festschrift für Hans Niedermeyer, 1953, S. 279—294.
Welzel, Anmerkung zu BGHSt 3, 248—254, in: JZ 1953, S. 119—121.
Welzel, ZurDogmatik der echten Unterlassungsdelikte, insbesondere des § 330 c StGB, in: NJW 1953, S. 327—329.
Welzel, Irrtumsfragen im Steuerstrafrecht, in: NJW 1953, S. 486—488.

Welzel, Zum Schadensbegriff bei Erpressung und Betrug, in: NJW 1953, S. 652—653.
Welzel, Der Parteiverrat und die Irrtumsprobleme, in: JZ 1954, S. 276—280.
Welzel, Wie würde sich die finalistische Lehre auf den Allgemeinen Teil eines neuen Strafgesetzbuches auswirken? in: Materialien zur Strafrechtsform, 1. Band, Gutachten der Strafrechtslehrer, 1954, S. 45—55.
Welzel, Die Regelung von Vorsatz und Irrtum im Strafrecht als legislatorisches Problem, in: ZStW, 67. Band, 1955, S. 196—228.
Welzel, Anmerkung zu einem Beschluß des BGH v. 25. 9. 1956, JZ 1957, S. 130—133.
Wolf, Erik, Strafrechtliche Schuldlehre, Erster Teil, 1928,
Wolf, Erik, Der Sachbegriff im Strafrecht, in: Die Reichsgerichtspraxis im deutschen Rechtsleben, Fünfter Band, 1929, S. 44—71.
Wolf, Erik, Die Typen der Tatbestandsmäßigkeit, 1931.
Würtenberger, Die geistige Situation der deutschen Strafrechtswissenschaft, 1957.

Die vorstehende Zusammenstellung enthält die genaue Verfasserbezeichnung und Titelangabe sämtlicher in der Arbeit zitierter Kommentare, Lehrbücher, Monographien, Zeitschriftenaufsätze und Anmerkungen. Soweit an einem Kommentar oder Lehrbuch mehrere Bearbeiter mitgewirkt haben, ist im Literaturverzeichnis nur der Name des betreffenden Werkes aufgeführt. Die Verfasser der einzelnen Fundstellen sind jeweils im Text namentlich bezeichnet.

Auf ein besonderes Abkürzungsverzeichnis wurde verzichtet, weil im allgemeinen nur die üblichen und bekannten Kurzformen wie BGH, NJW, JZ usw. verwendet worden sind. Wenn in Einzelfällen individuelle Abkürzungen gebildet wurden, sind sie im Literaturverzeichnis hinter dem Namen des betreffenden Werkes angeführt.

FSC
www.fsc.org
MIX
Papier | Fördert gute Waldnutzung
FSC® C083411

Kolibri 360 GmbH
Ferdinand-Jühlke-Straße 7
99095 Erfurt, Deutschland
produktsicherheit@kolibri360.de